오래된 연장통

오래된 연장통

인간 본성의 진짜 얼굴을 만나다

전중환

사이언스
SCIENCE
BOOKS 북스

진화적 이해관계를 공유하는 아내 안소이와 아들 전하준에게

차 례

진화심리학에 빠져드는 진화적 이유

최재천 | 이화 여자 대학교 석좌교수

이 책을 쓴 전중환 박사는 우리나라에서는 최초로 진화심리학을 정식으로 전공한 학자이다. 내가 서울 대학교에 있던 시절 내 연구실에서 개미 연구로 석사를 한 다음 『욕망의 진화*The Evolution of Desire*』, 『이웃집 살인마*The Murderer Next Door*』, 『위험한 열정 질투*The dangerous passion*』 등으로 우리 독자들에게도 친숙한 미국 텍사스 대학교 심리학과의 데이비드 버스David Buss 교수의 연구실에서 박사 학위를 마치고 돌아온 대한민국 최초의 본격적인 진화심리학자이다. 버스 교수는 나와 동갑내기지만 내가 하버드 대학교에서 박사 학위를 하던 시절 이미 그곳 심리학과의 조교수로 일하다가 1985년 미시건 대학교 심리학과로 자리를 옮겼다. 그 후 몇 년이 지난 다음 나 역시 학위를 마치고 미시건 대학교 생물학과의 교수가 되어 다시 만나게 되었다. 그리고 비슷한 시기에 그는 텍사스 대학교 심리학과로 가고 나는 서울 대학교 생물학과로 돌아왔다. 버스 교수는 이 책에 소개되어 있는 레다 코스미디스Leda Cosmides, 존 투비John Tooby, 스티븐 핑커Steven Pinker 등과 더불어 진화심리학이라는 매력적인 신학문을 연 대표적인 학자이다. 버스 교수와 나의 끈끈한 인연은 전중환 박사로 인해 확실한 매듭을 짓게 되었다.

내 연구실로 진학하여 석사나 박사 과정을 밟고 싶다며 나를 찾아오는 대학생들이 1년에 줄잡아 20명이 넘는다. 이공계 대학원 진학률이 날이 갈수록 줄어드는 요즘 이 정도면 정말 대단한 숫자다. 이화 여자 대학교는 남학생의 입학을 허용하지 않는다는 사실을 깨닫곤 진심으로 놀라거나 긴 한숨을 내쉬는 '불행한 성sex'의 지원 희망자까지 합하면 거의 30여 명에 이른다. 국내 대부분의 다른 자연과학 연구실에 비해 연구 주제를 정하는 게 사뭇 느슨하다고 소문이 났는지 나를 찾아와 밝히는 학생들의 장래 희망 연구 분야도 다양하다. 하지만 지난 20여 년을 돌이켜 보면 분명히 경향성은 있다. 그리고 그것은 확실히 시대에 따라 변한다. 내가 미국에서 갓 돌아와 서울 대학교에 자리를 잡은 1990년대 중반에는 절대 다수의 학생들이 개미나 벌 등의 이른바 사회성 곤충을 연구하겠다고 찾아왔다. 전중환 박사도 그중 한 학생이었다. 물론 그는 사회성 곤충보다는 인간에 더 큰 관심을 가졌지만. 그러다 한동안은 뜬금없이 돌고래를 연구하고 싶다는 학생들이 몰려들더니 얼마 전부터는 단연 진화심리학이다.

진화심리학은 아직 우리나라 대학 어느 심리학과에도 교수 한 명 없는 분야지만 학생들과 일반인들에게는 이미 확실하게 뿌리를 내리기 시작했다. 이 책의 소제목들만 봐도 사람들이 왜 진화심리학에 열광하는지 쉽게 알 수 있을 것이다. '진화, 마음을 읽다', '병원균, 집단주의, 그리고 부산갈매기', '다윈, 쇼핑을 나서다', '발정기는 사라지지 않았다', '털이 없어 섹시한 유인원' 등등 하나같이 우리 삶의 주변에 항상 함께하는 흥미로운 생활의 이슈들이다. 진화심리학은 방사광 가속기 속에서 일어나는 눈에도 보이지 않는 소립자들의 행동을 분석하는 학문이 아니다. 반도체 메모리를 획기적으로 개선하기 위해 어떤 기술을 개발해야 하는지에 대해 설명하는 학문도 아니다. 진화심리학은 내 삶에서 매일같이 벌어지는 온갖 현상들을 바라보는 새로운 눈을 제공하며 내 자신의 행동을 되돌아보게 한다. 진화심리학은 늘 바로 우리 곁에 있다.

진화심리학의 또 다른 매력은 그것이 과학이라는 데 있다. 진화심리학은 다윈의 진화론을 기반으로 하여 인지과학, 뇌과학, 컴퓨터과학 등 첨단과학적 방법론의 도움을 받아 수행하는 통섭형 과학이다. 신이 다 그리 되도록 미리 준비해 두었다던가 세상은 원래 다 그런 것이라는 식의 두루뭉술한 설명은 우리로부터 생각의 여지를 앗아 간다. 하지만 에덴동산에서 지혜의 열매를 탐하다 쫓겨난 우리는 이 세상 모든 일에 대하여 그냥 받아들이기보다는 끊임없이 의문을 제기하며 되짚어 보고 싶어 한다. 도대체 병원균과 붉은 악마 사이에 무슨 관계가 있는가, 인간은 진정 털이 없어져 더 섹시해진 걸까, 인간의 발정기가 아직 펄펄 살아 있다니 이건 또 무슨 얘긴가. 진화심리학은 우리 삶의 여정에서 부딪히는 거의 모든 문제를 연구 대상으로 삼는다. 그러다 보면 결국 인간이란 무엇인가를 묻는 근원적 질문에 도달하게 된다. 나는 진화심리학이 그저 심리학의 한 작은 분야로 남을 게 아니라 언젠가는 심리학 그 자체가 되리라는 코스미디스의 예측에 전적으로 동의한다. 심리학은 이미 상당 부분 자연과학으로 거듭나고 있고 그 흐름의 전방에 진화심리학이 서 있다. 2004년 DNA 이중나선 구조의 발견 50주년을 기념하는 어느 강연에서 제임스 왓슨James Watson은 21세기에는 생물학과 심리학이 만날 것이라고 예언했다. 그는 또한 한때 우리의 운명이 별에 있다고 생각하던 시절이 있었지만 이제 우리는 그것이 DNA 안에 있다는 걸 알게 되었다고 말하기도 했다. 우리가 하는 모든 학문은 궁극적으로 인간의 본성과 존재 의미를 찾는 지적 활동이다. 진화심리학이 미래 학문의 한복판에 위치할 것을 의심하기는 어려워 보인다.

진화심리학은 발달심리학이나 긍정심리학처럼 전통적인 심리학이 자연스레 가지치기를 하며 생겨난 분과 학문이 아니라 사회생물학자, 진화인류학자, 인지과학자, 심리학자들이 한데 모여 인간 본성에 대해 함께 성찰하는 과정에서 탄생한 범학문적 transdisciplinary 분야이다. 나 역시 이 같은 학문적 흐름에 한쪽 발이라도 넣어 놓고 싶어 1990년대 후반 버스 교수와 국제 공동 연구를 수행하여 두 편의 논문을《인간관계Personal Relationships》라는 국제 학술지에 발표한 바 있다. 그런가 하면 2009년 아쉽게 우리 곁을 떠난 마고 윌슨Margo Wilson과 홀로 남은 그의 남편이자 평생의 동료 마틴 데일리Martin Daly가 국제 학회에서 만날 때마다 살인의 생물학적 분석이 서양에서는 오랫동안 활발하게 이뤄졌는데 동양에는 자료조차 제대로 없다며 투덜거리는 데 자극받아 18, 19, 20세기에 걸친 우리나라의 살인 사건들을 분석한 연구를 바탕으로 2003년에 『살인의 진화심리학』이란 책을 출간하기도 했다. 이런 인연으로 나는 현재 진화심리학계의 대표적인 학술지인 《진화심리학 Evolutionary Psychology》의 편집위원으로 일하고 있다.

전중환 박사는 4년 전 귀국하여 이화 여자 대학교 행동생태 연구실에서 연구원으로 지내다가 2009년부터 경희 대학교 후마니타스 칼리지 교수로 임용되어 본격적인 후학 양성을 시작했다. 연구 환경은 아직 제대로 갖춰지지 않았건만 진화심리학 관련 서적들은 발 빠르게 번역되어 나오고 있다. 전문 학자들이 자신의 학문을 소개할 때 일반인의 눈높이에 맞추지 못해 제대로 소통하지 못하는 경우를 심심찮게 본다. 그러나 전중환 박사는 예외이다. 그의 글은 그 주제 자체가 흥미롭기도 하지만 10대 청소년부터 나이가 지긋한 어르신들까지 모두 공감할 소재들을 그득히 담고 있다. 노홍철과 한예슬에서 출발한 그의 비유가 '웃으면 복이 와요'에 다다른다. 어려운 내용을 쉽게 그리고 감칠맛 나게 설명하는 것은 결코 만만한 일이 아니다. 전중환 박사는 그런 점에서 남다른 귀재를 지닌 사람이다. 이미 인터넷에는 그의 글을 따라 읽는 일군의 열혈 독자들이 있는 걸로 안다. 이 책을 읽을 독자들도 그의 매력에 빠져들 것이라 믿는다. 그가 이끄는 한국 진화심리학의 미래가 사뭇 밝아 보인다.

다윈의 렌즈

나는 개미를 연구했다. 일본침개미*Pachycondyla javana*를 관악산에서 채집해다가 실험실에서 이들이 피붙이끼리 물어뜯고 때리는 행동을 연구하여 행동생태학 석사학위를 받았다. 그리고 박사학위를 밟고자 2000년 미국 대학교 여섯 군데를 지원했다. 세 곳은 심리학과, 두 곳은 인류학과, 나머지 한 곳은 생물학과였으니 나야말로 학문 간의 경계를 자유롭게 넘나드는 통섭형 인간의 효시가 아니었을까 생각해 본다. 사실은 진화심리학을 연구하는 교수들이 심리학과 외에 인류학과나 생물학과에도 많이 자리 잡고 있어서 그들을 따라 지원했던 것뿐이다.

다행히 오스틴 소재 텍사스 대학교 심리학과의 데이비드 버스David Buss 교수님이 불러 주셔서 텍사스로 유학을 가게 되었다다른

^{곳은 다 떨어졌다.}. 유학을 간다고 생물학과 동기와 선후배들이 환송연을 열어 주었는데, 심리학과로 간다니까 황당해 하는 눈치들이 역력했다. 다들 "그럼, 심리학과 학부생으로 입학하는 거야?"라고 물어 왔고, 심리학과 대학원 박사 과정이라고 답해 주면, "심리학을 따로 공부했었나 보지? 대단한데. 그래도 전공을 바꾸면 나중에 취직하기 어려울 텐데."라고 한마디씩 걱정해 주었다. 진화심리학이 워낙 새로운 학문이다 보니 한국에 돌아오면 취직이 결코 쉽지 않으리라는 예상에는 나 역시 공감했지만, 전공을 바꾸었다는 말에는 결코 공감할 수 없었다. 나는 한 번도 전공을 바꾼 적이 없다. 다윈의 진화 이론은 지구상에 존재하는 모든 생명들을 간명하게 설명해 준다. 내 경우, 수많은 생물 종들 가운데 일본침개미를 연구한 이래 줄곧 인간을 연구했다. 심리학은 생물학의 한 분과이니, 나는 진화심리학자이자 진화생물학자인 셈이다.

  과연 진화 이론이 인간의 심리와 행동도 잘 설명해 줄까? 본능에 지배되는 다른 동물과 달리, 인간은 합리적인 이성을 토대로 문화를 창조하고 전승하는 존재라는 것이 상식이다. 하지만 찰스 다윈Charles Darwin의『종의 기원The Origin of Species』이 출간된 지 150년이 된 오늘날에 들어 이 '상식'은 빠르게 무너지고 있다. 진화생물학에 기반을 둔 다윈 혁명Darwinian revolution이 인문학과 사회과학뿐만 아니라 예술, 문학, 법, 종교, 경영, 도덕 등 인간이 이룩한 모든 지식 체계에 새로운 빛을 던지고 있는 것이다. 2009년 초 세계적인 학술지《네이처Nature》는 다윈 탄생 200주년과『종의 기원』출간 150주

년을 기념하는 진화생물학 특집을 꾸미면서 인간 본성을 진화적으로 설명하는 최신 연구들을 소개하는 기사를 비중 있게 다루었다. 그런가 하면 「무엇이 우리를 선하게 만드는가」,「우리는 왜 믿는가」,「예술 유전자에 대한 논란」,「로맨스의 과학: 우리는 왜 사랑하는가」 같은 기사 제목만 봐도 짐작할 수 있듯이,《더 타임*The Times*》,《이코노미스트*The Economist*》,《뉴스위크*Newsweek*》,《뉴욕 타임스*New York Times*》 같은 서구의 유수한 대중매체들이 그간 과학과 무관하다고 여겨져 온 분야들을 진화적인 시각에서 조망하는 특집 기사들을 다투어 내고 있다. 리처드 도킨스*Richard Dawkins*, 스티븐 핑커*Steven Pinker*, 매트 리들리*Matt Ridley*, 데니얼 데닛*Daniel Dennett* 같은 학자들이 인간 행동을 진화 이론에 입각해 알기 쉽게 설명한 과학 대중서들도 서구의 일반 독자들에게서 큰 인기를 끌고 있다.

진화심리학 열풍은 우리나라도 예외가 아니다. 진화생물학이나 진화심리학 관련 서적들은 거의 모두 한국어로 번역되어 서점에서 쉽게 구할 수 있다. 심지어 버스가 심리학과 학부생을 위해 쓴 진화심리학 교과서조차 우리말로 번역되었을 정도다. 지난해《교수신문》에서는 "오늘날 사회생물학, 진화심리학 등에 대한 사람들의 관심은 폭발적이다. 하루가 멀다 하고 각종 사이트, 블로그, 텔레비전, 신문 등에서는 진화심리학이나 사회생물학의 관점에서 남녀의 행동 등을 설명하고, 사람들은 감탄을 표명하는 경우가 많다."며 진화심리학이 학계나 문화 전반에 끼치는 영향력 증대를 보도했다.

그러나 진화심리학 전문가가 절대적으로 부족한 국내 학계의 실정상, 일반 독자가 인간에 대한 진화적 탐구에 흥미를 갖게 되었다고 하더라도 그 지적 호기심을 체계적으로 이끌어 줄 길잡이를 찾기란 여간 어려운 일이 아니다. 쏟아져 나오는 진화 관련 대중서들은 거의 다 번역서여서 이 가운데서 옥석을 가리기도 쉽지 않다. 검색 포탈에서 '진화심리학'을 검색해 봤자 부정확한 정보투성이다. 내가 만난 우리나라의 심리학과 학생들은 이렇게 말하곤 했다. "저희 과 교수님께 진화심리학에 대해 여쭤 봤더니 떨떠름한 표정을 지으시기에 속으로 놀랐어요. 진화심리학은 심리학으로 대접을 못 받나 보죠?" 생물학과 학생들은 이렇게 털어놓았다. "인간 행동의 진화에 관심이 많은데 과의 교수님들은 왜 생물학과에 들어와서 인간을 연구하려 하냐며 저를 이상하게 쳐다보세요."

　　이 책은 진화를 우리의 일상생활에 초대하려는 노력이다. 진화는 티라노사우루스의 발톱을 설명할 때나 창조과학이라는 사이비 과학을 물리칠 때만 간혹 필요한 구닥다리 개념이 아니다. 진화는 때론 지겹고 때론 가슴 뛰는 우리의 소소한 일상사를 과학적으로 설명해 주는 유용한 도구다. 이 책은 왜 우리가 MC 유재석의 자학 개그에 박장대소하는지7장, 왜 드라마 주인공을 제발 죽이지 말아 달라고 방송국 게시판을 도배하는지13장, 왜 직장 간부와 면담하기 전에 저절로 옷깃을 여미게 되는지18장, 왜 카페에 가면 창밖이 내다보이는 구석 자리에 앉는지10장, 왜 찬송가를 부르면서 뜨거운 눈물을 흘리는지20장 이야기할 것이다.

그러므로 이 책은 진화심리학의 기본 개념과 주요 연구들을 잘 정리한 입문서는 아니다. 유머, 소비, 도덕, 음악, 종교, 예술, 문화, 문학처럼 진화 이론과 전혀 관계없어 보이는 분야들을 진화라는 렌즈를 통해 들여다보면 믿을 수 없을 만큼 화려하고 다채로운 풍광이 눈앞에 펼쳐진다. 이 책은 그 모습들을 어설프게 스케치한 에세이다. 진화심리학에 대한 묵직한 입문서를 원하시는 분들은 이 책을 즉시 내려놓으시고진심으로 드리는 말씀이다! 서점 안내원에게 요청하거나 인터넷 서점 검색창에서 새로 검색해서 스티븐 핑커의 『마음은 어떻게 작동하는가How the mind works』, 로버트 라이트Robert Wright의 『도덕적 동물Moral animal』, 앨런 밀러Alan Miller와 사토시 가나자와Satoshi Kanazawa의 『처음 읽는 진화심리학Why beautiful people have more daughters』 같은 책들을 구입하시기 바란다.

진화심리학자들이 밝힌 인간의 마음은 결코 초월적인 영혼이나 합리성이 세속적인 육체를 움직이는 매개체가 아니었다. 외부의 사회 구조나 문화에 의해 그 모습이 무한정 주물려지고 바뀔 수 있는 요술 찰흙도 아니었다. 보다 고차원적이고 비물질적인 정신세계의 화려한 현신을 기대한 사람들은 실망하겠지만, 인간의 마음은 톱이나 드릴, 망치, 니퍼 같은 공구들이 담긴 오래된 연장통이다. 인간의 마음은 우리는 왜 태어났는가, 삶의 의미는 무엇인가, 신은 어떤 존재인가 같은 심오하고 추상적인 문제들을 잘 해결하게끔 설계되지 않았다. 우리의 마음은 어떤 배우자를 고를 것인가, 비바람을 어떻게 피할 것인가, 포식동물을 어떻게 피할 것인가 등 수백만 년 전 인류의 진화적 조상들에게 주어졌던 다수의 구체적이고 현실적인때로는 구차하기까지 한 문제들을 잘 해결하게끔 설계되었다. 톱이 판자 자르기, 드릴이 구멍 뚫기를 각각 잘 수행하게끔 특수화된 공구들이듯이, 인간의 마음은 각각의 적응적 문제들을 잘 해결하게끔 특수화된 수많은 심리적 '공구'들이 빼곡히 담긴 연장통이다. 비록 전기 대패나 슬라이드 만능 각톱처럼 현대에 들어서야 비로소 그 필요성이 대두된 첨단 공구들까지 다 들어 있는 것이 아니라 톱이나 망치, 드라이버처럼 전통적인 공구들만 들어 있는 오래된 연장통이기 때문에 오늘날에는 가끔씩 문제를 일으키기도 하지만 말이다.

이 책은 아시아 태평양 이론 물리 센터APCTP에서 발행하는 웹진 《크로스로드http://crossroads.apctp.org》에 "다윈의 렌즈"라는 제목으로 연재한 칼럼을 기초로 하여 다시 씌어졌다. 이상한? 글을 오랜 기간 연재하게끔 기꺼이 허락해 주신 센터의 정재승 교수님, 이권우 교수님, 강양구 기자님께 감사드린다. 박사후 연구원으로 몸담았던 이화 여자 대학교 통섭원의 안선영 선생님, 김용진 선생님, 장이권 교수님이 베풀어 준 배려에 감사드린다. 문지 문화원 사이의 주일우 실장님, 경북 대학교 최정규 교수님, 동덕 여자 대학교 장대익 교수님은 진화심리학에 대한 각별한 애정을 보여 주셨다. 사회 생물학을 국내에 처음 소개한 개척자이신 한국 과학 기술 한림원의 이병훈 교수님은 늘 과분한 격려를 보내 주셨다. 진화심리학을 전공한 다음에 귀국하면 취직이 어려울 것이라는 내 예상을 보기 좋게 깨뜨려 주신 경희 대학교 후마니타스 칼리지의 동료 교수님들께도 특별히 감사를 드린다. 이 책을 만드느라 고생한 사이언스 북스 편집부 여러분께도 고마움과 미안함을 전한다.

무엇보다도 나를 진화심리학자로 만들어 주신 두 분의 스승님을 언급하지 않을 수 없다. 이화 여자 대학교의 최재천 교수님께서는 인간을 생물학적으로 연구하고 싶다고 찾아온 3학년 학부생을 내치지 않으시고 격려와 가르침을 아낌없이 베풀어 주셨다. 석사 과정 동안에는 우선 인간이 아닌 다른 동물의 행동을 연구하면서 진화생물학의 기초를 탄탄히 쌓으라는 말씀 덕분에, 심리학에서 출발한 다른 진화심리학자 동료들보다 조금 더 넓게 문제를 분석하는 능력을 얻게 되었다. 버스 교수님께서는 진화심리학이라는 새로운 학문을 정초한 당사자 중의 한 분에게 직접 지도를 받는 영광을 누리게 해 주셨다. 이 책을 통해 진화심리학에 흥미를 갖게 된 한국인이 조금이나마 더 생겨난다면 버스 교수님도 싱긋 웃음을 지으시리라 믿는다.

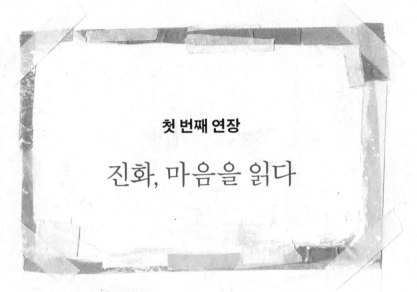

첫 번째 연장

진화, 마음을 읽다

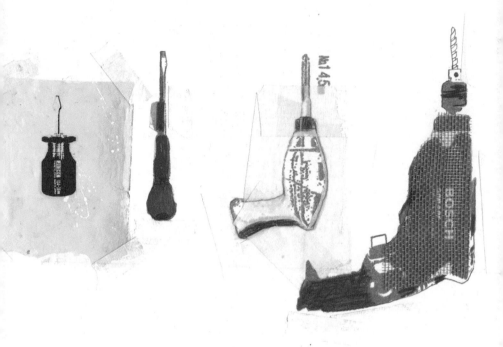

"인간의 마음은 과거 환경의 적응적 문제들을 풀기 위해

자연선택된 수많은 해결책들의 묶음이다."

"인간 본성의 서판은 결코 텅 비어 있지 않다.

이제 그 서판이 읽히는 중이다."

— 윌리엄 해밀턴(William Hamilton)

 한 떼의 비둘기가 먹이를 찾아 어슬렁거린다. 잠시 걸음을 멈추고 녀석들을 서로 식별하려 애써 보자. 열심히 관찰한다면 몸집이나 행동거지를 통해 어린 비둘기와 나이 든 비둘기를 대충 분간할 수 있을 것이다. 하지만 비둘기 각자에게 이름을 붙여 주려는 우리 노력은 여기까지다. 아무리 녀석들의 얼굴을 하나하나 뜯어보아도 우리 눈에는 이 놈이 저 놈 같고 저 놈이 그 놈 같은 것이 다 똑같아 보인다. 비둘기들이야 원래 다 비슷비슷하게 생겼으니 구별 못하는 게 당연하다고? 하지만 우리 인간은 지금껏 살아오면서 만난 수백, 수천 명의 사람들 얼굴을 하나하나 구별해 낼 수 있다. 초등학교 때 같은 반 짝꿍이던 아이를 동창회에서 다시 만났을 때 바로 알아보는 것은 결코 어려운 일이 아니다. 아이돌 그룹 2PM의 멤버 닉쿤이 탤런트 문근영을 닮았다고 키득거릴 뿐이지 정말로 2PM에 문근영이 소속되어 있다고 오해하는 사람은 없다.

사람들의 얼굴을 구별하는 것은 참으로 특별한 능력이다. 우리가 비둘기들의 얼굴을 분간할 수 없듯이, 화성에서 온 외계 생명체는 닉쿤과 문근영을 결코 분간할 수 없을 것이다. 컴퓨터과학자들은 간단한 심부름 정도를 수행하는 로봇을 이미 개발했지만, 개개인의 얼굴을 식별하는 능력을 갖춘 로봇은 아직 만들 엄두조차 내지 못하고 있다. 이토록 특별하고 위대한 능력이 어떻게 우리 인간에게 생겨난 것일까?

잠시 누가 누군지 판별하는 능력이 없는 세상을 상상해 보자. 인간처럼 고도의 사회성을 띠는 동물에게 그 세상은 곧 지옥이다. 우리가 매일 만나고 어울리는 사람들은 다양하다. 어떤 이는 항상 내가 믿고 의지할 수 있는 버팀목이다. 또 어떤 이는 언제 내 뒤통수를 칠지 모르는 경계 대상이다. 이들을 서로 구별하는 능력이 없다면, 어제 내 돈을 떼먹고 달아난 사기꾼에게 오늘 또다시 거액을 선뜻 빌려 주는 일이 비일비재할 것이다. 실제로 뇌의 특정 부위가 손상되면 사람 얼굴을 구별하는 능력이 파괴된다. 안면 인식 장애 prosopagnosia를 겪는 환자들은 자기 어머니에게 이런 식으로 말한다. "댁이 우리 엄마인가요? 우리 엄마 맞는 것 같네요. 우리 엄마도 댁이 지금 입고 있는 옷이 있거든요." 뇌 일부분이 손상된 안면 인식 장애 환자들은 사물이나 기하학적 형상, 심지어 사람의 목소리도 멀쩡히 식별하지만 오직 얼굴만 제대로 식별하지 못한다. 이렇게 보면 사람의 얼굴을 판별하는 능력은 그저 시시하고 하찮은 '본능'이 아님을 알 수 있다. 얼굴을 판별하는 능력은 타인과 얽히고설키는 사회적 그물망 속에서 살았던 우리의 먼 진화적 조상들이 생존하고 번식하는 데 쏠쏠한 도움을 주었기 때문에 오늘날 우리 모두에게 장착된 특별한 '본능'이다.

| 우리는 본능을 보지 못한다 |

어느 인문학자 앞에서 "저는 석사 때는 인간이 아닌 동물을 연구했습니다."라고 말했다가 핀잔을 들은 적이 있다. 그냥 동물이라고 말하면 될 것을 "인간이 아닌 동물"이라고 굳이 말하는 저의는 인간도 동물에 속한다는 발칙한 전제를 은근슬쩍 강요하기 위함이 아니냐는 것이었다. 이처럼 인간도 동물이라는 진부한 진리조차 불편하게 받아들일 정도로, 전통적인 인문학과 사회과학에서는 인간과 동물 사이에 건널 수 없는 심연이 놓여 있다고 여겨 왔다. 다른 동물들은 원시적인 '본능'에 지배된다. 그러나 인간은 본능을 대부분 지운 대신 그 빈자리를 '이성'이나 '지능'으로 채운 덕분에 만물의 영장이 되었다고들 한다.

사람들의 얼굴을 판별하는 '본능'의 예는 우리가 본능의 역할을 지나치게 과소평가해 왔음을 시사한다. 얼굴을 판별하는 과제가 손바닥 뒤집기보다 쉽고 단순한 일이어서 별다른 설명이 필요치 않다는 것은 순전히 우리의 착각이고 편견이다. 컴퓨터과학과 인지신경과학은 얼굴을 판별하는 컴퓨터 프로그램을 공학적으로 설계하는 일이 거의 불가능에 가까울 만큼 어렵다는 사실을 알려 준다. 19세기 후반에 심리학자 윌리엄 제임스William James가 주장했듯이 인간은 본능이 다른 동물들보다 적은 탓에 만물의 영장이 된 게 아니라, 훨씬 더 많은 탓에 만물의 영장이 되었을지 모른다. 공구 상자에는 드라이버, 망치, 드릴, 니퍼, 렌치, 톱 같은 다양한 연장들이 빼곡히 들어 있어서 갖가지 작업들을 효율적으로 처리할 수 있다. 마찬가지로 인간의 마음에는 얼굴을 판별하는 본능 같은 다양한 본능들이 빼곡히 들어 있어서 생존과 번식에 관련된 여러 가지 과제들을 효율적으로 처리할 수 있다. 이러한 본능들이 너무나 정교하게 잘 작동하는 바람에 우리는 본능의 진면목을 제대로 보지 못할 뿐이다.

제임스는 생물 종의 오랜 진화 과정을 통해 그 종에 속한 모든 구성원들에게 보편적으로 장착된 특수화된 신경 회로를 '본능'이라 정의했다. '인간 본성human nature'이란 우리 인간 종이 얻게 된 이러한 본능들의 집합이다. 전통적인 심리학은 정작 우리가 설명해야 할 중요한 대상인 보편적인 인간 본성은 보지 못한 채, 개인차나 문화적 차이, 혹은 지엽적이고 특이한 심리 현상에만 지나치게 연구 역량을 집중해 왔다. 찰스 다윈은 『종의 기원』 말미에서 "먼 훗날 나는 훨씬 더 중요한 연구 분야가 열리리라 본다. 심리학은 새로운 토대 위에 서게 될 것이다."라는 예언을 남겼지만, 100여 년 동안 다윈의 통찰은 사회과학자들에게 별다른 주목을 받지 못했다. 20세기 후반에 들어서야 일단의 과학자들이 인간 진화의 산물인 보편적인 인간 본성을 과학적으로 규명하려는 노력을 시작했다. 바로 진화심리학evolutionary psychology이다.

　얼핏 들으면 진화심리학이라는 이름은 심리학의 한 세부 분야를 일컫는 것처럼 들린다. 이를테면 성격심리학이 인간 심리의 여러 측면들 가운데 성격 차이를 낳는 심리를 연구하듯이, 진화심리학도 인간 심리의 한 측면아마도 진화적 측면?을 연구하는 분야로 생각하는 것이다. 그러나 사실은 그렇지 않다. 진화심리학은 인간 심리의 모든 측면에 대한 새로운 접근, 즉 진화적 접근이다. 어떠한 심리 현상도 다윈진화이라는 틀을 통해 분석될 수 있으므로, 진화심리학은 심리학의 모든 분야를 통합하는 이론적 토대를 제공해 준다. 이러한 의미에서 진화심리학자 레다 코스미디스Leda Cosmides는 "장차 인간 심리에 대한 연구가 다윈적 접근에 의해 완전히 혁신되고 나면, 진화심리학은 더 이상 '진화심리학'이라 불리지 않을 것이다. 그것은 그냥 '심리학'이라 불릴 것이다."라고 예측했다. 진화심리학이 대체 어떤 학문이기에 이처럼 건방진? 주장을 하는지 이제 자세히 살펴보자. 진화심리학은 인간의 마음 역시 자연선택에 의한 진화의 산물이라는 인식을 바탕으로 하므로, 먼저 자연선택에 의한 진화가 무엇인지 이해할 필요가 있다.

| 모든 적응은 자연선택에 의해 만들어졌다 |

생명은 참으로 복잡하고 오묘하다. 얼핏 당연해 보이는 생명 현상도 찬찬히 뜯어보면 어떻게 이런 걸작이 생겨날 수 있었는지 감탄이 절로 나온다. 세포 내부에서는 갖가지 분자들과 효소들, 세포 소기관들이 서로 빈틈없이 협력하여 호흡이나 신호 전달 같은 화학 반응을 매끄럽게 진행한다. 돌고래의 유선형 몸매는 헤엄칠 때 물의 저항을 줄여 준다. 개미 군락은 수많은 식구들 간의 노동 분업을 통해 먹이를 구하고 자식을 공동으로 키운다. 이처럼 어떤 기능을 잘 수행하게끔 정교하게 조직화한 생물학적 특성들, 즉 적응 adaptation은 너무나 대단하고 훌륭해서 때론 누군가가 의도적으로 이들을 공들여 설계했으리라는 믿음을 불러일으키기까지 한다. 그렇다고 어떤 지적인 설계자가 복잡한 적응을 정말 설계해 냈다고 태연히 주장하는 창조주의creationism에 넘어가지는 말길 바란다. 진화생물학자 리처드 도킨스가 지적하듯이, 이러한 창조주의는 온 세상의 복잡한 적응을 모두 만들어 낼 만큼 복잡한 설계자 자신은 또 어떻게 출현했는가를 아울러 설명해야 한다는 점에서 문제를 해결하기는커녕 훨씬 더 어렵게 만들 뿐이다. 마치 친구에게 무이 자로 빌린 빚을 갚고자 살인적인 고리를 자랑하는 사채 대금을 끌어 대는 격이다. 그렇다면, 단순한 초기 상태에서 복잡하고 정교한 생물학적 적응이 자연적으로 생겨난 과정을 어떻게 설명할 수 있을까?

복잡한 '설계'가 어떻게 출현할 수 있는가에 대한 다윈의 대답은 놀라울 정도로 간명하다. 서로 경쟁하는 유전자들 가운데 개체군 내에 가장 잘 전파되는 유전자가 계속 선택되어 마침내 복잡한 적응이 생겨난다는 것이다. 잠시 주위를 둘러보자. 사람은 키, 성격, 몸매, 지능, 용모, 피부색, 기질 등등 수많은 측면에서 다들 조금씩 다르다는 것을 알 수 있다. 성형수술로 만든 미모 같은 형질은 자식에게 전해지지 않지만, 상당수의 형질은 부모에서 자식으로 전해진다. 개그맨 강호동의 자식은 우량아로 태어나기 쉽고, 탤런트 장동건의 자식은 조각미남으로 태어나기 쉽다. 이렇게 유전되는 형질들 가운데 그 종의 생태적 환경에서 먹이를 잘 찾거나, 포식자를 잘 피하거나, 전염병에 잘 안 걸리게 하는 등 생존과 번식에 도움을 주는 형질이 점차 개체군 내에 널리 퍼지게 된다.

   겨울 동안 동굴에서 웅크린 채 봄을 기다리는 토끼 개체군을 예로 들어 보자. 동굴 바깥에 함부로 나갔다가는 무서운 여우와 마주칠지 모른다. 이런 상황에서는 배가 좀 고프더라도 동굴에 더 오래 머무르는 겁 많은 토끼가 동굴 바깥에서 먹이를 찾아 헤매는 용감한 토끼보다 생존과 번식에 더 유리할 것이다. 많은 세대를 거치면서 결과적으로 토끼 개체군은 겁이 더 많아지는 방향으로 진화하게 된다. 자연선택이 포식자를 잘 피해야 한다는 적응적 문제를 해결하고자 토끼들이 평균적으로 더 겁이 많고 소심하게 행동하게끔 '설계'하는 것이다.

   이 가상적인 토끼 개체군에서는 '소심함'이라는 형질이 '용감함'

이라는 형질을 제치고 자연선택되었음에 주목하자. 자연선택을 요약하는 문구로 흔히 간주되는 "적자생존survival of the fittest"은 크고 강하고 거친 '적자適者'가 작고 약하고 여린 '부적자不適者'들을 꼼짝 못하게 찍어 누르는 모습을 우리에게 연상시킨다. 하지만 이는 자연선택 이론에 대한 완전한 오해에서 비롯된 것이다. 주어진 환경에서 다른 경쟁 형질에 비해 조금이라도 더 개체의 번식을 높여 준다면, 그 형질이 어떤 형질이건 선택된다고 다윈은 역설한다. 몸을 지나치게 크게 만들거나 근육만 부풀리는 형질은 오히려 자연선택에 의해 제거되기 십상이다. 자연선택은 종의 생태적 환경하에서 개체의 번식을 상대적으로 높여 주는 형질만을 지치지 않고 우직하게 골라내는 일종의 필터다. 이처럼 맹목적이고 기계적인 자연선택 과정이 수많은 세대에 걸쳐 유전자가 전파하는 데 유리하게 작용했던 변이들을 차곡차곡 누적시키면서 마침내 복잡하고 정교한 적응을 만들어 낸다.

진화를 일으키는 원동력에는 자연선택 외에도 이주나 돌연변이처럼 우연에 의존하는 과정들도 있다. 진화를 일으키는 힘은 여럿이지만, 그중에서 오직 자연선택만이 지극히 복잡하고 정교해서 누군가 의도적으로 설계한 것처럼 보이는 적응을 만들어 낸다. 돌고래의 매끈한 유선형 몸매 같은 복잡한 생물학적 적응들을 만들어 내려면 수백 내지 수천 개의 생리적, 유전적 부품들이 정교하게 서로 짜 맞춰져야 한다. 이들 각 단계가 순전히 우연에 의해 조직될 가능성은 0에 가깝기 때문에 우연에 기대는 다른 힘들은 복잡한 적응을 설명하지 못한다. 요컨대, 모든 복잡한 적응은 그 유전적 토대를 이루는 유전자가 과거의 환경에서 개체군 내에 잘 전파되는 데 도움이 되게끔 자연선택에 의해 설계된 산물이다.

| 자연선택이 심리적 적응을 만든다 |

심장의 기능은 무엇일까? 초등학생도 알다시피, 심장의 기능은 혈액을 온몸 구석구석에 보내는 것이다. 즉, 혈액을 잘 공급하는 심장을 만든 유전자들이 인간 진화 역사에서 다른 대안 유전자들_{예컨}대 혈액을 엉터리로 공급하는 심장을 만든 유전자들을 제치고 개체군 내에 더 잘 전파되었기 때문에 심장은 오늘날과 같이 복잡하고 정교한 구조를 갖추게 되었다. 너무 뻔한 이야기라고 치부하지 마시라. 어떤 형질 X의 진화적 기능을 묻는 탐구 방식은 지난 수백 년 동안 해부학과 생리학, 의학의 엄청난 성공을 이끌었다. 예를 들어 초창기 인체 생리학자들에게는 심장 안에 얇고 단단한 조직인 판막valve이 도대체 왜 네 개나 들어 있는지 수수께끼였다. 혈액 공급이라는 최종 목표를 수행하게끔 심장을 구성하는 세부 요소들이 서로 빈틈없이 협력하고 있음을 눈치 챈 과학자만이 판막이 혈액의 역류를 막게끔 설계된 적응이라는 것을 쉽게 이해할 수 있었다.

약 1000억 개의 뉴런과 100조 개의 시냅스로 구성된 인간의 두뇌는 눈이나 심장, 콩팥 못지않게 복잡하고 정교한 적응이다. 심장이나 콩팥, 췌장, 인대, 골격 같은 신체 기관이 어떤 진화적 기능을 수행하게끔 설계되었는지 묻는 탐구 방식이 이미 큰 성공을 거둔 마당에, 똑같은 탐구 방식을 두뇌에 적용하지 못할 이유가 어디 있겠는가? 즉, 효과적인 연구 방식이라면 목 아래에만 써먹지 말고 목 위에도 써먹어야 하지 않겠는가?

심장의 기능이 혈액을 공급하는 것이듯이, 두뇌의 기능은 환경으로부터 입력된 정보를 처리하여 겉으로 드러나는 행동을 만드는 것이다. 흔히 우리는 외부 환경으로부터 주어진 어떤 입력 정보에 대해 우리가 특정한 행동 양식으로 반응하는 것을 아주 당연하게 여긴다. 그러나 이처럼 특정한 입력에 특정한 행동을 알맞게 짝 짓는 능력이야말로 참으로 대단하고 놀랍다고 할 수 있다. 예를 들어 보자. 우리 인간은 식물의 세포벽을 구성하는 셀룰로스cellulose를 분해하지 못한다. 따라서 우리는 아무리 배가 고프더라도 딱딱한 나뭇등걸을 보면 무덤덤한 반응을 보이게끔 자연선택에 의해 설계되었다. 나뭇등걸을 보고 군침이 입안 가득히 돌아서 나무껍질을 집어 삼켰던 사람들은 우리의 조상이 되지 못했다. 사실, 나뭇등걸을 보고 군침이 도는 종은 따로 있다. 흰개미는 셀룰로스를 분해할 수 있기 때문에 평생 썩은 나무속에서 나무껍질을 먹고 산다. 똑같은 나뭇등걸이 우리 인간에게는 무덤덤한 반응을, 흰개미에게는 군침을 흘리는 반응을 일으키는 것이다. 요컨대, 특정한 입력 정보 하나와 짝지어질 수 있는 행동은 천문학적으로 많다. 외부에서 들어온 정보를 처리하여 그 종의 진화 역사에서 생존과 번식에 도움이 된 적응적 행동을 만들어 내는 것이 바로 우리 마음속의 심리 기제psychological mechanism가 하는 일이다. 인간의 마음은, 우리의 진화적 조상들이 수백만 년에 걸쳐 지속적으로 부딪혔던 여러 적응적 문제들을 잘 해결하게끔 자연선택이 설계해 낸 수많은 다양한 심리 기제들의 묶음이다. 진화된 심리 기제의 중요한 특성을 크게 두 가지로 요약할 수 있다.

첫째, 각각의 구체적인 적응적 문제를 잘 해결하게끔 특수화된 다양한 심리 기제들이 대단히 많이 존재한다. 인류의 조상들이 수백만 년 동안 아프리카의 사바나 초원에서 수렵-채집 생활을 하면서 풀어야 했던 적응적 문제들은 수없이 많았다. 주변 사람들의 얼굴을 잘 구별하기, 무서운 포식자를 피하기, 전염병에 걸리지 않기, 매력적인 이성을 고르기, 신선한 음식을 구하기, 안전한 거처에서 지내기, 자식들을 잘 키우기, 사기꾼에게 당하지 않기, 배우자의 바람기를 다스리기, 외적의 침입을 막기, 윗사람과 좋은 관계를 유지하기 등은 그 가운데 극히 일부 예이다. 전문적인 문제는 전문적인 해결책을 요구한다. 따라서 자연선택은 우리의 마음속에 대단히 많은 수의 구체적이고 현실적인 심리적 적응들을 장착시켰다.

야외에서 캠핑을 하다 보면 병을 딸 일, 천을 자를 일, 못을 박을 일, 전선을 벗길 일 등등 여러 가지 상황에 부딪힌다. 이처럼 다양한 문제들을 대비하겠다고 칼이나 망치 하나 떡 하니 배낭 속에 던져 놓고 어떻게든 해결이 되겠지 기대하는 것은 어리석은 일이다. 병따개, 칼, 드라이버, 전선 피복 벗기개, 망치, 톱, 깡통 따개, 코르크마개 따개, 송곳, 핀셋 등등 구체적인 해결책들이 빠짐없이 장착된 맥가이버칼을 챙겨 넣어야 비로소 야외에서 융통성 있고 유연한 대처를 할 수 있다. 다시 한 번 인간은 다른 동물들보다 본능이 적어서가 아니라 훨씬 더 많은 덕분에 만물의 영장이 되었다.

둘째, 우리의 마음은 수백만 년 전 아프리카의 수렵-채집 생활에서 겪어야 했던 문제들을 잘 풀게끔 진화했다. 따라서 우리의 마음이 농경 사회나 현대 산업 사회에서도 반드시 잘 작동하는 것은 아니다. 복잡한 심리적 적응이 출현하려면 그만큼 복잡한 신경 구조가 적어도 수천 세대에서 수만 세대에 걸쳐 진화해야 한다. 그런데 인류의 조상은 침팬지 가계와 약 700만 년 전 갈라진 이후에 95퍼센트 이상의 시간을 아프리카의 사바나 초원에서 수렵-채집 생활을 하며 보냈다. 약 1만 1000년 전 시작된 농경 사회나 200년도 채 되지 않은 현대 산업 사회는 우리의 심리 구조에 유의미한 진화적 변화를 일으키기에는 턱없이 짧은 시간이었다. 한마디로, "우리의 현대적인 두개골 안에는 석기 시대의 마음이 들어 있다." 사람들이 피운 모닥불에서 나는 불빛을 암컷이 내는 교미 신호로 오해하고 불 속으로 뛰어드는 불나방처럼, 우리의 마음은 진화 역사에서 처음으로 접하는 생소한 문제들에 대해 여러 가지 불행한 결과를 초래하기도 한다.

예를 들어 보자. 단 것을 몹시 좋아하는 성향은 우리가 진화한 초창기 환경에서는 적응적이었다. 자연선택은 열량이 높은 음식을 달게 느끼게끔 우리의 마음을 설계함으로써 더 많은 에너지원을 섭취하게 했다. 그러나 오늘날처럼 슈퍼마켓이나 카페, 편의점에서 하루 24시간 달고 기름진 음식을 쉽게 구할 수 있는 새로운 환경에서는 단 것이라면 깜박 죽는 성향이 곧 각종 성인병과 비만을 일으키는 원흉이 되었다. 마찬가지로, 인류가 진화한 환경에서는 야한 동영상은 없었다. 남성이 야한 동영상에 등장하는 여성의 모습을 감상할 때, 남성의 두뇌는 그 모습이 실제 여성이 아니라 이차원적인 점과 선이 조합된 허상이라는 것을 깨닫지 못한다. 동영상 속의 여성과 성관계를 할 수 없다는 사실을 모르는 남성의 두뇌는 동영상을 보면서 아무런 실익도 없이 심장 박동수를 높이며 발기를 시킨다.

인간의 마음은 경제적 이득을 최대화하게끔 설계되지도, 이성이 자신의 궁극적인 목표를 역사 속에서 실현하게끔 설계되지도 않았다. 인간의 마음은 인류의 진화사를 통해 지속적으로 맞닥뜨려야 했던 여러 현실적인 문제들을 잘 해결하게끔 자연선택에 의해 설계된 수많은 심리 기제들의 집합이다. 마음이 설계된 목적을 연구하는 진화심리학은 심리학 전체를 하나로 통합하는 이론 틀을 제공해 줄 뿐만 아니라 미처 몰랐던 사실들에 대한 예측들을 풍부히 생산하여 새로운 과학적 발견을 이끌어 준다. 심리학뿐만 아니라 철학, 예술, 종교, 미학, 경영, 법학, 경제, 의학 등등 인간의 모든 지식 체계들이 인간 본성에 대한 저마다의 이론에 바탕을 두고 있음을 감안하면, 마음에 대한 진화적 탐구는 인간이 이룩한 학문 전체를 통합하는 데에도 주도적인 역할을 할 것이다.

적응적 탐구 방식을 정초한 진화생물학자 조지 윌리엄스George C. Williams는 이미 40여 년 전에 "인간의 마음이 설계된 목적을 알아냄으로써 마음에 대한 이해가 크게 높아지리라는 기대가 과연 이치에 어긋날까?"라고 제안하였다. 돌이켜보면, 그 기대는 이치에 지극히 잘 들어맞았다.

두 번째 연장

같은 행성, 다른 선택압

"심장 구조나 면역계의 반응처럼, 남성과 여성의 몸은

많은 측면에서 같다. 하지만 외부 생식기 등에서

남녀의 몸이 다르다는 것 또한 분명한 사실이다.

남녀의 마음도 마찬가지다."

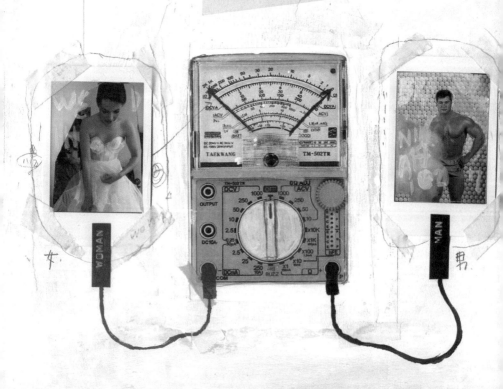

"저…… 사실 그쪽을 종종 지나치며 봐 왔거든요. 이런 말 하기 쑥스럽지만, 정말 멋있으세요." 캠퍼스를 거닐던 평범한 대학생에게 처음 보는 매력적인 이성이 다가와서 이렇게 말을 건넨다. 그리고 다음 세 가지 가운데 하나를 묻는다. "오늘 밤 저와 데이트 하실래요?" "오늘 밤 저 혼자 사는 아파트에 놀러 오실래요?" "오늘 밤 저와 섹스 하실래요?"

1989년 미국의 심리학자 러셀 클라크Russell Clark와 일레인 하트필드Elaine Hatfield는 처음 만난 이성이 건넨 여러 제안에 대해 남녀 학생들이 어떻게 반응하는지를 조사했다. 데이트에 동의한 사람은 남녀 모두 절반 정도였다. 하지만 아파트에 따라가겠다고 답한 여학생은 겨우 6퍼센트인 반면, 남학생은 무려 69퍼센트나 되었다. 게다가 성관계에 동의한 여학생은 단 한 명도 없었으며, 남학생은 75퍼센트나 되었다. 성관계에 동의하지 않은 나머지 25퍼센트의 남학생들도 화를 내기는커녕 몹시 미안해 하며 전화번호를 알려 주면 나중에 꼭 연락하겠노라고 했다. 성적으로 개방적이고 피임도 손쉬운 사회에 사는 남녀 젊은이들이 매력적인 이성의 성관계 제안에 대해 보인 반응이 왜 0퍼센트와 75퍼센트로 극단적으로 엇갈릴까? 남성과 여성은 정말 전혀 다른 행성에서 온 것일까?

| 남성과 여성은 정말로 다른가 |

심장 구조나 면역계 반응처럼 남성과 여성의 몸은 많은 측면에서 같다. 하지만 외부 생식기 등에서 남녀의 몸이 다르다는 것 또한 분명한 사실이다. 남녀의 마음도 마찬가지다. 많은 면에서 같지만 다른 몇 가지 면에서는 다르다. 기이하게도 신체적 성차는 거의 논란거리도 되지 않지만, 심리적 또는 행동적 성차는 과연 그것이 실제로 존재하느냐는 문제부터 열띤 논란을 낳는다.

많은 심리학 연구들이 다양한 성차의 존재를 입증했다. 남성은 되도록 많은 이성과 자유롭게 성관계를 맺으려는 욕망이 여성보다 훨씬 더 강하다. 여성의 언어 능력은 남성보다 더 뛰어나다말할 때 "에, 음, 뭐지……" 등의 불필요한 잡소리가 들어가는 빈도를 되새겨 보라.. 남성은 폭력에 의존하여 갈등을 해결하려는 성향이 더 높다. 여성은 남성보다 훨씬 더 끈끈한 사회적 관계를 유지한다. 남성은 지위나 돈, 사회적 인정을 얻으려고 경제적, 신체적 위험을 마다하지 않는 성향이 더 높다로또를 잔뜩 사는 이들은 주로 남성이다.. 여성은 갓난아기의 울음소리에 남성보다 더 민감하게 반응한다. 수학 문제를 풀 때 남성은 수학적 추론 문제에 더 강하지만 여성은 복잡한 계산 문제에 더 강하다.

인간의 마음은 태어날 때 텅 빈 백지 상태이며, 그 사회의 독특한 문화나 사회화 과정이 마음에 구체적인 내용을 써넣는다고 믿는 사회과학자들은 이러한 성차의 존재를 부인하려 애쓴다. 남성과 여성의 마음은 본질적으로 완전히 똑같다. 성차가 실제로 조금이나마 관찰된다면 이는 전적으로 외부 환경에 의한 결과이지 결코 생물학적 진화의 산물이 아니라는 것이다. 예컨대 남성으로 하여금 여성을 한낱 상품으로 취급하게 만드는 자본주의가 소멸한 사회에서는 소주 광고에 늘씬한 여배우의 다리 대신 우락부락한 강호동의 알통이 등장하는 일도 얼마든지 가능하다.

물론, 모든 성차가 진화적 뿌리에서 나오는 것은 아니다. 조선 시대의 학자나 관료 중에 여성이 극히 드물었던 것은, 말할 필요조차 없이 여성의 사회 진출이 부당하게 억압당했기 때문이다. 그러나 성차 가운데 적어도 일부는 자연선택에 의한 진화에서 그 해답을 찾을 수 있다. 인간의 마음은 아프리카 초원의 수렵-채집 생활에서 겪어야만 했던 수많은 현실적인 문제들을 잘 해결하게끔 수백만 년에 걸쳐 자연선택에 의해 다듬어졌다. 문제가 다르면 정답도 다른 법, 남성과 여성이 서로 다른 적응적 문제를 풀어야 했던 영역에서는 당연히 그 해결책인 남녀의 심리적 적응도 서로 다르게 진화하였다.

| 남성과 여성의 심리는 왜 다르게 진화했는가 |

　남성과 여성에서 왜 서로 다른 심리가 진화했는가를 이해하는 열쇠는 번식 성공도reproductive success, 한 개체가 평생 동안 낳는 자식 수가 분포하는 형태에서 찾을 수 있다. 모든 사람은 한 명의 아버지와 한 명의 어머니를 가진다. 따라서 한 사회 내의 남녀별 번식 성공도의 평균값은 무조건 같을 수밖에 없다. 하지만 여성들의 번식 성공도는 평균값에 대한 편차가 적지만 남성들의 번식 성공도는 그 편차가 심하다.

　삼천 궁녀를 거느렸다는 백제 의자왕에서 알 수 있듯이, 남성은 여러 여성과 성관계를 맺을수록 번식 성공도가 직접적으로 높아진다. 문제는 모든 남성이 의자왕 같을 수는 없어서 경쟁에서 밀려나 평생 노총각으로 지내다 쓸쓸히 죽음을 맞는 남성들도 있다는 것이다. 반면 여성은 아홉 달이라는 기나긴 임신 기간과 출산 이후에도 수유 등 육아의 부담을 직접적으로 지고 있는 탓에 얼마나 많은 남성과 성관계를 가졌느냐보다는 얼마나 많은 자원을 안정적으로 확보해 이미 낳은 자식들을 잘 길러 내느냐에 번식 성공도가 달려 있다. 요컨대, 남성은 잘하면 대박이요, 못하면 쪽박이다. 여성은 최소한 소박이요, 운 좋으면 중박이다. 이제 번식 성공도의 분포가 남녀에서 다르다는 사실로부터 나오는 몇몇 진화된 성차들을 살펴보자.

　첫째, 남성의 번식 성공도는 성관계 상대의 수에 비례하므로 남성은 여성보다 하룻밤 섹스를 더 갈망한다. 앞에서 언급한 클라크와 하트필드의 연구는 이러한 남성의 욕망을 잘 보여 준다. 진화심리학자 데이비드 버스와 데이비드 슈미트David Schmidt는 바람직한 이성을 처음 만난 이래 그 사람과의 성관계에 합의하기까지 걸리는 시간의 성차를 조사했다. 남성과 여성 모두 이상형을 만난 지 5년이 흘렀다면 아마도 성관계까지 진도가 나갔으리라 답했다. 2년, 1년, 6개월 등 그보다 더 짧은 기간이 흘렀을 때 성관계에 합의할 가능성은 언제나 남성이 여성보다 더 높았다. 심지어 바람직한 이상형을 만난 지 단 한 시간이 지났다 해도 남성은 성관계에 합의할 가능성이 적지 않다고 답했다. 여성의 경우, 신화 그룹의 후계자 F4 구준표라 할지라도 만난 지 한 시간밖에 안 됐다면 그와 성관계를 갖는 것은 상상조차 할 수 없다고 답했다.

둘째, 잘하면 대박, 못하면 쪽박이라는 남성의 처지는 여러 가지 위험한 일에 물불 안 가리고 뛰어드는 심리를 진화시켰다. 가만있으면 망하는 건 어차피 마찬가지다. 위험할지언정 엄청난 지위나 자원을 확보할 수도 있는 일이라면 일단 저질러 보자는 것이다. 남성들은 자동차 사고, 레저 활동 중의 안전사고, 살인 사건 등에 의해 사망할 확률이 여성보다 훨씬 더 높다. 직장을 구할 때 회사가 오염이 심한 도시에 있다는 사실은 남성의 직업 선택에 거의 영향을 끼치지 않지만, 여성에게는 매우 부정적으로 작용한다. 금융 상품에 투자할 때에도 여성은 안전한 저배당 상품을 선호하는 반면 남성은 위험 부담이 큰 고배당 상품을 선호한다. 남성은 여성보다 건강상의 위험에도 둔감해서, 집안 아무 데서나 양말을 벗어 던지고 자기 칫솔이 안 보이면 남의 칫솔로 선뜻 양치질하곤 한다.

진화심리학자 보구슬라프 파블로프스키Boguslaw Pawlowski와 그 동료들은 횡단보도를 건너는 등의 사소한 일상에서도 이러한 성차를 찾아냈다. 자동차가 지나다니는 위험한 횡단보도를 그냥 건너면, 시간을 절약한다는 이득이 있지만 차에 치일 수도 있는 위험을 감수해야 한다. 실제로 조사한 결과, 예측대로 남성은 여성보다 무단횡단을 더 자주 감행했다. 보행자 신호등이 파란불로 바뀌길 모두 기다리는 상황에서 과감하게 무단횡단을 선도하는 이도 주로 남성이었다. 흥미롭게도 함께 파란불을 기다리는 사람들 속에 여성이 끼어 있으면 남성이 무단횡단할 가능성은 더 높아졌다. 여성이 무단횡단할 가능성은 옆에서 지켜보는 남성들이 있건 말건 그다지 영향을 받지 않았다. 이는 남성들은 배우자를 유혹하기 위한 방편으로 위험한 일을 추구하게끔 진화했다는 이론을 뒷받침한다.

셋째, 여성의 번식 성공도는 자식을 얼마나 잘 키워 내느냐에 많이 의존하므로 여성은 아이를 돌보거나 타인과의 사회적 관계를 꾸려 나가는 일에 남성보다 더 능하다. 실제로 여성들은 타인의 얼굴 표정이나 몸짓으로부터 그 사람이 어떤 감정 상태인지 더 잘 읽어 낸다. 발달심리학자 사이먼 배런 코헨Simon Baron-Cohen과 그 동료들은 태어난 지 단 하루 된 아기들에게 여자 얼굴 사진과 움직이는 모빌을 동시에 보여 준 다음 어느 쪽을 더 오래 쳐다보는지 측정했다. 아니나 다를까, 여자 아기들은 얼굴 사진을 더 오래 쳐다보았지만 남자 아기들은 모빌을 더 오래 쳐다보았다. 남자 아기들이 사람보다 사물에 관심을 쏟게끔 가부장제가 작동한다고 주장하는 학자들은 단 24시간 안에 남자 아기들을 세뇌시킨 가부장적 요인이 산부인과 병원 어디에 숨겨져 있는지를 입증해야 할 것이다.

　남녀의 차이는 적지 않은 영역에서 발견되며 그 가운데 일부는 자연선택에 의해 진화한 심리 기제가 남성과 여성에서 각기 다르게 장착되었기 때문에 나타난다. 진화심리학자들은 그렇다면 유전자와 환경 가운데 유전자의 손을 들어 주는 것일까? 그렇지 않다. 진화심리학자들은 유전자가 아니라 심리 기제를 연구한다. 이러한 심리 기제가 이를테면 '얼굴 사진'이라는 외부 자극에 '오래 쳐다봄'이라는 특정한 반응을 짝지어 준다. 따라서 진화심리학자들은 유전자와 환경의 상호 작용을 그저 겉치레로 인정하지 말고 정말로 둘이 어떻게 어우러지는지를 진지하게 밝혀야 한다고 본다. 정신 지체아는 대부분 사내아이라는 사실처럼, 어떤 성차는 남녀 모두를 난감하고 불쾌하게 만든다. 그러나 어떤 현상을 없애고자 한다면 먼저 그 현상이 일어난 원인을 과학적으로 이해해야 한다. 암이나 AIDS를 없애고자 수많은 과학자들이 지금도 밤을 지새우고 있듯이 말이다.

유전자를 위한,
유전자에 의한 행동

"진화생물학자 J. B. S. 홀데인은

"친형제 두 명이나 사촌 여덟 명을 살리기 위해서라면

기꺼이 물속에 뛰어들겠다."고 말했다."

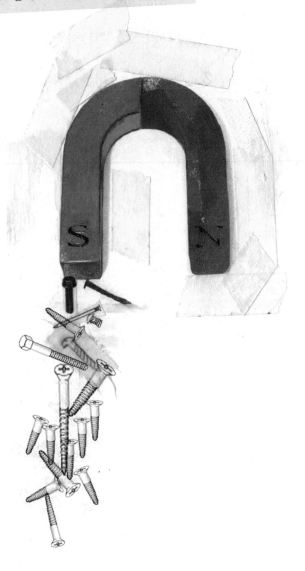

위대한 과학자라도 대학원생 시절을 꼭 행복하게 기억하지는 않는 모양이다. "다윈 이후 가장 훌륭한 다윈주의자로 꼽힐 만하다."는 찬사까지 들었던 진화생물학자 고故 윌리엄 해밀턴William Hamilton은 이렇게 회상했다.

나는 한 번도 연구실에서 내 책상을 가진 적도, 내 연구를 다른 사람들 앞에서 발표하라는 제의를 받은 적도 없었다. 복도에서 스쳐 지나가거나 도서관에서 마주치는 사람들 가운데 내 이름을 알거나 내가 뭘 하는지 아는 사람은 아무도 없었던 것 같다.…… 대부분의 시간을 나는 아주 외롭게 보냈다. 때때로 나는 내 단칸방이 너무나 지긋지긋하게 느껴진 나머지, 도서관에서 밤늦게 공부하다가 폐장 시간을 넘기면 내 방이 아니라 워털루 기차역으로 향하곤 했다. 대기실 벤치에서 여행객들 사이에 앉아 나는 계속 책을 읽거나 수식 모델을 세웠다.

해밀턴이 이토록 완벽하게 '따'를 당한 것은 그의 소심하고 내성적인 성격 탓도 있지만, 또 하나, 파시즘Fascism의 아픔이 채 가시지 않은 1960년대의 시대적 상황에서 결코 만나서는 안 될 두 단어가 그의 연구 주제에서 불경스럽게 결합하고 있었기 때문이다. 바로 '유전자'와 '사회적 행동'이었다.

| 해밀턴의 규칙 |

해밀턴이 케임브리지 대학교의 유전학과에 입학했을 때는 저명한 진화생물학자 로널드 피셔 경Sir Ronald A. Fisher이 과에서 막 퇴임할 즈음이었다. 진화 이론의 현대적 종합을 이룩한 피셔가 있던 대학교답지 않게, 해밀턴은 진화에 대해 어딘가 어설픈 설명을 펼치는 강의들을 접해야 했다. 당시에는 동물들이 집단, 종, 생태계의 이익을 위해 행동한다는 이른바 집단선택적 사고가 널리 퍼져 있었다. 우리가 매력적인 이성에 끌리는 까닭은 종족 보존의 본능을 발휘하기 위해서다. 세월이 지나면 노화를 피할 수 없는 까닭은 다음 세대에게 자리를 양보하여 종을 오래도록 유지하기 위해서다. 사자가 굳이 늙고 허약한 사슴만 잡아먹는 까닭은 아프리카 초원 생태계 전체가 활기찬 균형을 이루게 하기 위해서다.

이러한 생각은 해밀턴이 도서관에서 우연히 집어 든 피셔의 1930년도 저서 『자연선택의 유전적 이론The Genetical Theory of Natural

Selection』의 핵심 논제와 천지차이였다. 피셔는 자연선택은 거의 전적으로 개체 수준에서 일어나며 개체의 적합도fitness, 쉽게 말하면, 살아남는 자식의 총수를 최대화한다고 책에서 주장했다. 해밀턴은 그 자리에서 '피셔 빠돌이Fisher freak'가 되기로 했다. 훗날 해밀턴은 그 책이 자신이 학부 4년 동안 수강한 강의들을 모두 합한 것에 맞먹는 중요한 책이었다고 회고했다.

모든 사람이 쓰고 떫은 음식보다 달콤한 음식을 더 좋아한다. 높은 에너지원인 달콤한 음식에 손이 먼저 가는 행동은 개체의 생존 가능성을 높이므로 개체에게 도움이 되는 동시에 집단이나 종에 별다른 손해를 끼치지 않기 때문에 해밀턴의 틀로 이해하는 데 어려움이 없다. 문제는, 버스를 기다리다 슬쩍 새치기하는 것처럼, 자신의 행동이 본인뿐만 아니라 남에게도 영향을 끼치는 사회적 행동도 개체선택설로 설명할 수 있는가이다. 다윈과 피셔가 주장했듯이 자연선택이 개체의 생존과 번식에 도움이 되는 형질만 빚어낸다면, 어떻게 남에게는 이득을 줄지언정 자신은 손해만 보는 이타적 행동이 선택될 수 있었을까? 달리 말하면, 동물의 행동을 설명할 때 집단이나 종의 이득을 강조했던 당시의 해석이 피셔, J. B. S. 홀데인J. B. S. Haldane, 시월 라이트Sewall Wright의 진화적 종합에 따르면 완전히 틀렸음을 어떻게 입증할 수 있을까?

해밀턴이 찾은 해법은 어찌 보면 지극히 간단했다. 바로 진화는 어찌 됐건 유전자 빈도의 변화라는 사실이다. 여기 두 대립유전자 G와 g가 있다고 하자. G는 이타적 행동을 일으키지만 g는 아무런 행동도 일으키지 않는다. 개체 수준으로만 판단하면 G는 응당 제거되고 g가 선택되어야 할 것이다. 하지만 곰곰이 생각해 보자. G가 g를 제치고 후세대에 널리 전파될지 최종적으로 결정짓는 기준은, 이타적 행동이 G가 지금 탑승하고 있는 개체에 도움이 되느냐 여부가 아니라 대립유전자 G 자신에게 도움이 되느냐 여부이다. 따라서 G의 입장에서는 이타적 행동이 G가 지금 탑승하고 있는 개체에 미치는 영향뿐만 아니라 이타적 행동의 수혜자에게 미치는 영향도 '포괄적으로' 따져 봐야 한다. 수혜자의 몸속에도 G의 복제본이 느긋하게 탑승하고 있을 가능성이 분명히 있기 때문이다.

해밀턴의 규칙Hamilton's rule은 $r \times b$가 c보다 크면 이타적 행동이 자연선택된다고 이야기한다. 즉, 이타적 행동의 수혜자가 받는 이득b에 두 개체가 G라는 유전자를 평균 이상으로 공유할 가능성 r을 곱해서 에누리한 값이 이타적 행위자가 겪는 손실c보다 크면, 그러한 이타적 행동은 유전자 G의 빈도 증가를 낳으므로 반드시 선택된다는 말이다. 유전자의 관점에서 진정 중요한 문제는 자신의 복제본이 다음 세대에 얼마나 전달되는지 여부라는 해밀턴의 통찰은 10여 년 후 리처드 도킨스에 의해 '이기적 유전자의 관점selfish gene's eye view'으로 정교화되었다.

| 피붙이가 특별한 이유 |

어떤 사회적 행동을 일으키는 유전자를 상대방과 평균 이상으로 공유할 확률인 유전적 연관도genetic relatedness가 0을 넘게 하는 대표적인 원인 가운데 하나로 혈연관계가 있다. 나는 나 자신과 100퍼센트 연관되지만, 친형제들과는 50퍼센트, 사촌들과는 12.5퍼센트만 연관된다. 따라서 해밀턴의 규칙에 따르면, 예컨대 형제가 얻는 이득이 내가 감수해야 할 손해보다 두 배 이상 높다면 형제를 돕는 이타적 행동이 진화할 수 있다. 그래서 진화생물학자 홀데인은 "친형제 두 명이나 사촌 여덟 명을 살리기 위해서라면 기꺼이 물속에 뛰어들겠다."고 말한 바 있다. 해밀턴은 1964년에 발표한 두 논문을 통해 포괄 적합도 이론inclusive fitness theory을 수학적으로 정립했을 뿐만 아니라, 동물 사회에서 널리 나타나는 이타적 행동은 모두 가까운 혈연들 사이에서 유전자의 이익을 넓히고자 행해진다는 것을 밝혔다.

"피는 물보다 진하다."는 말이 있듯이, 인간 사회에서도 혈연관계는 매우 중요하다. 물론 이는 가족의 끈끈한 정을 다룬 수많은 드라마, 시트콤, 영화, 만화, 소설 등에서도 쉽게 확인할 수 있다. 그러나 전통적인 심리학에서 가족 관계는 다른 대인 관계들과 본질적으로 다르지 않다고 여겨져 왔으며 그리 큰 관심을 끌지도 못했다.

이타적 행동이 피붙이에 대해서는 쉽게 이루어질 수 있음을 보인 한 연구를 살펴보자. 진화심리학자 트레버 케이스Trevor Case와 그 동료들은 타인이 변을 본 기저귀를 갈아 주는 이타적 행동에 주목했다. 배설물에는 독소와 기생충 등 해로운 물질이 들어 있으므로, 우리는 보통 남의 배설물에 대해 강한 혐오감을 느낌으로써 배설물을 멀리하여 질병에 걸리지 않게끔 진화했다. 변의 주인이 옆집 갓난아기라면 무조건 변을 멀리하는 것이 상책이다. 하지만 변의 주인이 내 아기라면 '내 아기가 뽀송뽀송한 새 기저귀로부터 얻는 이득'이 '내가 코 한 번 막고 아기의 기저귀를 갈아 줌으로써 감수하는 손해'보다 두 배 이상 높을 것이라고 쉽게 추측할 수 있다. 실제로 젊은 엄마들은 자기 아기가 변을 본 기저귀가 다른 사람의 아기가 변을 본 기저귀보다 냄새가 덜하다고 대답했다. 심지어 기저귀들의 이름표를 바꿔 달았을 때에도 여전히 자기 아기가 변을 본 기저귀를 더 선호했다². 혹시 엄마들은 자기 아기의 변 냄새를 구리기는커녕 향긋하다고 느끼는 것이 아닐까.

왜 어떤 음식을 보편적으로 선호하는가, 왜 어떤 장소를 거주지로 선호하는가 같은 문제들을 진화적으로 파고드는 것에 대해서는 비교적 일반 대중들의 거부감이 덜하다. 반면에 다른 사람들과의 사회적 행동에 대한 진화적 설명은 종종 거센 반발에 부딪힌다. 사회생물학자 에드워드 윌슨Edward O. Wilson이 1975년에 『사회생물학Sociobiology』을 낸 다음 겪은 고초는 가히 상상을 초월한다. 그는 유전자 결정론자이자 인종 차별주의자, 보수 우익의 나팔수라는 비난을 들었으며 어느 학술 대회에서 강연을 시작하려는 순간 과격파들로부터 머리 위로 물벼락을 맞는 봉변을 당하기도 했다. 스티븐 핑커의 『빈 서판*Blank slate*』이나 도킨스의 『무지개를 풀며 *Unweaving the rainbow*』를 읽고 나서도 사회적 행동에 대한 진화적 담론들이 왠지 찜찜하게 여겨진다면, 해밀턴도 비슷한 허무감에 때때로 부딪혔다는 아래의 이야기가 조금이나마 위안이 되지 않을까.

나 자신이나 내 친구들의 행동이 사회성에 대한 나의 이론이나 다른 학자들의 이론을 잘 뒷받침해 준다고 상상하면 별로 마음이 편치 않다. 우리는 그런 이론들보다 더 상위에 존재하며, 훨씬 더 신비로운 법칙의 지배를 받는다고 나는 상상하기 좋아한다. 이러한 편견을 고집한다면, 그러나 다소 슬프게도 나는 얻는 것보다 잃는 게 더 많으리라……. [내 이론은] 동물의 행동뿐만 아니라, 지금껏 잘 몰랐지만 이제는 활발히 연구되고 있듯이, 인간의 행동까지도 잘 설명해 준다.

문화와 생물학적 진화

"변덕스럽고 종잡을 수 없어 보이는 문화의 생성, 전파,

그리고 소멸조차 수백만 년에 걸쳐 진화된 인간의

심리 기제에 전적으로 의존하고 있다."

1930년대 초, 심리학자 윈드롭 켈로그Winthrop Kellogg와 그의 아내는 기상천외한 실험을 감행했다. 태어난 지 열 달 된 아들 도널드를 그보다 두 달 반 어린 침팬지 암컷인 구아와 함께 기르기 시작한 것이다. 철저한 환경론자였던 켈로그는 침팬지를 가정에서 인간 아기와 똑같이 양육한다면 인간처럼 말하고 행동하는 법을 터득하리라 기대했다. 원래 침팬지가 흉내 잘 내기로 유명한 동물 아닌가.

결과는 뜻밖이었다. 구아는 머리털을 빗는 등 몇몇 인간적인 특성을 학습하긴 했다. 하지만 정작 상대방을 낱낱이 따라한 녀석은 아들 도널드였다. 도널드는 주먹을 땅에 댄 채로 걷고, 아버지 구두를 물어뜯고, 벽에다 이를 문질러 댔다. 심지어 침팬지처럼 숨을 헐떡거리는 소리를 내기까지 했다. 실험은 아홉 달 만에 중단되었고, 구아는 동물원으로 돌아갔다. 흉내 내기의 챔피언은 침팬지가 아니라 사람이었다.

| 본성 대 양육 |

켈로그의 실험은 문화를 바라보는 전통적인 관점에 물음표를 던진다. 그동안 인문사회과학자들은 사회 현상을 설명하는 데 굳이 생물학은 필요치 않다고 믿었다. 태어날 때 인간의 마음은 텅 빈 백지 상태며 하얀 화폭에 어떤 그림이 채워질지는 문화나 사회화 같은 외부 환경이 잡은 붓에 전적으로 달려 있다.

그러므로 한 인간의 행동은 마치 요술 찰흙처럼 그가 태어나서 자란 문화에 의해 무한정 다듬어지고 주물려진다. 사회학자 에밀 뒤르켕Émile Durkeim은 바람피우는 애인에 대한 질투, 유괴된 자식을 찾아 헤매는 부모애 같이 원초적인 감정들조차 인간 본성에 내재된 것은 절대 아니라고 단언했다. 문화가 인간 행동을 전적으로 결정한다. 예컨대 아내가 불륜을 맺는 현장을 포착한 남편이 쿨하게 아내를 끌어안는 사회도 얼마든지 있을 수 있다.

하지만 켈로그의 실험은 침팬지와 인간이 보이는 행동의 차이가 단순히 두 종이 서로 다른 환경의 세례를 받기 때문이 아님을 시사한다. 침팬지의 본성은 인간의 본성과 다르다. 침팬지와 인간이 동일한 환경에서 자란다 한들 결코 침팬지는 인간처럼 말하고 사고할 수 없다. 요컨대, 태어날 때 인간의 마음은 텅 빈 백지가 아니다. 그것은 수백만 년 전 수렵-채집 생활을 했던 우리의 조상들이 무사히 살아남아 번식하게끔 해 주었던 행동 지침들로 빼곡히 채워진 두툼한 가이드북이다.

진화심리학자들은 마음을 움직이는 유일무이한 대명제, 예컨대 "보상은 추구하고 처벌을 피하라." 혹은 "경제적 이득을 최대화하라." 같은 원리는 아예 존재할 수 없다고 본다. 그런 일반 원리 하나로 세상을 헤쳐 나가기에는 우리 조상들의 삶이 너무나 다채롭고 험했기 때문이다. 곰팡이 핀 음식을 회피하기, 안전한 보금자리를 찾기, 호랑이나 뱀 같은 위험한 동물 피하기, 건강하고 섹시한 이성을 고르기, 사기꾼에게 넘어가지 않기, 말썽 피우는 자식을 혼내 주기 등등 세상은 넓고 풀어야 할 문제는 많았다. 즉, 인간의 마음은 과거 환경의 적응적 문제들을 풀기 위해 자연선택된 수많은 해결책들의 묶음이다.

시대와 장소를 막론하고 누구나 자연선택에 의해 정교하게 설계된 마음을 지닌다는 진화적 시각은 자연히 각각의 문화가 보이는 다양성의 밑바닥에 깔린 보편성에 눈을 돌리게 해 준다. 문화적 차이를 강조하기 바쁜 다른 동료들과 달리, 인류학자 도널드 브라운 Donald Brown은 과감하게 청개구리짓을 했다. 민족지들을 샅샅이 분석한 결과, 모든 사회에서 수백 가지 특질들이 보편적으로 나타남이 밝혀졌다. 낭만적 사랑, 위생 관념, 망자에 대한 애도, 음악, 언어, 근친상간 회피, 소문, 성적 질투, 단 것에 대한 선호, 위계질서, 친족에 대한 호칭 등이 그 일부 예다. 이러한 보편적인 속성들은 타고난 인간 본성을 들여다볼 수 있게 해 주는 창窓, window이다.

| 유발된 문화 |

내 진화심리학 강의는 보통 이 정도로 이론적 배경에 대한 설명을 마치고 구체적인 연구 사례로 넘어간다. 강의 후 가장 흔히 나오는 질문 가운데 하나는 이렇다. "어쨌든 문화는 진화 이론으로 설명할 수 없다는 거죠?"

이 질문에 담긴 속뜻은 쉽게 짐작할 수 있다. 생물학과 문화가 인간 행동에 영향을 끼치는 양대 요인이라 할 때, 사회과학자들은 그동안 전자에 너무나 적은 영토를 허용한 감이 없지 않다. 인간 행동의 진화적 기초에 대한 새로운 연구 결과들이 속속 나오는 마당에, 문화가 몇 발자국 뒤로 물러서서 생물학이 운신할 폭을 조금만 더 넓혀 주마. 하지만 인심 쓰는 것은 거기까지. 생물학과 문화 사이에 놓인 장벽은 더 높고 튼튼하게 세울 터이니 서로 침범해서 얼굴 붉히는 일 없기로 하자.

진화심리학자들은 다르게 생각한다. "인간 행동은 생물학이 아니라 문화로 설명된다."는 사회과학자들의 주장을 살펴보자. 이러한 설명은 대개 어떤 집단이 다른 곳에서 살아가는 집단과 다르게 행동한다는 관찰에서 시작한다. 대부분의 사회에서 남편은 자기 아내가 낳은 자식에게 재산을 물려준다. 그러나 약 10퍼센트의 사회에서는 남편들이 아내가 낳은 자식 대신 자기 누이가 낳은 자식, 즉 조카에게 재산을 물려준다. 많은 사회과학자들은 이러한 차이가 문화 때문이라고 설명한다. 생물학은 인간 집단에서 보편적인 그 무엇을 뜻하고 문화는 각 집단마다 다른 무언가로 인식되기 때문에, 문화가 상속 패턴의 차이를 설명하는 것은 너무나 당연하게 받아들여진다.

그러나 과연 제대로 '설명'이 된 것일까? 집단 간의 차이야말로 우리가 설명하고자 하는 대상이다. 이를 '문화'라는 자율적 실체로 새로이 명명하고서 이내 손을 놓아 버린다면, 대상에 대한 이름표 붙이기를 대상에 대한 인과적 설명으로 착각하는 것이다. 진정한 인과적 설명은 그러한 문화적 차이를 낳은 보편적인 심리 기제가 무엇이며 왜 그러한 차이를 낳았는지에 대해 해답을 내놓아야 한다. 진화심리학자 존 투비John Tooby와 레다 코스미디스는 이처럼 보편적인 심리 기제가 각기 다른 환경 조건에 반응하여 각기 다른 결과물을 빚는 경우를 가리켜 "유발된 문화evoked culture"라고 했다.

남성의 상속 패턴이 보이는 집단 간 차이는 이른바 '부성 불확실성paternity uncertainty'에 민감하게끔 진화한 남성의 보편적 심리에서 '유발된 문화'이다. 엄마는 아홉 달 동안 자신의 배를 불려 낳았으니 자기 자식임을 무조건 확신할 수 있지만, 아빠는 이 아이가 정말 내 자식인지, 아니면 옆집 우유배달부의 자식인지 영영 확신할 수 없다. 사실, 아빠가 무조건 확신할 수 있는 피붙이가 있기는 하다. 바로 친누나나 여동생이 낳은 자식들이다. 아빠가 친자식과 유전자를 공유할 확률이 50퍼센트인 데 반해 누이가 낳은 자식과 유전자를 공유할 확률은 25퍼센트에 불과하다. 하지만, 부성 불확실성이 극심한 사회에서는 어쩌면 옆집 우유배달부의 자식일지도 모르는 녀석에게 재산을 물려주느니 차라리 누이가 낳은 자식에게 재산을 물려주는 게 나을 것이다.

이 가설은 남성이 누이가 낳은 자식에게 재산을 물려주는 관습은 부성 불확실성이 높은 사회에 한정되어 나타나리라고 예측한다. 아니나 다를까, 70개 사회를 조사한 결과 이 예측은 정확히 맞아떨어졌다. 부성 불확실성이 높은 사회인 동시에 남성이 누이가 낳은 자식에게 재산을 물려주는 사회는 모두 17개였다. 부성 불확실성이 높은데도 남성이 아내가 낳은 자식에게 재산을 물려주는 사회는 5개에 불과했다. 부성 불확실성이 낮은 사회이면서 남성이 아내가 낳은 자식에게 재산을 물려주는 사회는 모두 45개나 되었다. 부성 불확실성이 낮은 사회인데 남성이 누이가 낳은 자식에게 재산을 물려주는 사회는 3개에 지나지 않았다. 요컨대 모든 남성은 부성 불확실성에 민감한 심리 기제를 지니고 태어나지만, 혼외정사가 빈번하여 부성 불확실성이 높은 사회의 남성들만이 재산을 누이의 자식에게 물려준다.

| 전파된 문화 |

문화의 어떤 측면은 여전히 생물학적 진화와 무관한 것 같다. 걸그룹 2NE1의 "아돈케어~에에에에에"라는 곡조, 개그우먼 강유미의 유행어 "니들이 고생이 많다~", 남녀 모두에게 인기인 스키니진 등은 한 사람의 마음에서 다른 이들의 마음으로 마치 생명체처럼 자유로이 넘나들고 전파된다. 문화적 전달의 단위를 "모방자meme" 라 칭한 진화생물학자 리처드 도킨스는 이러한 문화적 진화는 유전적 진화와 완전히 다른 차원에서 독자적으로 진행된다고 주장했다.

과연 그럴까? 조금만 생각해 보면 이처럼 변덕스럽고 종잡을 수 없어 보이는 문화의 생성, 전파, 그리고 소멸조차 수백만 년에 걸쳐 진화된 인간의 심리 기제에 전적으로 의존하고 있음을 알 수 있다. 우리의 두뇌에 들어갈 수 있는 정보량은 제한되어 있다. 또한 정보를 받아들이고 저장하고 인출하는 데는 상당한 시간과 에너지가 소모된다. 그러므로 어떤 모방자에 대해 다른 모방자보다 특별히 더 관심을 쏟는 심리 기제, 어떤 모방자를 다른 모방자보다 더 오래도록 기억하는 심리 기제, 어떤 모방자를 다른 모방자보다 타인들에게 더 잘 전파하는 심리 기제 등이 우리 인간에게서 진화했을 것이다.

예컨대 어느 제과 회사에서 신상품 팝콘 세 종을 출시했다고 하자. 한 팝콘은 달콤한 설탕을 쳤다. 다른 팝콘은 고소한 깨소금을 쳤다. 마지막 팝콘은 청양고추와 생강을 쳤다. 어느 팝콘이 가장 안 팔릴지는 굳이 물어볼 필요도 없을 것이다. 처음 두 팝콘은 단 맛과 짭짤한 맛을 선호하게끔 설계된 우리의 미각과 잘 맞아떨어지기 때문에 쉽게 흥미를 끌고, 오래 기억되고, 널리 전파된다. 반면에 마지막 팝콘은 인간의 보편적인 심리 기제에 부합하지 못하기 때문에 바로 퇴출되고 만다. "살라카둘라 메치카불라 비비비바비디부"가 "되고송"만큼 인기를 끌기는커녕 일반 대중들로부터 싸늘한 반응을 얻은 까닭도 여기에 있지 않을까.

문화는 생물학적 진화와 대척점에 있지 않다. 집단 내의 동일성과 집단 간의 차이를 가리키는 개념으로서, 문화는 궁극적으로 자연선택에 의한 진화의 산물로 이해할 수 있다. 이 결론은 보편 문화, 유발된 문화, 전파된 문화 모두에 공평하게 적용된다. 지난 세기에 유전학자 테오도시우스 도브잔스키Theodosius Dobzhansky는 "진화의 관점을 통하지 않고서는 생물학의 그 무엇도 의미가 없다."고 했다. 다윈 혁명이 도래한 오늘날, 진화의 관점을 통하지 않고서는 문화의 그 무엇도 의미가 없다.

다섯 번째 연장

병원균, 집단주의, 그리고 부산갈매기

"전통을 따르길 강조하면서 일탈을 용납 못하는 태도는

그 지역의 고유한 병원체들에 대한 방어로서 형성된

문화적 관습을 계속 유지해 준다."

WINNER!!

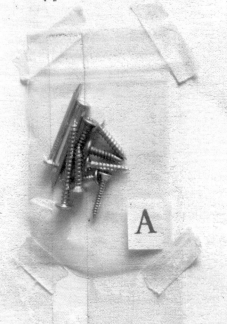

A

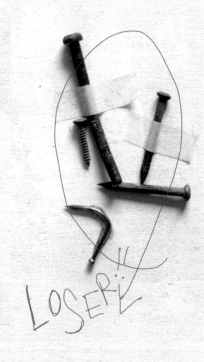

LOSER!!

버스나 지하철 손잡이는 소맷귀를 써서 잡는다. 노래방 마이크에 위생 덮개가 씌워져 있지 않으면 찜찜하다. 텔레비전 CF에선 예쁜 여배우가 은나노 항균 세탁기를 광고한다. 동료가 사무실에 데려온 애완견이 귀여워 보이지만 쓰다듬어 주진 않는다. 날씨가 차가워졌으니 서둘러 독감 예방 접종을 받아야겠다고 생각한다.

기생체parasite와의 전쟁은 현대인의 일상에 깊숙이 스며들어 있다. 전염성 세균과 바이러스, 기생충은 인간과 다른 영장류의 공통 조상이 나타나기 훨씬 전부터 지구상에 존재해 왔다. 물론 극히 복잡하고 정교한 우리의 면역계는 병원체의 침입에 맞서서 우리를 든든하게 지켜 준다. 하지만, 면역계는 병원체가 우리 몸 안으로 들어오고 난 다음에야 공습경보를 울리고 퇴치 작전을 개시한다. 그 과정에서 염증이나 발열 등 적지 않은 비용도 치른다. 이 책 첫머리에서부터 줄기차게 주장해 왔듯이, 자연선택이 그토록 강력한 진화의 기제라면 병원체를 옮길 만한 사람이나 사물과 처음부터 어울리지 않으려 애쓰는 심리도 생겨났어야 하지 않을까? 혹시 병원체에 맞서는 이러한 심리적, 행동적 방어가 동서양의 개인주의/집단주의 성향이나 외향성/내향성의 문화적 차이를 낳았다면 너무 터무니없는 발상일까?

| 우리가 남이가? |

맥그리거McGregor는 탕가니카 호숫가에 사는 침팬지였다. 다른 여느 침팬지처럼, 그도 하루에 몇 시간씩 다른 침팬지들과 어울려서 털고르기를 서로 주고받곤 했다. 맥그리거의 평화로운 나날은 어느 날 소아마비 전염병이 엄습하면서 산산조각이 났다. 그는 다리를 완전히 못 쓰게 되어 두 팔로 하반신을 질질 끌고 다녀야 했다. 방광까지 고장 나 항상 파리 떼에 시달려야 했다. 맥그리거의 불행은 여기서 그치지 않았다. 그토록 친했던 동료 가운데 맥그리거에게 가까이 다가오는 녀석은 이제 아무도 없었다. 몇몇은 송곳니를 드러내며 맥그리거를 쫓아냈다. 왕따가 된 맥그리거는 종일 단 한 번도 털고르기를 받지 못했다.

맥그리거의 예에서 알 수 있듯이, 진화적인 관점에서 보면 자신에게 전염성 병원체를 옮길지도 모르는 개체나 사물을 탐지하여 그들과 어울리는 걸 유독 피하거나 배척하는 심리 기제가 선택되었을 것이다. 황소개구리 올챙이들조차 장내 세균에 감염된 올챙

이들과는 함께 헤엄치길 거부한다. 아무 풀이나 뜯어 먹는 듯한 양도 자기 배설물에 오염된 풀은 먹지 않는다. 인간의 경우, 혐오감이라는 감정이 작동하여 병원체가 들어 있는 대상을 멀리하게 해 준다. 울긋불긋한 곰팡이가 핀 식빵을 손에 쥐었다고 상상해 보라. 그다음에는 콧물이 줄줄 흐르고 피부가 문드러진 얼굴을 한 사람과 끌어안았다고 상상해 보라. 두 경우 모두에 대해 당신은 똑같은 표정코와 입을 찡그리고 눈을 가늘게 뜨는 혐오 반응을 짓고 있을 것이다.

콧물이나 재채기, 변색된 피부 등 위험한 병균에 감염되었음을 한눈에 알려 주는 외형적 단서들에 대해서만 심리적 방어 태세가 선포되는 것은 아니다. 단순히 어떤 사람이 우리 집단에 속하지 않는 외부인임을 알려 주는 단서만으로도 그를 회피하거나 배척하는 기제가 작동한다. 내부인들끼리 뭉치며 외부인을 몰아내려는 심성이 어떻게 전염성 질병을 막아 주는 방패가 될까? 답은 기생체와 숙주 사이의 공진화 군비 경쟁coevolutionary arms race에 있다.

이 군비 경쟁에서 숙주는 자물쇠고 기생체는 열쇠다. 각각의 숙주가 기생체의 침입을 막고자 문을 단단히 걸어 잠그면, 숙주보다 더 빨리 진화하는 기생체는 수없이 많은 열쇠를 만들어 내서 운 좋게 문을 따려 한다. 처음에는 모든 지역에서 동일한 기생체와 숙주들이 분포했겠지만, 여기에서는 A라는 기생체가 자물쇠를 따는 데 성공하고 저기에서는 B라는 기생체가 성공하면서 지역에 따라 다른 기생체에 맞추어 숙주의 면역계도 지역별로 다르게 진화한다여행 가서 물을 갈아 먹었더니 배탈이 났다는 말은 요즘도 흔히 듣지 않던가. 결과적으로 어떤 지역의 토착 병원균들을 잘 다스리는 면역 능력을 비슷하게 지닌 사람들이 한 곳에 모여 살게 된다. 다른 지역에 살면서 그곳의 토착 병원균에 나름대로 적응한 외부인들과 함부로 접촉했다간, 전혀 새로운 병원균에 무방비로 노출될 수도 있으니 피하는 게 상책이다. 요컨대, 병원균에 대한 심리적 방어가 외인 혐오증xenophobia과 자민족 중심주의ethnocentricism를 낳았다.

원정팀 야구선수들을 윽박지르면서 야구장이 떠나가라 부산갈매기를 불러 대는 부산시민들의 열정이 고작 병원균 때문이라고? 외집단을 배척할 때 느끼는 주된 감정이 혐오감이라는 사실은 결코 우연이 아니다"분유에 멜라민을 넣다니, 역겨운 중국 놈들!". 진화심리학자 제이슨 포크너Jason Faulkner와 그 동료는 병원체와 외인 혐오증의 관계를 보여 주는 실험을 실시했다. 한 집단에는 세균이나 바이러스의 위험을 강조하는 슬라이드를, 다른 집단에는 감전사나 교통사고의 위험을 강조하는 슬라이드를 보여 주었다. 그러고서 외국인 노동자의 이주에 대한 찬반 태도를 물었더니, 병원균의 위험을 목도한 집단에서 반대가 유의미하게 더 높았다.

| 모난 돌이 감염된다? |

개인주의/집단주의는 전 세계 각국의 문화적 차이를 가장 잘 드러내는 척도 가운데 하나다. 주소를 쓸 때 한국인들은 큰 집단에서 작은 집단으로 좁혀 가서 마지막에 자기 이름을 쓰는 반면, 미국인들은 자기 이름을 먼저 적고 점차 작은 집단에서 큰 집단으로 넓혀 간다. 한국인들은 회의나 토론장에서 웬만하면 중론을 따르려는 반면, 미국인들은 심하다 싶을 정도로 자기 의견을 내세운다. 왜 이렇게 어떤 문화권에서는 모난 돌이 정 맞는다는 집단주의가, 다른 문화권에서는 일단 나부터 튀고 보자는 개인주의가 발달했을까?

진화생물학자 코리 핀처Corey Fincher와 그 동료는 집단주의가 병원체의 침입으로부터 우리를 보호해 준다고 제안했다. 집단주의를 개인주의와 구별 짓는 두 가지 특징은 첫째, 내집단과 외집단의 엄격한 차별과 둘째, 권위와 전통에 대한 순응conformity이다. 앞에서 살펴보았듯이, 자기 패거리 내의 사람들과 끈끈하게 뭉치면서 외부인을 배척하는 태도는 낯선 병원균에 노출될 가능성을 낮춰 준다. 전통을 따르길 강조하면서 일탈을 용납 못하는 태도는 그 지역의 고유한 병원체들에 대한 방어로서 형성된 문화적 관습을 계속 유지하게끔 해 준다. 예컨대 우리는 음식에 고추, 파, 마늘처럼 맵고 자극적인 향료를 첨가하여 병원균의 활동을 억제하게끔 진화하였다. 어느 천둥벌거숭이가 김치의 요리법을 멋대로 바꾼다면 손해 보는 건 자기 자신이다.

집단주의가 개인주의보다 병원균의 침입을 막는 데 더 효과적이라면, 역사적으로 병원균이 많았던 지역에서 집단주의적 성향이 더 강하게 나타날 것이다. 핀처 등은 말라리아, 주혈흡충병schistosomes, 사상충병filariae, 뎅구, 나병, 발진티푸스, 결핵 등 인류의 생존을 위협했던 대표적인 병원균 9종이 전 세계 93개국에서 얼마나 분포하는지 조사했다. 예측대로, 과거에 병원균이 득세했던 수준은 각국의 집단주의 지수와 정비례했고 개인주의 지수와 반비례했다. 덥고 습해서 병원균이 더 많았던 아프리카나 아시아의 나라들이 춥고 건조한 북유럽이나 극지방의 나라들과 비교해서 개인보다 집단을 우선시하는 경향이 있음을 상기해 보라. 1인당 국내 총생산GDP, 인구 밀도, 평균 수명 같은 잠재적인 혼동 요인들은 과거의 병원균의 유병률과 집단주의/개인주의의 정도 사이의 상관관계에 전혀 영향을 끼치지 못했다. 물론, 심리학 개론 첫 수업 시간에 나오듯이 상관관계는 인과관계가 아니다. 흥미롭게도 핀처 등은 현시점에서 병원균이 득세하는 수준도 각국의 집단주의 지수와 연관되기는 하지만, 그 상관관계는 과거의 득세 수준에 비하면 상대적으로 약하다는 사실 또한 발견했다. 비행기 같은 원거리 교통수단이 발달하여 병원균이 쉽게 여기저기 옮겨 다닐 수 있는 오늘날에는 병원균이 지금 많은 지역이 반드시 병원균이 전통적으로 많았던 지역과 일치하는 것은 아니기 때문이다. 이는 진화의 역사를 통해 전염성 병원균의 지리적 분포가 각 지역에서 서로 다른 문화적 가치 체계를 낳았다는 인과관계를 강력히 시사한다.

진화의 빛을 통해 새로이 조명될 문화적 현상은 아직 무궁무진하다. 진화심리학자 마크 쉘러Mark Schaller와 다미안 머레이Damian Murray는 전염성 병균의 득세 수준과 세계 각국의 외향성/내향성이 어떻게 연관되는지 조사했다. 병원균이 들끓는 지역에서는 처음 본 사람이라도 금세 친해져 어울리는 활달한 성향은 별로 재미를 보지 못할 것이다. 아니나 다를까, 세계 각국의 병원균 분포는 각 나라의 성적 개방성과 반비례하였다. 이렇게 보면 미국인들은 어쩌면 저렇게 아무하고나 만나자마자 바로 친구가 될까 딱히 부러워할 필요는 없을 것 같다.

병원체에 대한 심리적 방어는 외인 혐오증, 집단주의/개인주의, 내향성/외향성 외에도 다른 여러 문화적 현상들을 설명해 준다. 이는 보편적인 심리 기제가 병원균이 득세하는 정도가 제각기 다른 환경 조건에 반응하여 각 사회마다 다른 적응적 결과물을 낳은 '유발된 문화'의 좋은 예가 된다. 면역학 교과서를 잠시 동안이라도 뒤적여 본 사람이라면 우리 몸속의 생리적 면역계가 몸 구석구석에 얼마나 큰 흔적을 남겼는지 공감할 것이다. 마음속의 심리적 면역계가 마음 구석구석에 뚜렷이 아로새긴 흔적들이 이제 막 밝혀지는 참이다.

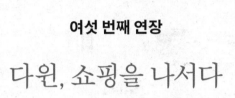

여섯 번째 연장

다윈, 쇼핑을 나서다

"현대 사회에서야 먹을 것을 얻는 데 직접 투자하는 시간은

그리 많지 않지만, 여전히 우리는 먼 옛날 수렵과 채집을

잘해 내게끔 설계되었던 심리 기제들을 마음속에 지닌 채

쇼핑몰이나 할인점의 미로 안으로 발걸음을 내딛는다."

몇해 전 이건희 삼성 그룹 당시 회장이 평창에서 동계 올림픽 유치 활동을 하면서 선보인 귀마개가 화제가 된 적 있다. 명품 루이비통Louis Vuitton사의 컬렉션 제품으로 가격이 무려 246만 원이었기 때문이다. 루이비통 제품을 깎아내릴 생각은 없지만, 그 귀마개가 겨우? 몇만 원 하는 일반 귀마개보다 수십 배 더 따뜻하지는 않을 듯 싶다. 그런가 하면 최근 파산 위기에 처한 미국 자동차 회사 제너럴 모터스GM가 "지상 최강의 스포츠 유틸리티 차량SUV"이라는 험머 Hummer 브랜드를 중국 기업에 넘겼다는 소식이 있었다. 험머는 원래 미군의 군수 차량을 민간용으로 개조한 것으로서 산악 지형 및 비포장도로 주행에서 탁월한 성능을 자랑하는 값비싼 고연비 차종이다. 문제는, 대다수 미국인은 험머를 주로 도심 빌딩 숲에 있는 사무실에 출퇴근하는 용도로 사용하고 있다는 사실이다.

왜 이건희 전前 회장은 다른 수많은 귀마개들을 외면하고 초고가 명품 귀마개를 착용했던 것일까? 왜 많은 미국인들은 자신이 비포장도로를 달릴 일이 거의 없음을 뻔히 알면서 험머처럼 크고 값비싼 비포장도로 전용 차량을 구매하는 것일까? 현대 자본주의와 대중매체의 거대한 영향력 아래 놓인 것처럼 보이는 소비자 행태와 마케팅이 다윈의 틀로 새로이 해석될 수 있을까?

| 과시적 소비 |

　인간 행동을 진화 이론으로 설명하는 관점에 대해 경기를 일으키는 학자들조차 인정하는 대목은 대략 다음과 같다. 우리 인간의 보편적인 선호와 욕망 가운데 적어도 일부는 오랜 세월에 걸친 자연선택으로 만들어졌다. 그리고 이러한 욕망은 시장에서 공급되는 다양한 재화와 서비스를 구매함으로써 채워진다. 예컨대, 먼 옛날 홍적세의 아프리카 초원에서 아주 드물게 볼 수 있었던 잘 익은 과일들은 다량의 영양분을 제공해 주는 에너지원이었기 때문에, 우리는 단 것이라면 사족을 못 쓰게끔 진화하였다. 오늘날 이러한 욕구는 초콜릿과 치즈케이크를 통해 채워지고 있다너무 잘 채워져서 탈이지만..

　몇백만 원짜리 명품 귀마개를 구매하는 행동을 설명하려면 아직 다른 무언가가 더 필요하다. 사실 이러한 행동은 이미 100여 년 전에 미국의 경제학자 소스타인 베블런Thorstein Veblen에 의해 "과시적 소비conspicuous consumption"라고 이름 붙여졌다. 터무니없이 비싼 재화를 물 쓰듯 소비함으로써 남들 앞에서 자신의 지위를 은연중 과시한다는 것이다. 그러므로 루이비통 귀마개의 판매 가격 246만 원은 이건희 전 회장에게는 치러야 할 비용이 아니라 짭짤한 이득이다. 246만 원은 평민들이 그 귀마개를 사지 못하게 막음으로써 이 전 회장의 품격과 재산을 분명하게 드러내 주는 지표가 된다. 별다방에서 굳이 한 끼 밥값에 버금가는 5,800원짜리 카라멜 마키아또를 마시는 이들은 커피가 아니라 자신의 지위를 소비한다.

왜 이토록 낭비적이고 비효율적인 과시적 소비가 진화했을까? 자연선택은 사실 무작정 잘 살아남기만 하는 개체보다는 잘 살아남아서 자손을 많이 퍼뜨리는 개체를 고른다. 수공작의 휘황찬란한 꼬리는 살아남는 데 백해무익하지만, 그 화려한 빛깔과 광채는 암컷들에게 분명한 메시지를 전달한다. '아가씨, 이것 좀 봐요! 난 아름답긴 하지만 아무짝에도 쓸모없는 꼬리를 유지하는 일에 자원과 에너지를 맘껏 낭비할 수 있을 만큼 능력이 철철 넘친답니다!' 수공작의 꼬리 같은 값비싼 형질은 그 수컷이 우수한 유전자를 지녔음을 암컷들에게 정직하게 알려 주는 신호로 작용하기 때문에 진화했다고 "값비싼 신호 이론Costly signaling theory"에서는 이야기한다. 이에 따르면 과시적 소비 행태는 수공작이 암컷 앞에서 꼬리를 펼쳐 으스대는 행동과 다름없다.

과시적 소비가 바람직한 배우자 자질을 광고하는 '값비싼 신호'라면, 사람들이 다른 상황에서보다 특히 이성과의 연애가 이루어지는 상황에서 돈을 더 보란 듯이 쓰리라고 예측할 수 있다. 그리고 이러한 과시적 소비 성향은 여성보다 남성에서 더 도드라지게 나타날 것이다. 배우자를 고를 때 배우자의 지위와 재산에 귀를 더 쫑긋 세우는 쪽은 여성이기 때문이다. 여성들에게 남성의 재산은 필수 품목이지만, 남성들에게 여성의 재산은 선택사항이다.

이 예측은 진화심리학자 블라다스 그리스케비셔스Vladas Griske-vicius와 그 동료가 수행한 실험으로 입증되었다. 이들은 피험자들에게 현금 5,000달러가 있다고 상상하게 한 뒤 다음과 같은 과시적인 소비 품목에 얼마나 쓸 의향이 있는지 물어보았다.

- 차를 새로 사기
- 손목시계 새로 사기
- 친구들에게 근사한 저녁 대접하기
- 유럽으로 바캉스 떠나기
- 최신형 휴대 전화기 사기

실험하기 전, 한 집단에는 매력적인 이성과 어떻게 데이트를 하고 싶은지 자세히 질문하여 연애 정서를 불러일으켰으며 다른 집단은 연애와 무관한 보통 정서를 유지하게 했다. 결과는 어떻게 나왔을까? 연애 정서에 불타오르는 남성들은 무덤덤한 보통 정서의 남성들보다 사치스러운 물품을 사는 데 더 많은 돈을 썼다. 여성들은 보통 정서일 때나 연애 정서일 때나 사치품에 쓰는 돈의 액수에 별 차이가 없었다. 요컨대, 젊은 남성들은 여성 앞에서라면 지갑을

거리낌 없이 열어젖히게끔 진화하였다.

여성들 앞이라고 남성이 아무 물건이나 마구 사 대는 것은 아니다. "비단 옷 입고 밤길 가기"라는 속담이 있듯이, 아무리 비싼 상품이라 해도 상품의 성격상 여성들의 눈에 잘 띄지 않는 종류라면 굳이 과소비를 할 까닭이 없다. 그리스케비셔스 팀은 두루마리 휴지 같은 화장실 용품, 두통약 같은 가정상비약, 침대 머리맡에 두는 자명종 시계, 변기 세척기 같은 실내 위생용품처럼 남들 눈에 띄지 않는 소비 품목에 돈을 쓸 의향을 마찬가지 방법으로 조사했다. 예측한 대로 눈에 띄지 않는 소비 품목에서는 연애 정서에 빠진 남성들이 보통 남성들과 비교해서 더 많은 돈을 쓰지 않았다. 변기나 주방이 막혔을 때 쓰는 뚫어뻥에는 왜 초고가 명품 브랜드가 존재하지 않는지 이제 깨달았을 것이다.

| 쇼핑몰에서 길을 잃다 |

다윈의 이론은 우리가 어떤 상품을 얼마나 선호할지 알려 줄 뿐만 아니라, 쇼핑몰이나 백화점, 시장에서 실제로 이루어지는 구매 행태에 대해서도 새로운 통찰을 준다. 다른 동물들과 마찬가지로 우리 조상들은 하루의 대부분을 먹을 것을 찾거나 준비하는 데 보냈다. 현대 사회에서야 먹을 것을 얻는 데 직접 투자하는 시간은 그리 많지 않지만, 여전히 우리는 먼 옛날 수렵과 채집을 잘해 내게끔 설계되었던 심리 기제들을 마음속에 지닌 채 쇼핑몰이나 할인점의 미로 안으로 발걸음을 내딛는다.

진화의 역사에서 남성들은 크고 작은 동물들을 낚시하거나 사냥하고, 여성들은 견과, 뿌리, 과일 등의 식물을 채집했다물론 이러한 역할 분담은 일반적인 경향을 말한다. 사냥이 특히 힘든 시기에는 남성들도 채집에 참여하는 등 예외가 있었다.. 비교적 넓고 낯선 장소에서 이리저리 내빼는 사냥감을 부랴부랴 쫓아가서 잡는 일은 친숙한 주변 장소에서 어딘가에 숨겨진 식물성 음식을 찬찬히 찾아내는 일과 전혀 다르다. 그러므로 쇼핑몰 같은 특정한 공간에서 방향을 잡는 공간 탐지 능력은 남녀가 서로 다르게 진화했다.

사냥감을 쫓다 보면 종종 집에서 아주 멀리 떨어진 낯선 곳까지 오게 된다. 사냥을 마친 뒤에는 고기를 짊어지고 가능한 한 빨리 지름길을 통해 집으로 복귀해야 한다. 그래서 남성들은 주변 풍경 속에서 자신의 위치를 확인하고 머릿속에서 자신을 둘러싼 모든 것들을 회전시키면서마치 3D 액션 게임의 화면처럼 말이다. 길을 찾는 능력이 발달하였다. 평균적으로 남성들은 여성들보다 지도를 더 잘 읽고, 낯선 곳에서 길을 더 잘 찾는다. 집으로 복귀하는 최단 경로를 찾을 때, 처음에 온 길을 굳이 되밟을 필요가 없으므로 이정표가 될 만한 지형지물에 의존해 길을 찾기보다는 동서남북 좌표계에 의존하여 길을 찾는 데 더 능숙하다.

반면에 여성들은 채집에 관련된 공간 탐지 능력에 일가견이 있다공간 탐지 능력이라면 뭐든지 남성이 더 뛰어나다는 속설은 아주 잘못된 것이다.. 채집을 잘하려면, 집 주변의 익숙한 장소 안에 있는 다양한 풀과 나무, 바위, 채소, 과일 등을 잘 구별하고 그것들이 어떻게 배치되어 있는지 훗날까지 기억해야 한다. 실제로 최근의 연구들은 여성들이 남성들보다 갖가지 사물을 판별하고 그 위치를 기억하는 능력이 더 뛰어나다고 보고하고 있다. 재래시장에 피험자들을 불러다 놓고 실험한 결과, 여성들은 남성들보다 각종 과일과 채소들이 진열된 위치를 더 정확히 기억했다. 재미있게도, 영양분이 풍부한 과일일수록 여성들의 기억력은 남성들보다 더 정확했다!

수렵과 채집에 각각 특화된 남녀의 심리 기제가 어떻게 현대 사회의 쇼핑 행동에 영향을 끼칠까? 진화심리학자 다니엘 크루거Daniel Kruger는 다음과 같이 채집 활동에 관련된 쇼핑의 면면들에 대해서는 여성이 더 두각을 나타내리라고 예측하고 이를 확인했다.

- 물건을 살 때는 모양과 스타일이 폭넓게 구색을 갖춘 가운데 내가 가장 좋아하는 물건을 고르는 것을 선호한다.
- 비싼 물건은 잘 기억해 두었다가 그 매장이 세일할 때 가서 산다.
- 어떤 물건 옆에 무엇이 있었는지 잘 눈여겨봄으로써 그 물건의 위치를 기억한다.

설문 조사 결과 이들 항목에 대해서는 과연 여성이 더 긍정적으로 답했다. 반면에 수렵 활동에 관련된 쇼핑 행동은 다음과 같다.

- 작은 것들을 여럿 사러 가기보다는 오디오나 컴퓨터처럼 큰 것을 하나 사러 갈 때 기분이 더 좋다.
- 큰 걸 사러 갈 때는 친구의 도움을 받는다.
- 원하는 물건을 산 다음에 곧바로 집으로 돌아온다.
- 낯선 쇼핑 센터에 들어왔을 때는 내가 어디에 있는지 계속 확인한다.

예측대로 이런 항목들에 대해서는 남성들이 더 긍정적으로 답했다. 수렵과 채집에 몰두하는 우리의 먼 조상들의 모습을 생생히 보고 싶다면, 자연사 박물관에 가지 말고 가까운 백화점이나 할인점으로 가시라.

과시적 소비와 쇼핑 전략 외에도 소비자 행동과 마케팅 전반에 다윈의 시각이 기여할 바는 넓고도 깊다. 예컨대 왜 여성들이 강박적으로 구매하는 물품은 옷이나 화장품, 구두, 액세서리 등 신체적 매력을 높이는 데 쓰이는 것인지, 왜 우리는 선물을 할 때 먼 친척보다는 가까운 가족에게 더 자주 하는지 등에 대한 답을 진화의 시각을 통해 얻을 수 있다. '사람들이 어떻게 소비하는가?'에 주로 초점을 맞추어 온 기존의 소비자학은 '사람들이 왜 그렇게 소비하는가?'라는 질문을 아울러 던짐으로써 한층 더 발전할 수 있을 것이다.

일곱 번째 연장

웃으면 복이 왔다

"인간의 진화 역사에서 많이 웃은 사람들에게는 복이 왔다."

「무한도전」이나 「개그콘서트」 같은 코미디 프로그램을 보다가 한참을 배를 잡고 바닥을 뒹굴며 웃은 후에 문득 이런 물음이 떠오른 적이 있을 것이다. 우리는 대체 왜 웃는 것일까? 사실 아무 생각 없이 웃으면 그만이지 이처럼 김새는 질문을 옆 사람에게 진지하게 던졌다가는 구박만 듣기 십상이다.

그러나 홀대받았다고 상심하지 말자. 웃음엔 정말로 뭔가 특별한 것이 있다. 첫째, 웃음은 모든 문화권에서 모든 사람들에게서 발견된다. 웃음이 없는 사회는 지금껏 단 한 번도 발견된 적이 없다. 둘째, 아기들은 출생 후 2~6개월부터 자연스레 웃기 시작한다. 심지어 시청각 능력이 없이 태어나서 한 번도 웃음을 접한 적이 없는 아이들도 웃을 수 있다. 셋째, 웃음소리는 매우 특징적이어서 누구나 쉽게 구별해 낼 수 있다. 넷째, 전두엽의 특정 부위가 손상되면 남들이 던지는 유머를 당최 이해하지 못한다. 유머를 이해하는 능력은 그냥 저절로 생기는 것이 아니라 두뇌의 신경생리학적 작용에서 나오는 것이다. 다섯째, 웃음은 전염성이 매우 강해서, 혼자 있을 때보다 남들과 함께 있을 때 웃음을 터뜨릴 가능성이 30배 이상 높다. 「개그콘서트」 같은 공개 코미디의 한 꼭지에서 간혹 개그맨들 자신이 터져 나오는 웃음을 참느라 애쓰는 모습을 보게 되면 시청자 입장에서는 몇 배나 더 웃기게 느껴지는 까닭도 이 때문이다.

이러한 사실들을 종합하면, 웃음은 우리 인간의 유전자에 내재한 본능임을 짐작할 수 있다. 그렇다면, 웃음은 왜 진화했을까? 웃음은 어떤 진화적 목적을 수행하려고 자연선택에 의해 우리 마음속에 장착되었을까?

| 박장대소와 썩소 |

유머와 웃음은 비슷한 듯하지만 똑같지는 않다. 유머는 어른들이 웃음을 유발하려는 시도를 가리킨다. 유머가 반드시 웃음을 몰고 오지는 않기 때문에 기막힌 유머라고 남들에게 들려준 이야기가 분위기를 삽시간에 냉각시키기도 한다. 반면에 웃음은 유머뿐만 아니라 간질이기 등에 의해서도 일어나는 반사 활동이다. 한 번 웃음소리를 낼 때 사용된 모음은 그 웃음이 끝나기 전까지는 잘 바뀌지 않는다. 그래서 '하-하-하'나 '크-크-크'는 웃음소리 같지만 '하-크-하-크'는 왠지 이상하게 들린다.

오직 인간만이 웃을 수 있다는 통념과는 달리, 웃음은 다른 동물에서도 있다. 침팬지 같은 다른 영장류들의 어린 개체들이 서로 간질이거나 신체적 놀이를 하면서 웃음 비슷한 소리를 낸다는 사실은 다윈도 서술한 바 있다. 짧은 단음절을 반복해서 내는 우리의 웃음소리와 달리, 침팬지는 즐거운 듯 입을 벌린 채 숨을 헐떡거리는 듯한 소리를 낸다. 복잡한 언어 능력을 바탕으로 촌철살인의 위트와 풍자, 해학이 녹아드는 인간의 웃음을 어디서 감히 침팬지나 보노보 새끼들이 서로 장난스럽게 쫓고 뒹굴면서 내는 웃음과 비교하냐고? 놀이방에 가서 아이들이 노는 모습을 10분만 관찰해 보시라. 뭐가 그리 재미있는지 아이들끼리 서로 토닥거리면서 끊임없이 박장대소하는 모습이 신선하게 느껴질 것이다. 침팬지건 인간이건, 아이들은 모두 웃음이라는 독특한 신호를 냄으로써 상대를 실제로 해치려는 게 아니라 그냥 같이 장난치고 싶다는 의사를 전달한다.

아이들의 사회적 놀이나 어른들의 배꼽 잡는 유머 또는 몸개그에서 볼 수 있는, 유쾌한 감정을 불러일으키는 '진짜' 웃음을 "뒤셴 웃음Duchenne laughter"이라 한다. 이 명칭은 외부 자극에 의한 자연스러운 웃음은 입가 근육뿐만 아니라 눈 둘레 근육orbicularis oculi muscles까지 수축시켜 눈가에 골을 패게 한다는 사실을 발견한 19세기 신경생리학자 뒤셴 드 불로뉴Duchenne de Boulogne의 이름에서 따 온 것이다. 뒤셴 웃음을 만드는 자극들은 모두 중요한 공통점을 지닌다. 안락한 요람 속의 아기에게 갑자기 얼굴을 가까이 들이대서 까르르 웃음보를 터뜨리게 만들려는 초보 아빠들이나, 자유시간이라니까 서로 쫓고 토닥거리면서 노는 아이들이나, 아름다운 여성 게스트를 초청해 놓고 그 앞에서 저질 댄스를 추는 노홍철 등은 모두 첫째, 심각하지 않은, 둘째, 사회적 상황하에서, 셋째, 사건의 흐름을 갑자기 비틀어서 웃음을 유발한다. 서로의 관계에 부적절한 충돌이 일어나지만, 이러한 부조화는 심각하지 않고 어디까지나 안전해야 한다. 옆 사람에게 호통을 쳐 대는 박명수를 웃으면서 진정시키는 MC 유재석이 없다면, 시청자들은 박명수가 정말로 분노하고 있다고 생각하게 되어 웃기는커녕 오히려 불안감을 느낀다.

뒤셴 웃음이 진짜 웃음이라면, 세상에 가짜 웃음도 있단 말인가? 물론이다. 입가만 올라갈 뿐 눈가에 주름살을 만들지 않는 "비非뒤셴 웃음non-Duchenne laughter" 혹은 공손한 웃음은 웃는 당사자가 타인과의 대화를 매끄럽게 하려고 유머가 없는 상태에서 다분히 의도적으로 짓는 웃음이다. 뒤셴 웃음이 유쾌한 기분이 들게 하는 데 비해, 비뒤셴 웃음은 주변 사람들에게 긍정적 정서를 불러일으키지 않는다. 은반 위의 요정 김연아가 심사위원들을 사로잡고자 연기 중에 짓는 '썩소썩은미소'도 비뒤셴 웃음이다.

| 웃음의 목적 |

이제 웃음이 왜 존재하는지 살펴볼 차례다. 뒤셴 웃음은 긍정적인 감정을 주기 위해서고 비뒤셴 웃음은 전략적인 의도를 달성하기 위해서라고 앞에서 다 얘기한 마당에 웬 뚱딴지같은 소리? 지금껏 우리는 웃음이라는 기제가 어떻게 사람의 마음속에서 작동하는지 살펴보았을 뿐, 웃음을 낳는 유전적 형질이 어떻게 장구한 진화적 역사를 통해서 자신의 복제 성공률을 높여 선택되었는지는 말하지 않았다. 요컨대, 웃음은 우리에게 유쾌한 기분을 주기 때문에 존재한다는 설명은 팥 없는 빙수처럼 어딘가 허전하다. 웃음을 통해 얻은 그 유쾌한 기분이 우리 조상의 생존과 번식에 어떤 식으로 이바지했는지를 답해야 한다.

2005년 빙엄턴 소재 뉴욕 주립 대학교의 학부생이던 매슈 저비스Matthew Gervais와 그의 지도교수인 데이비드 슬론 윌슨David Sloan Wilson은 웃음이 심각하지 않은 맥락에서만 터져 나옴에 주목했다. 리얼 버라이어티 프로에서 아무리 까불대던 개그맨도 막상 번지점프대 위에 올라서면 웃음이 싹 사라진다. 이처럼 신변이 위험하거나 배가 너무나 고픈 긴박한 상황에서는 재빨리 당면한 과제를 해결하는 게 최우선이다. 주위 환경으로부터 뭔가 새로운 지식을 창의적으로 습득하는 일은 나중에 등 따습고 배부르게 된 이후로 미뤄야 한다.

인간의 웃음, 특히 그 원형인 뒤셴 웃음은 200~400만 년 전 아프리카 초원에서 대부분의 시간을 위험하고 허기진 채 보냈던 우리 조상이 어쩌다 안전하고 배부른 상황을 맞이했을 때 그 기회를 최대한 활용하고자 한 데서 진화했다. 등도 따습고 배도 부르니, 어서 심신의 스트레스를 털어 내고 유쾌한 기분으로 새로운 지식을 습득하자고 다른 이들에게 보내는 사회적 신호가 바로 웃음이다. 저비스와 윌슨에 따르면, 뒤셴 웃음이 사람들 사이에 유쾌한 정서를 퍼뜨리는 매개체로서 처음 진화하였으며, 훨씬 나중에 뒤셴 웃음을 약간 변형시킨 비뒤셴 웃음이 부차적으로 진화하였다.

그러나 소개팅 자리에서 여성을 웃기는 능력이 얼마나 중요한지 뼈저리게 겪는 남성들은 저비스와 윌슨에 선뜻 동의하지 않을 것이다. 『연애*Mating mind*』의 저자 제프리 밀러Geoffrey Miller는 유머와 웃음은 자연선택의 일종인 성선택에 의해 진화했다고 주장한다. 창의적이고 머리 회전이 뛰어난 남성만이 알짜배기 유머를 자유자재로 구사할 수 있고, 이를 통해 자신의 우수한 유전적 특질을 은연중 광고한다. 여성은 웃기는 남성을 선택함으로써 자식들에게 좋은 유전적 이득을 물려준다. 여성들 앞에서 남성이 과시적 소비를 하는 것과 같은 맥락으로, 남성이 여성에게 구사하는 유머는 수공작이 암컷 앞에서 펼치는 화려한 꼬리이다.

최근의 한 연구에 따르면, 남녀 모두 자신의 애인이 '뛰어난 유머 감각'을 지니고 있기를 바라지만, 여기서 '뛰어난 유머 감각'이 의미하는 바는 서로 정반대된다는 사실이 밝혀졌다. 남성은 남을 잘 웃기는 여성보다 자신이 던지는 유머객관적으로 보면 심히 썰렁한 유머일

지연정를 잘 이해하여 즉시즉시 큰 웃음을 터뜨려 주는 여성을 배우자로서 선호한다. 반면에 여성은 자신이 던지는 유머에 잘 반응해 주는 남성보다 무조건 자신을 잘 웃겨 주는 남성을 배우자로서 선호한다. 두 결론을 종합하면 신봉선이나 강유미 같은 개그우먼들이 얼마나 어려운 처지에 놓여 있는지 저절로 동정심이 생길 것이다. 남성 시청자는 개그맨이 나왔건 개그우먼이 나왔건 웃음에 인색하다. 그나마 잘 웃어 주는 여성 시청자는 개그우먼보다 개그맨의 입담에 웃음을 잘 터뜨린다!.

요약하자. 신경생리학, 영장류학, 문화인류학, 심리학 등 여러 분야에서 밝혀진 사실들로 볼 때, 웃음은 자연선택에 의해 잘 다듬어진 생물학적 적응임에 틀림없다. 즉, 인간의 진화 역사에서 많이 웃은 사람들에게는 복이 왔다. 오래 살아서 자손을 많이 남기는 복 말이다. 하지만, 웃음이 어떤 목적을 위해 진화했는가에 대해서는 아직 의견이 분분하다. 내가 보기에, 밀러의 가설은 왜 웃음이 그토록 강한 전염성을 지니는지, 과연 영장류가 신체적 놀이를 하면서 내는 웃음을 그렇게 간단히 무시해도 되는지 속 시원하게 답변해 주지 못한다. 저비스와 월슨의 주장처럼, 유머의 성차는 뒤셴 웃음이 비교적 최근에 남녀의 짝짓기 관계에 활용되면서 나온 부산물로 보는 것이 타당할 듯하다.

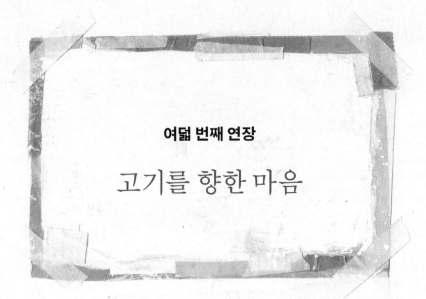

여덟 번째 연장

고기를 향한 마음

"인류에게 고기가 가장 사랑하고 추구해야 할 음식이자

가장 기피하고 주의해야 할 음식이라는 사실은

참으로 아이러니다."

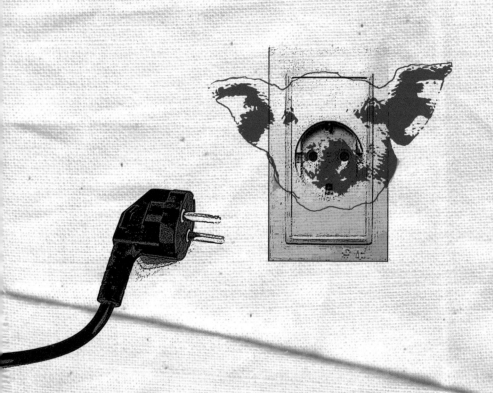

신종 인플루엔자로 이름을 바꾸었기 망정이지, 돼지 독감이라는 전염병이 우리 양돈업계에 준 타격은 심각했다. 삼겹살, 돼지껍데기, 소금구이 등 돼지고기 소비량이 뚝 떨어진 것은 말할 나위도 없다. 조류 인플루엔자 탓에 닭고기와 오리고기도 찜찜하고, 지난해에 터진 광우병 파동이 아직 기억에 남아 있어서인지 쇠고기도 왠지 꺼림칙하다. 당시 정부는 과학적 근거와 확률을 들먹이며 미국산 쇠고기에 대해 절대 불안해 하지 말라고 했다. 글쎄, 진화라는 과학적 견지에서 보면 우리 인간은 원체 무엇을, 어떻게, 먹을 것인가 하는 문제에 극도로 신경을 쓰게끔 진화했으니, 이 부분에 대해서는 오히려 정부가 국민을 좀 이해해 줘야 할 것 같다. 음식에 대한 우리의 마음과 행동은 어떤 모습으로 진화했을까? 특별히 고기라는 음식은 인간에게 어떤 의미일까?

| 무엇을 먹어야 하나? |

대다수 동물은 깨어 있는 동안 먹이를 찾아 헤매고, 잡고, 소화하는 데 가장 많은 시간을 보낸다. 인간의 경우에는 마트에 가는 데 걸리는 시간이나 식사 시간만 따지면 다른 동물들보다 적지만, 먹는 일이 삶의 핵심을 차지하는 것은 마찬가지다"쉬엄쉬엄 일해. 다 먹고 살자고 하는 건데.". 전 세계적으로 사람들은 먹는 일에 가장 큰 비용을 들인다. 우리나라에서도「식객」,「대장금」처럼 요리를 다룬 드라마나 영화가 큰 인기를 끈다. 맛집 소개나 푸드 스타일리스트의 칼럼이 빠진 신문의 문화면은 상상하기 어렵다. 게다가 음식은 사회적 결합을 끈끈히 이어 주는 역할까지 한다. 무언가를 함께 먹는 행동은 서로에 대한 호감을 표시한다. 반면에, 함께 먹길 거부하는 행동이 무엇을 뜻하는지는 소개팅 자리에서 애프터 신청했다 거절당한 친구에게 물어보면 된다.

수백만 년 전 아프리카의 사바나 초원을 누볐던 우리의 진화적 조상은 어떤 음식을 어떻게 먹어야 했을까? 그들이 풀어야 했던 문제는 음식 속에 있는 독소나 병원균을 잘 피하면서 충분한 양의 열량과 각종 영양소를 몸 안으로 섭취하는 것이었다. 육식동물이나 나뭇잎만 먹는 동물처럼, 먹이의 종류가 극히 제한된 동물들은 오늘은 뭘 먹지 하면서 골치를 썩을 필요가 없다. 그들이 지금껏 살아남은 까닭은 매일 먹는 먹이 안에 생활에 필요한 모든 요소가 다 들어 있기 때문이다. 사자가 비타민 B1 결핍증에 걸릴 수 있는 길은 비타민 B1 결핍증에 걸린 얼룩말만 매일 꾸준히 잡아먹는 것밖에 없다.

인간은 각양각색의 음식을 먹는 잡식동물이다. 이러한 습성은 곤충, 과일, 씨앗, 이파리, 고기 등등 다양한 먹이를 먹었던 영장류 소상으로부터 물려받은 것이며, 먹을 수 있는 가짓수가 워낙 많으니 배를 곯을 가능성이 적다는 이점이 있다. 그러나 잡식동물은 필연적으로 딜레마에 처한다. 빈번하게 새로 마주치는 먹잇감 후보가 정말로 괜찮은 에너지원인지 아니면 몸에 해로운 독인지 확신할 도리가 없다는 것이다. "입에 넣자니 불안하고 지나치자니 아깝다."라는 고민은 수백만 년 전부터 있었다.

잡식동물의 딜레마에 대한 해결책 중 하나는 단맛, 신맛, 짠맛, 쓴맛, 감칠맛^{우마미, umami} 등 기본적인 맛을 느끼는 미각 체계이다. 단맛은 우리를 매혹해 탄수화물이 다량 함유된 에너지원을 많이 먹게 한다. 신맛도 당분이 함께 들어 있는 과일로 우리를 이끈다. 짠맛은 갑작스러운 탈수로부터 우리를 보호하고자 짭짤한 음식에 끌리게 한다. 쓴맛은 식물들이 만드는 방어용 독소를 처음부터 피하게 해 준다. 학창 시절 생물 시간에 실시한 미맹 검사에서 PTC_{phenylthiocarbamide} 용액의 쓴맛을 느끼셨는가? 그렇다면 여러분은 갑상선종을 일으키는 천연물질을 피할 수 있는 축복받은 사람이다.

| 가깝고도 먼 고기 |

채소, 과일, 유제품, 단 과자, 곡물, 음료, 고기 등 여러 음식물 가운데 우리의 안전에 가장 위협적인 것은 무엇일까? 정답은 고기다 여기서 '고기'는 동물성 단백질, 즉 달걀, 해산물, 가금류, 생선 등도 포함하는 넓은 의미다. . 독소와 병원균은 어디에나 있지만 특히 고기를 먹을 때 가장 큰 골칫거리가 된다. 동물이 죽으면 면역계의 활동도 함께 멈추기 때문에 생고기를 조금만 실온에 내버려 둬도 바이러스나 세균, 곰팡이가 파고들어 단 몇 시간 만에 고기가 상한다. 살모넬라균, 탄저균, 대장균 등에 감염된 고기는 식중독을 일으켜 목숨까지 앗아 갈 수 있다. 반면에 채소와 씨앗은 죽은 다음에도 식물 세포의 세포벽이 세균의 침입을 허용하지 않으므로 잘 상하지 않는다. 또한, 식물이 자기 몸을 방어하려고 만드는 2차 대사산물들도 세균과 곰팡이의 증식을 억제하는 데 한몫을 담당한다. 가정주부들은 이러한 사정을 이미 다 알고 있는지라, 냉동실 문을 열면 언제나 그득그득 들어 있는 음식은 고기다 아이스크림광이라면 이 예측이 틀릴 수 있다. .

한편으로 고기는 단백질과 지방의 고농축 에너지원으로서 농업이 발명되기 이전까지 인류의 가장 중요한 음식이었으며 농업이 발명된 후에도 여전히 귀중한 음식으로 대접받고 있다. 결국, 인류에게 고기가 가장 사랑하고 추구해야 할 음식이자 가장 기피하고 주의해야 할 음식이라는 사실은 참으로 아이러니다. 많은 사회에서 고기를 먹을 때 뼈에 붙은 근육만 먹을 뿐 뇌, 눈, 척수, 머리뼈, 편도, 내장, 장간막 같은 다른 부위는 먹지 않는 이유도 여기서 찾을 수 있다.

　진화인류학자 다니엘 페슬러Daniel Fessler는 전 세계 78개 문화권에서 과연 어떤 음식이 금기시되는지 조사했다. 그 결과, 금지되는 음식의 85퍼센트 이상이 고기였으며, 이 수치는 채소, 곡물 등 다른 음식들을 모두 합친 수치보다 여섯 배 가까이 높았다. 힌두인들은 쇠고기를 금지하고, 유대인들은 돼지고기와 조개를 금지하고, 나바호 인디언들은 물고기를 금지한다. 반면 싱싱한 채소나 과일을 금지하는 사회는 곧장 떠올리기 어렵다.

　인간과 고기의 가깝고도 먼 관계는 어떤 음식을 좋아하고 싫어하느냐에 대한 개인차에서도 나타난다. 쥐는 잡식동물의 딜레마를 해결하려고 못 보던 새로운 음식은 아주 살짝 맛본 다음, 몸에 조금이라도 이상이 오면 다음부터는 그 음식을 쳐다보지도 않는 '새것 혐오증neophobia'을 보인다. 쥐는 다른 음식보다 고기에 대해 이러한 기피 증세를 가장 빨리 학습한다. 사람도 마찬가지여서 서구의 대학생들에게 싫어하는 음식을 적어 내라고 하면 고기가 30퍼센트 정도로 가장 많이 등장한다. 이들은 아마도 육류 요리를 먹고 탈이 난 경험을 바탕으로 특정 고기에 대한 혐오 감정이라는 방어책을 발달시켰을 것이다 식당에서 주문할 때 일행에게 "못 먹는 음식 있으세요?"라고 묻는 사람은 영장류 개체들의 음식 회피 습득을 연구하려는 속셈이다.. 또한 위장 절제 시술의 부작용으로 구토 증세를 겪는 환자들이 주로 구역질을 느끼는 대상도 고기였다.

아무리 평소에는 고기를 사랑하는 사람이라도, 어떨 때는 고기를 보기만 해도 역겨움이 나는 게 진화적으로 유리할 수 있다. 바로 임신을 했을 때이다. 태아의 유전자 중 50퍼센트는 다른 사람^{남편}으로부터 왔으므로, 산모의 면역계는 그냥 내버려 두면 태아를 외부 물질로 인식해 공격을 가하려 한다. 따라서 산모는 체내의 면역 활동을 상당 부분 억제할 수밖에 없다. 이를 보충하려는 방편으로 산모와 태아에게 위험한 음식이 애시당초 입안에 들어오지 못하게 막는 입덧이, 즉 특정한 음식들에 대한 역겨움과 구토가 자연선택에 의해 진화하였다.

입덧이 태아에게 해로운 물질들에 대한 방어책이라는 이론을 처음 제기한 사람은 진화생물학자 마지 프라펫^{Margie Profet}이었다. 프라펫은 식물 독소를 그 주범으로 지목했다. 그러나 2000년에 생물학자 사무엘 플랙스맨^{Samuel Flaxman}과 폴 셔먼^{Paul Sherman}이 전 세계 총 5,432명의 임신부에 대한 연구들을 종합한 결과 임신부들이 구역질을 일으키는 가장 흔한 대상은 고기임이 입증되었다. 고기 다음으로 역겨워 하는 음식은 무알콜 음료, 채소, 술 등이었으며 이 음식들에는 임신부와 태아에게 해로운 카페인, 식물 독소, 알코올이 들어 있다.

인간에게 고기는 약이자 독이었다. 우리의 음식 선호와 회피 기제는 독소와 병원균은 피하면서 에너지원과 영양소는 충분히 얻어야 하는 지상 과제를 잘 달성하게끔 자연선택이 빚어낸 작품이다. 특히 고기는 단백질과 지방의 보고인 동시에 가장 위험한 음식이

므로 기쁨과 즐거움뿐만 아니라 혐오나 질시 같은 부정적인 감정
도 불러일으킨다. 혹시 오늘 저녁 식단을 고기로 결정하셨는지? 고
기 한 점을 입안에 넣으면서 자신이 진화 역사를 통해서 얼마나 중
요하고도 위험한 과업을 조심스레 수행하고 있는 중인지 한 번쯤
음미해 보시길 바란다.

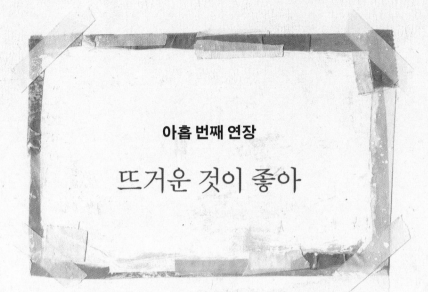

아홉 번째 연장

뜨거운 것이 좋아

"후추, 생강, 마늘, 양파, 파, 계피, 강황, 파슬리,

레몬, 육두구, 고추냉이 등등은 매운맛의

다양한 스펙트럼을 보여 준다."

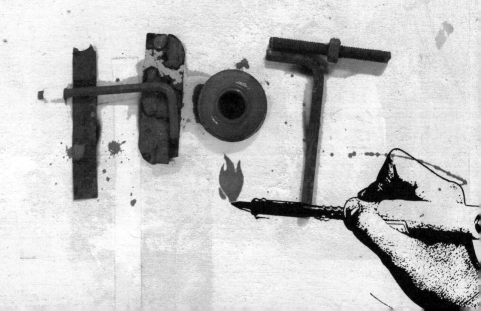

찌는 듯한 여름날, 무더위에 축 처진 몸과 마음에 신선한 활기를 불어넣는 음식은 뭐니 뭐니 해도 얼음처럼 시원한 냉면이다. 정수리를 뜨겁게 달구는 작열하는 태양과 조만간 용암을 분출할 것마냥 뜨거운 김을 내뱉는 아스팔트 사이를 요리조리 내달려 소문난 냉면집 문지방을 넘어서면, 마음은 이미 남극이다. 무더운 여름-시원한 냉면 공식에 의문을 제기할 사람은 없을 것이다. 그런데 여기에 한 가지가 덧붙여진다. 그렇다. 바로 겨자다. 왜 냉면에다 겨자를 쳐서 먹을까?

　이젠 냉면에 겨자 치는 행동까지 진화적으로 분석할 작정이냐고 혀를 끌끌 차는 소리가 여기저기서 들리는 것 같다. 맞다. 이 장에서 이야기할 주제는 왜 사람들이 냉면에 겨자를 쳐 먹는가이다. 좀 더 정확히 말하면, 요리의 흥취를 더하기 위해 겨자처럼 맵고 자극적인 식물성 물질, 즉 향신료를 쓰는 이유에 대해서다. 왜 '청양고추'를 듬뿍 넣은 무교동 낙지볶음을 눈물을 흘리면서까지 먹을까?

왜 양식당에서 스테이크나 수프가 나오면 '후추'를 탈탈 뿌려 댈까? 왜 생선회 위에 '레몬즙'을 살짝 친 다음에 '고추냉이와사비'를 푼 간장에 찍어 먹을까?

한국인은 고추장을 먹어야 힘을 내는 사람들인지라, 매운맛이라면 입안을 순식간에 불태우는 고추의 매운맛이 으레 연상된다. 하지만 후추, 생강, 마늘, 양파, 파, 계피, 강황, 파슬리, 레몬, 육두구, 고추냉이 등등은 매운맛의 다양한 스펙트럼을 보여 준다. 후추는 코끝을 들쑤시는 알싸한 향을 낸다. 계피는 은은하고 향긋하게 다가온다. 고추는 혀를 얼얼하게 때리듯이 아프다. 이처럼 향신료가 저마다 독특한 맛과 향기를 내는 까닭은 식물 종마다 조금씩 다른 2차 대사산물인 '피토케미컬phytochemcial'을 지니기 때문이다. 피토케미컬은 식물이 초식동물이나 초식 곤충, 곰팡이, 병원균의 공격으로부터 스스로를 지키기 위해 만들어 낸 화학 무기로 수십 가지의 피토케미컬들을 어떻게 잘 배합하느냐에 따라 각 향신료 고유의 매운맛이 만들어진다. 고추에 들어 있는 물질인 캡사이신 capsaicin이 대표적인 피토케미컬이다.

사실, 왜 맵고 자극적인 향신료를 쓰는가에 대한 해답은 너무나 뻔하다. 향신료가 음식을 맛있게 만들어 주니까. 좀 더 친절한 보충 설명은 이렇다. 피토케미컬이 만드는 매운맛은 사실 맛이 아니라 통증이다. 따라서 매운 음식을 먹으면 통증을 줄이기 위해 뇌에서 자연 진통제인 베타-엔도르핀β-endorphin이 분비되므로 스트레스가 해소되고 기분이 좋아진다. 그러나 이러한 설명은 사실 '왜'

가 아니라 '어떻게'에 답하는 설명이다. 좀 더 근원적인 의문, 즉 왜 우리의 뇌가 베타-엔도르핀까지 분비해 가며 매운 음식이라면 사족을 못 쓰게끔 진화했는지, 왜 어떤 향신료를 다른 향신료보다 더 맛있다고 여기게끔 진화했는지에 대한 의문은 여전히 해결되지 않은 채로 남아 있다. 사람들은 왜 매운 향신료를 좋아하게끔 진화했을까?

| 향신료는 자연 항균제 |

1997년 여름, 코넬 대학교 도서관의 어느 구석 자리에서 한 여학생이 인도, 노르웨이, 포르투갈, 한국, 모로코 등 전 세계 각국의 전통 요리책들을 산더미처럼 쌓아 놓은 채 노트북 컴퓨터의 자판을 열심히 두드리고 있다. 이 여학생은 신경 및 행동생물학과 4학년생인 제니퍼 빌링Jennifer Billing이다. 대체 무얼 하고 있는 것인지 어깨너머로 슬쩍 훔쳐보자. 마침 그녀는 한국 전통 요리를 영미권 독자들에게 소개한 책에서 '고추장 돼지 불고기'의 요리법을 펼쳐 놓고 있다.

재료: 돼지고기목살 600g, 대파흰 부분 20cm, 깻잎 15장, 고추기름 1큰술, 양념장양파 간 것·고추장 3큰술씩, 간장 2½큰술, 설탕·올리고당 2큰술씩, 다진 마늘 1큰술, 고춧가루·생강즙·참기름 ½큰술씩, 후춧가루 약간

빌링은 노트북에 이렇게 입력한다. "고추장 돼지 불고기: 대파, 깻잎, 고추, 양파, 마늘, 생강, 참깨, 후추"

빌링은 그녀의 지도교수 폴 셔먼이 왜 사람들이 향신료를 요리에 쓰는가에 대해 세운 가설을 검증하기 위해 데이터를 수집하고 있었다. 향신료가 음식물 속의 세균과 곰팡이를 죽이거나 성장을 억제하므로 인간은 향신료를 일종의 항균제로 요리에 곁들이게끔 진화했다는 가설이었다. 즉, 양파나 고추 같은 식물들이 미생물을 막고자 개발해 낸 방어용 무기를 인간이 염치불구하고 무단으로 도용했다는 것이다. 냉장 시설이 잘 갖추어진 오늘날에도 여름철 상한 음식을 먹고 단체로 식중독을 일으켰다는 기사가 종종 나오는 판국이니, 인간의 오랜 진화 역사에서 대장균, 살모넬라 같은 세균이나 디스토마 같은 기생충이 먹음직스러운 요리 안에 도사리고 있을 위험성은 언제나 높았다.

향신료가 음식물의 부패를 막아 주기 때문에 요리에 쓰인다는 가설이 맞다면 다음 예측이 도출된다. 인도나 브라질처럼 무더워서 음식물이 상하기 쉬운 지역의 전통 요리법이 핀란드처럼 추운 지역의 요리법보다 더 많은 종류의, 더 독한 향신료를 요구할 것이다. 이 예측을 검증하기 위해 셔먼과 빌링은 도서관으로 달려가서 전 세계 36개국의 전통 요리책 93권에 적힌 총 4,578개의 고기 요리법을 검토했다. 이를테면 한국의 전통 요리 하나에 쓰이는 향신료의 가짓수는 평균 3.5개였으며 한국인이 가장 흔히 쓰는 향신료는 마늘, 양파, 고추, 참깨의 순서였다.

셔먼과 빌링이 예측한 대로, 더운 나라에서는 요리 하나에 대해 더 많은 가짓수의 향신료가 사용되었다. 혹시 더운 지역에서는 여러 가지 향신료를 더 쉽게 구할 수 있기 때문에 그런 결과가 나왔을 뿐이라고 반박할 수 있지 않을까? 하지만 각각의 향신료가 여러 나라의 요리에서 쓰이는 빈도를 조사한 결과, 마늘, 양파, 칠리, 커민, 계피 등 세균을 특히 잘 퇴치하는 독한 향신료들은 추운 나라보다 더운 나라의 요리법에 더 자주 등장했다. 반면에 파슬리나 생강, 레몬, 라임처럼 항균 작용이 약한 향신료들이 쓰이는 빈도는 더운 나라건 추운 나라건 별반 차이가 없었다. 이는 더운 지역의 사람들이 순한 향신료보다 독한 향신료를 실제로 더 선호했음을 뜻한다.

| 고추장을 듬뿍 푼 야채 요리? |

셔먼과 빌링이 고기 요리만 연구 대상으로 삼은 이유는 앞에서 이미 살펴보았다. 생고기는 꽁꽁 얼려 냉동실에 보관하고 생야채는 그대로 냉장실에 보관하는 습관에서 드러나듯이, 동물의 사체는 식물의 사체보다 상온에서 부패하기 쉽다. 죽은 뒤 무방비 상태로 미생물의 먹잇감이 되는 동물과 달리, 식물은 죽은 다음에도 단단하고 질긴 세포벽이 미생물의 침입을 상당 부분 막아 주기 때문이다. 게다가 우리가 먹는 식물의 대부분은 향신료로 즐겨 쓰는 식물이 지닌 피토케미컬과 동일한 피토케미컬을 이미 가지고 있다.양파와 칠리는 아예 향신료로도 쓰이고 음식의 주재료로도 쓰인다.

따라서 향신료를 항균제로 활용한다는 진화적 가설이 맞다면, 원래 항균력이 어느 정도 있는 야채를 요리할 때는 고기를 요리할 때보다 향신료를 적게 쓰리라는 예측이 나온다. 셔먼은 세계 각국의 야채 요리책을 조사한 후속 논문을 통해 야채 요리에는 실제로 고기 요리보다 향신료가 적게 쓰임을 입증했다. 지금 당장 생각나는 매운 요리를 아무거나 꼽아 보시라. 아마 철판 낙지볶음, 해물떡찜, 불닭, 떡볶이, 생태 매운탕, 육개장, 아귀찜, 버팔로 윙, 돼지고기 두루치기 등 주로 고기 요리일 것이다. 반면에 김치를 제외하면 매운 야채 요리는 얼른 떠올리기도 쉽지 않다. 시금치 매운탕이나 애호박 고추장 샐러드, 매운 청경채 볶음은 이제까지 없었고 앞으로도 없을 것이다.

향신료가 항균제로서 기능한다면, 아예 더운 기후건 추운 기후건 여러 가지 향신료를 듬뿍 요리에 집어넣는 게 가장 안전한 방책이 아니겠냐고 생각할지 모른다. 불행히도 향신료가 인간에게 항상 이로운 것은 아니다. 향신료 안에 든 피토케미컬을 너무 많이 섭취하면 암이나 돌연변이, 혹은 태아의 기형을 초래할 수 있다. 그러니 어린아이들이 매운 김치를 못 먹는다고 너무 몰아세우지 마시라. 다 그럴 만한 진화적 이유가 있다.

일본의 전통 요리가 그리 맵지 않은 탓에 일본인들이 매운 음식이라면 기겁을 한다는 사실은 잘 알려져 있다. 그와 대조적으로,

한국인들의 매운맛 사랑은 굳이 설명할 필요도 없다. 이 사실은 셔면의 항균 가설에 치명타를 안기는 것 아닐까? 한국이나 일본이나 연평균 기온이나 강수량은 거의 비슷하다. 따라서 상온에서 미생물이 음식을 부패시킬 가능성, 그리고 그에 따라 향신료를 사용하는 전통 요리법을 발전시킬 필요가 역사적으로 비슷했을 터이니 말이다. 셔면은 이렇게 설명한다. 일본은 섬나라여서 신선한 해산물을 언제나 쉽게 구할 수 있었기 때문에 굳이 향신료를 많이 쓰지 않는 전통 요리법이 발달했다 암이나 돌연변이 등 향신료에 따르는 비용을 기억하라. 그러나 해산물이 장거리 수송되는 도중에 상할 위험이 높은 오늘날, 담백한 일본의 전통 요리법은 예기치 않은 문제를 일으키곤 한다. 실제로 1971년에서 1990년 사이 일본의 식중독 환자 수는 우리나라보다 거의 세 배나 높았다.

가끔씩 주말 오전에 전국 각지의 특산 음식을 소개하는 요리 프로그램을 시청하고는 한다. 가금류건 민물고기건 해산물이건, 일단 음식 재료가 고기였다 하면 거의 예외 없이 시뻘건 고추장이나 고춧가루로 양념 범벅을 해서 요리하는 모습이 대단히 흥미롭다. 지방의 이름난 맛집 주방장이 음식을 만드는 화면을 뚫어져라 쳐다보면서 다윈의 자연선택 이론이 얼마나 위대한지 다시 한 번 감탄하게 된다.

열 번째 연장

진화의 창 너머 보이는 풍경

"우리 인류는 선사 시대의 조상들이 수백만 년 동안

생활해 온 아프리카의 사바나 초원에 대해

선천적으로 끌리게끔 진화하였다."

당신은 오늘 「무한도전」이라는 예능 프로그램에 시청자 특별 게스트로 참여했다. 두근거리는 가슴을 억누르며 수행할 미션이 담긴 봉투를 살며시 연다. 카드에는 "캠핑을 떠나시오."라는 명령이 큰 글자로 적혀 있다. 이건 너무 쉬운 도전이 아니냐며 태호 PD에게 불평을 늘어놓으려는 순간, 자세히 보니 깨알 같은 글씨로 이런 말이 덧붙여 있다. "단, 어떤 문명의 이기도 쓸 수 없음."

마트에서 파는 생수나 식량을 사 올 수도 없다. 텐트나 버너, 코펠, 우산, 스위스 군용칼도 없다. 비상시 필요한 응급 의약품이나 휴대폰도 없다. 위험한 야생동물을 쫓을 총이나 호루라기도 없다. 어쨌든 도전은 시작되었다.

도전 첫날, 당신은 허기진 배를 움켜쥐며 아침을 맞이한다. 지평선 한편에 짙게 드리운 구름은 여러 날 동안 그곳에 비가 내렸음을 의미한다. 따라서 싱싱한 야채나 나무열매, 혹은 신선한 물이 있을 테고 이들을 먹으러 오는 초식동물도 사냥할 수 있을 것이다. 그곳을 향해 걷다 보니 어느새 해는 중천에 떠올라 찌는 듯이 덥다. 마침 일단의 나무들을 발견하고 잠시 나무그늘 아래에서 더위를 식힌다. 작년에 이 근처에서 야생 딸기를 본 기억이 나서 주위를 한번 뒤져 본다. 쉬는 동안에도 포식동물을 경계하고자 일부러 전망이 좋은 곳을 택해 쉰다. 어느덧 하늘에는 석양이 붉게 깔리고, 이동할 시간이 얼마 남지 않았음을 깨달은 당신은 발걸음을 재촉한다.

야외에서 문명의 도움 없이 단 며칠을 사는 것도 현대인에게는 이토록 힘겨운데, 평생을 살아야 한다면? 수백만 년에 걸친 인류의 진화사는 바로 문명의 도움 없이 평생을 캠핑하는, 즉 여기저기 옮겨 다니며 야생 동식물을 수렵-채집하는 삶이었다. 한 곳에 머물러 살면서 농경과 목축을 하는 생활은 고작 1만여 년 전에 처음 나타났다. 정주형 농업 사회나 더 최근에 나타난 현대 산업 사회에 맞는 심리가 진화할 시간적 여유는 없었다. 주위의 풍경들에 대한 현대인의 정서적 반응에서 수백만 년 전 아프리카 대륙에서 자원이 풍부하고 안전한 서식처를 찾아 유랑했던 수렵-채집민 조상들의 마음을 읽어 보자.

| 사바나의 유혹 |

조류생태학자 고든 오리언스Gordon Orians는 생물학이나 생명공학, 의약학 계열 대학생들에게는 친숙한 이름이다. 사자 몇 마리가 어슬렁거리는 표지 덕분에 일명 '사자책'이라고도 불리는 일반 생물학 교과서의 공저자이기 때문이다. 생물학과 미학은 이명박 정부와 민심 간의 거리만큼 저만치 떨어져 있다고 생각해 온 분들에게는 뜻밖이겠지만, 오리언스는 날씨, 초목, 꽃, 물, 지형, 동물 같은 환경적 요소가 왜 우리에게 두려움이나 평안함, 경이로움, 숭고함 같은 다양한 감정들을 불러일으키는지 줄곧 연구해 왔다. "물 만난 고기"라는 말이 있듯이, 어떻게 자신에게 잘 맞는 서식처를 찾아내는가는 모든 동물들에게 생사를 좌우하는 아주 중요한 문제다. 그러니 조류의 서식처 선택을 연구하던 오리언스가 인간의 서식처 선택에 관심을 갖게 된 것은 어찌 보면 지극히 당연하다.

오리언스에 따르면, 우리 인류는 선사 시대의 조상들이 수백만 년 동안 생활해 온 아프리카의 사바나 초원에 대해 선천적으로 끌리게끔 진화하였다. 사막, 극지방, 정글, 목초지 등등 지구상의 서식처는 가지각색이다. 이 중에서 땅에 발을 디디고 사는 잡식성 영장류인 인간에게 가장 적합한 서식처는 아프리카 동부의 사바나, 즉 푸른 초원에 군데군데 나무들이 자리 잡은 환경이다. 땅에서 사는 잡식성 영장류가 열대 정글에 들어가 산다면 높은 나무 위에서 이따금씩 떨어지는 부스러기 말고는 마땅히 먹을 것이 없다.

하지만 사바나는 우리의 진화적 조상들이 필요로 했던 거의 모든 요건들을 구비하고 있다. 첫째, 동식물이 주로 지상으로부터 2미터 이내에 집중하므로 먹을 것이 많다. 둘째, 나무그늘 밑에서 비바람과 햇볕을 피할 뿐만 아니라 맹수가 나타나면 나무 위로 기어오를 수 있다. 셋째, 시야가 탁 트여서 맹수나 악한이 혹시 다가오고 있지 않나 살피기 좋다. 넷째, 지형지물들의 고도가 다양하므로 높은 곳에 올라서서 길을 찾기 쉽다아이들이 틈만 나면 부모에게 안아 달라고 조르는 데는 다 이유가 있다.. 그러므로 사바나 이론은 학습이나 후천적 경험이 전혀 없이도 현대인이 사바나를 다른 서식처 유형들보다 선호하리라고 예측한다.

미국 동부에서 실시된 한 실험에서는 사막, 정글, 낙엽수림, 침엽수림, 사바나의 모습을 각기 담은 슬라이드를 다양한 연령대의 사람들에게 보여 준 다음, 가장 살고 싶거나 방문하고 싶은 곳을 지목하게 했다. 8살과 11살 아이들 집단은 사바나를 다른 어느 환경보다 선호했다. 얼룩말이나 기린이 아프리카 초원을 한가로이 배회하는 사진이나 그림이 유독 아이들 방에 많이 걸려 있다는 것을 상기해 보시라. 각각 15, 18, 35, 70세로 이루어진 나머지 연령 집단에서는 사바나와 낙엽수림, 침엽수림에 대한 선호가 비슷하게 나타났다. 정글과 사막은 모든 연령 집단에서 바닥을 면치 못했다.

이러한 결과는 우리 인간은 사바나 환경에 대한 선천적인 선호를 지니고 태어나지만, 나이가 들면서 실제 자라난 주위 환경이 실험에서는 미국 동부의 낙엽수림에 의해 선호도가 조금씩 조정됨을 시사한다. 어쨌거나, 대다수 실험 참여자들이 평생 단 한 번도 못 가 봤을 사바나 환경이 어느 연령 집단에서나 가장 좋아하는 환경 가운데 하나로 꼽혔다는 사실은 의미심장하다.

| 들키지 않고 내다보기 |

물론 사바나라고 무턱대고 선호되는 것은 아니다. 푸르디푸른
벌판에 맑은 물까지 있는 곳이 누렇게 시든 잡초만 무성한 곳보다
낫다. 마찬가지로, 같은 사막이라도 오아시스가 있는 곳이 사람이
살아남는 데 그나마 더 낫다. 서식처 유형을 막론하고 우리가 어떤
공간적 배치나 내용물에 대해 아름답다고 느끼게끔 진화했는지 일
반적인 설명이 필요한 것이다.

조경 연구자 제이 애플턴Jay Appleton의 '조망과 피신prospect and
refuge' 이론에 따르면, 인간은 남들에게 들키지 않고 바깥을 내다
볼 수 있는 곳을 선호하게끔 진화했다. 장애물에 가리지 않는 열린
시야는 물이나 음식물 같은 자원을 찾거나 포식자나 악당이 다가
오는 것을 재빨리 알아차리는 데 유리하다. 눈이 달려 있지 않은 머
리 위나 등 뒤를 가려 주는 피난처는 나를 포식자나 악당으로부터
보호해 준다. 산등성이에 난 동굴, 저 푸른 초원 위의 그림 같은 집,
동화 속 공주가 사는 성채, 한쪽 벽면이 통유리로 된 2층 카페 등은
모두 조망과 피신을 동시에 제공하기 때문에 우리의 마음을 사로
잡는다. 풍수지리설에서 배산임수背山臨水, 즉 뒤로 산이나 언덕을
등지고 앞에 강이나 개울을 바라보는 집을 높게 쳐 주는 것에도 심
오한 진화적 근거가 깔려 있는 셈이다!

조망과 피신 이론은 그저 재미로 흘려듣는 이야기가 아니다. 그
것은 잘 몰랐던 사실에 대한 구체적인 예측을 제공하는 과학 이론

이다. 첫째, 사람들은 어떤 공간의 한복판보다는 언저리를 선호할 것이다. 언저리에서 그 공간 전체를 가장 잘 조망할 수 있기 때문이다. 둘째, 나무그늘이나 지붕, 차양, 파라솔 아래처럼 머리 위를 가려 주는 곳을 측면이나 후면만 가려 주는 곳보다 더 선호할 것이다. 셋째, 측면이나 후면을 가려 주는 곳을 온몸을 사방에 드러내는 곳보다 더 선호할 것이다. 이 예측들을 직접 검증하고 싶다면, 지금 바로 한적한 별다방에 가서 줄지어 들어오는 손님들이 과연 어떤 테이블부터 채우는지 살펴보시라.

20세기의 위대한 건축가 프랭크 로이드 라이트Frank Lloyd Wright의 작품들은 진화미학으로 잘 설명된다. 라이트가 설계한 집은 정문에서 낮은 천장, 붙박이 벽난로, 널찍한 통유리창이 어우러지면서 바깥 풍경에 대한 조망과 아늑한 보금자리를 동시에 선사해 준다. 특히 천장의 높이를 제각각 다르게 하고 지붕 바로 아래에 주요한 생활공간을 몰아넣음으로써 마치 울창한 나무그늘 아래에 사는 듯한 느낌을 준다. 라이트는 그의 대표작인 낙수장落水莊, Falling Waters을 계곡의 폭포 바로 위에 세움으로써 피신처에서 느끼는 안락한 기분을 한층 강화시켰다.

자연의 아름다움이란 자연 그 자체에 깃든 외부적 실재가 아니다. 잡식성 영장류인 인간이 오랜 세월 진화하면서 생존과 번식에 유리했던 특정한 환경을 잘 찾아가게끔 그 환경에 대해 느끼는 긍정적인 정서일 뿐이다. 다음 장에서는 이어서 물이나 초목, 꽃, 날씨, 동물 같은 내용적 요소들을 진화의 창을 통해 바라보자.

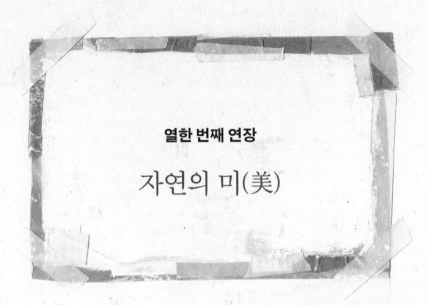

열한 번째 연장

자연의 미(美)

"물에 대한 정서적 반응은

단순히 머릿속에서 그치는 게 아니라

실생활에서 벌어지는 사회적 행동도

변화시킨다."

여자연예인/남자연예인, 영화/드라마, 자연 풍경, 동식물, 자동차/비행기, 스포츠, 애니/게임, 일러스트

이 항목들의 공통점은 무엇일까? 아마 너무 쉬운 질문일 것이다. 그렇다. 컴퓨터 배경화면의 하위 범주들이다. 화면 보호기의 범주들이라 답해도 정답으로 인정된다. 웹 2.0으로 상징되는 최첨단 지식 기반 정보 시스템 사회가 도래한 마당에, 사실 네티즌들이 앞 다투어 내려 받는 배경화면은 변두리 이발소 한구석에 후줄근하게 걸려 있는 달력 그림과 별반 차이가 없다. 때깔이 조금 다를 뿐, 컴퓨터 배경화면이나 달력 그림이나 천편일률적으로 단풍이 붉게 물든 가을 산과 한가로이 양들이 풀을 뜯는 드넓은 초원, 해변에 드러누워 몸매를 드러내는 젊은 여성, 큰 눈망울을 앙증맞게 굴리는 아기나 애완동물 등이 단골손님으로 등장한다. 가치 있는 지식을 자발적으로 생산하고 공유하는 집단 지성 네티즌이라면 배경화면

도 블로고스피어나 롱테일경제사실 나도 그 뜻을 모르는 어려운 용어들이다.를 상징하는 그림을 자발적으로 내려 받아야 할 것 같은데, 왜 여전히 이런 후져 보이는? 그림들이 보편적으로 선택되는 것일까?

| 길을 잃지 않고 정보를 찾아내기 |

앞에서 우리 인류는 진화적 조상들이 수백만 년 동안 생활해 온 아프리카 사바나 초원에 선천적으로 이끌리게끔 설계되었다고 했다. 하지만 알다시피 달력이나 배경화면에 등장하는 풍경에 사바나 초원만 있는 것은 아니다. 눈밭이나 바닷가, 대도시 야경도 있고 드물게 사막도 있다. 고고학자들은 직립 원인Homo erectus이 약 100만 년 전부터 아프리카를 벗어나 전 세계 구석구석으로 이주했다고 보고 있다. 그러므로 사막이나 극지방처럼 진화적으로 낯선 서식처에서도 생존과 번식에 상대적으로 유리한 몇몇 장소를 잘 포착하게 해 주는 심리 기제가 아울러 진화했을 것이다. 2층 카페의 구석 테이블처럼 남들에게 들키지 않고 바깥을 내다볼 수 있는 곳을 선호한다는 '조망과 피신' 이론도 이에 해당된다.

한편 진화심리학자 스티븐 카플란Stephen Kaplan은 평생을 여기저기 옮겨 다니며 살아야 했던 우리 조상들에게는 새로운 환경에 대한 정보 습득이 무엇보다 중요했다고 강조한다. 그동안 터를 잡고 살던 지역에서 사냥이나 채집으로 얻을 수 있는 자원이 바닥을 드러내 어쩔 수 없이 가족을 이끌고 낯선 곳으로 떠나야 하는 조상의 심정을 상상해 보라. 자원이 풍부하고 안전한 주거지를 찾기 위해 평생 가 본 적도 없는 새로운 길로 발걸음을 내디뎌야 한다. 하지만 깊은 산 속이나 울창한 삼림에서 한 번이라도 발을 동동 구른 적이 있는 사람이라면 누구나 공감하다시피, 그러다 길을 잃기라도 한다면 만사 끝장이다.

카플란의 '길찾기wayfinding' 이론에 따르면, 인류는 길을 잃지 않으면서 곳곳에 묻힌 정보들을 잘 찾아낼 수 있을 만큼 적당히 복잡한 지형에 대한 선호를 진화시켰다. 끝없이 펼쳐진 지평선만 보이는 평원은 너무 단순하다. 몸 하나 숨길 곳 없는 이런 곳에 살기 좋은 거처가 있을 리 만무하다. 햇빛 한 줌 보이지 않는 빽빽한 열대 정글은 너무 복잡하다. 몸을 뉘일 곳을 찾아 헤매다 길을 잃기 십상이다.

반면에 언덕 사이로 굽이진 길, 무성한 나뭇잎 사이로 살짝 비치는 풍광, 구불구불 흐르는 시냇물, 부분적으로 가려진 시야 등은 이 지형을 잘 탐색하면 무언가 유용한 정보를 얻어 낼 수 있음을 약속한다. 이러한 자연 지형을 우리는 '신비롭다'고 인식함으로써 여기에 좀 더 머물면서 구석구석 뒤져 보고 싶은 충동을 느끼게 된다.

조선 후기 천재 화가 겸재 정선이 그렸으며 진경산수화의 대표작으로 꼽히는 「인왕제색도仁王霽色圖」는 길찾기 이론을 잘 보여 주는 예다. 비 갠 후의 인왕산의 모습을 담은 이 그림에서 관찰자와 가장

가까운 전경에는 진한 소나무 숲이 배치되어 뒤편에 위치한 기와
집들을 대부분 가려 준다. 시선을 점차 뒤쪽으로 옮기면 산골짜기
로부터 자욱이 피어오르는 물안개가 솔밭과 바위산을 휘감고 있
다. 이렇게 절묘하게 가려진 시야에도 불구하고 오른편 아래에 선
명하게 드러난 기와집 한 채와 원경에 위풍당당하게 자리 잡은 거
대한 봉우리들은 곳곳에 숨겨진 유용한 정보물과 음식이 어디 있으며 피신
처는 어디에 있는지를 직접 찾아보라며 관찰자를 은근히 유혹한다. 정선
은 이렇게 다윈과 만난다.

| 초목, 물, 동물, 그리고 꽃 |

　지금껏 살펴본 사바나 이론, 조망과 피신 이론, 길찾기 이론은 모
두 풍경의 전체적인 구조나 공간적 배치에 관한 설명이다. 풍경 안
에 물이나 초목, 동물, 꽃 등 어떤 내용물이 들어가느냐에 따라 달
라지는 우리의 미적 감흥은 또 다른 설명을 필요로 한다.
　사바나 이론이 내놓은 예측을 검증하기 위해 참여자들에게 여
러 서식처의 슬라이드를 보여 주고 가장 선호하는 서식처를 선택
하게 한 경관 선택 실험을 기억하는지? 이 방법은 내용물에 대한
선호를 연구하는 데에도 흔히 쓰인다. 쉽게 짐작할 수 있겠지만 풍
경 안에 전봇대나 케이블, 간판, 자동차 같은 인공물이 들어 있으면
그 풍경에 대한 실험 참여자들의 전체적인 선호도가 떨어진다. 요

컨대 우리는 인공적인 환경보다 자연적인 환경에 더 호감을 느낀다. 자연적인 요소에 대한 우리 인간의 올곧은 편애는 때로 집착처럼 보이기까지 한다. 예를 들어 철근과 시멘트로 채워진 인공적인 풍경에 그저 나무 몇 그루나 작은 분수만 첨가해도 호감도가 눈에 띄게 상승한다.새로 지은 아파트 분양 광고를 보면 이 원리가 어떻게 적용되고 있는지 직접 확인할 수 있다. .

재미있는 사실은, 완벽히 자연적인 환경을 우리가 원하는 것은 아니라는 것이다. 사람들은 인위적인 통제가 어느 정도 가해진 자연을 가장 선호했다. 예를 들어 잔디가 가지런히 깎인 정원이 잔디와 잡초가 제멋대로 뒤엉킨 야생 벌판보다 더 높은 점수를 받았다. 자연이 항상 온화하고 자애로운 것은 아니며 종종 지진이나 홍수, 태풍 같은 재앙을 몰고 온다는 사실을 감안하면 이러한 성향은 쉽게 이해된다. 산골짜기에 덩그러니 난 오솔길 하나, 굴뚝에서 연기가 피어오르는 외딴 산골 오두막이 달력 사진에 지겹도록 자주 등장하는 까닭이다.

앞서 아프리카의 사바나 환경은 먹이가 되는 동식물과, 뙤약볕과 맹수로부터 지켜 주는 나무, 탁 트인 시야 등 인간과 같은 잡식성 영장류에게 필요한 요소들을 대부분 제공해 준다고 했다. 그러나 사바나에 부족한 요소가 딱 하나 있다. 바로 물이다. 물이 부족한 사바나에서 대다수 시간을 보낸 우리 인류는 어떠한 경관이건 간에 그 안에 물만 들어 있으면 미적 쾌감을 느끼고 고요함이나 평화로운 정감에 흠뻑 빠지게끔 진화하였다.

물에 대한 정서적 반응은 단순히 머릿속에서만 존재하는 게 아니라 실생활에서 벌어지는 사회적 행동도 변화시킨다. 한 연구는 백화점이나 쇼핑몰에 놓여 있는 분수대가 고객들에게 끼치는 영향을 조사했다. 그 결과, 분수대에 물이 말랐을 때보다 펑펑 샘솟을 때 고객들이 점원에게 말을 건네는 빈도나 실제 판매액이 더 높은 것으로 나타났다. 청계천이 제대로 복원된 자연 하천이 아니라 억지로 물을 끌어다 쓰는 '인공 어항'임에도 불구하고 어쨌든 청계천을 복원한 이가 전 국민에게 좋은 인상을 심어 준 기현상도 물에 대한 별스러운 애착이 인간 본성의 일부로 진화했다는 사실에서 그 원인을 찾을 수 있다.

동물이나 꽃에 대한 선호는 어떻게 설명될까? 잠시 컴퓨터 화면에서 시선을 거두어 주위를 둘러보라. 벽에 걸린 달력이나 책표지, 팬시 상품 등에서 어렵지 않게 동물 사진이나 일러스트레이션을 찾을 수 있을 것이다나는 어제 주유소에서 받은 티슈 상자에서 기린 두 마리를 발견했다. 동물에 매혹되는 심리는 쉽게 설명할 수 있다. 동물은 우리 먹이고 우리는 동물의 먹이다.

반면에 꽃에 대한 애착은 설명하기가 쉽지 않다. 식용이나 약용으로 쓰이는 극소수 꽃들을 제외하면, 오늘날 전 세계에서 재배되는 어마어마한 양의 꽃은 우리 인간의 생존과 번식에 직접적인 도움을 전혀 주지 않는 듯 보인다. 며칠 지나면 시들 꽃다발을 남자친구에게서 선물받은 여성이 화를 내기는커녕 기쁨의 눈물을 흘리는 광경은 화성인 생물학자에게 그야말로 불가사의로 비춰질 것이다. 일례로 한 연구에서는 20대에서 60대에 이르는 다양한 연령대의 여성들에게 꽃다발이나 양초, 과일을 선물하고서 그들의 표정 변화를 관찰했다. 꽃다발을 선물받은 여성들은 눈가에 주름이 패는 진짜 웃음인 '뒤셴 웃음'을 한 명도 빠짐없이 보였지만, 양초나 과일을 선물받은 여성들 가운데는 의례적인 썩소를 어쩔 수 없이 짓는 이들이 많았다.

왜 우리 조상들은 진화적으로 쓸모없어 보이는 꽃에 매혹되는 심리를 진화시켰을까? 고든 오리언스는 꽃이 향후 몇 달 동안 이곳에서 유용한 자원을 얻을 수 있음을 나타내는 단서가 되기 때문이라고 제안한다. 꽃은 오래지 않아 이 자리에서 과일이나 견과, 덩이줄기 같은 음식물이 나게 되리라고 알려 준다. 뿐만 아니라 꽃이 있는 곳에는 인간의 먹이가 되는 초식동물들도 찾아온다. 내가 아는한, 오리언스의 가설은 아직 실제 연구나 정황적 증거들을 통해 검증되지 않았다. 언제고 꽃집에 들르게 되었을 때, 이성에게 꽃다발을 선물하거나 선물받게 되었을 때, 눈부신 자태를 뽐내는 꽃들을 보면서 왜 인간이 꽃에 이끌리는지에 대한 새로운 가설을 생각해보는 것은 어떨지?

열두 번째 연장

여왕 벌거숭이두더지쥐의

사생활

"진화 이론은 그저 그럴듯한 재미난 이야기를

꾸며 내기에 급급하다는 생각은 오해다. 사실은,

진화 이론이야말로 그 어느 과학 이론보다 생명체의

여러 흥미로운 특성들을 예측하는 데 유용하다."

다윈 탄생 200주년을 기점으로 여기저기서 다윈의 진화 이론이 주목받고 있다. 반가운 현상이다. 하지만, 물리학이나 화학처럼 '단단한' 과학에 비하면 진화생물학은 '말랑말랑한' 과학이라는 인식은 여전한 듯하다. 누군가는 이렇게 생각할지 모른다. "어디서 감히 물리학과 어깨를 나란히 하려고! 아인슈타인이 별빛이 휘어지는 현상을 정확히 예측한 걸 보시오. 그에 비하면 진화는 역사적 사실들을 사후 설명하기에 급급하잖소?"

그러나 꼭 그렇지만은 않다. 다른 모든 과학처럼, 진화과학은 산만하게 흩어진 여러 현상들을 간결한 이론으로 통합하여 설명해 줄 뿐만 아니라, 미처 몰랐던 사실에 대한 신빙성 있는 예측을 제공해 주기도 한다. 사실 창조론이 과학이 될 수 없는 까닭 가운데 하나는 창조론이 과학 이론으로서 전혀 쓸모가 없기 때문이다. 뭔가를 설명하고 싶은데 잘 안 풀린다고요? 닥치고 신경 끄세요. 신이 그렇게 만드셨답니다. 반면에 진화과학은 구체적이고 검증 가능한 예측들을 통해 인간의 지식 범위를 차츰 넓혀 준다. 진화적 예측이 입증된 생생한 사례를 살펴보자. '벌거숭이두더지쥐naked mole-rat'라는, 거의 장님인데다가 뻐드렁니가 난 작은 설치류가 오늘의 주인공이다.

| 왜 진사회성 포유류는 없을까? |

개미나 벌, 흰개미 등의 사회성 곤충은 협동의 위력이 얼마나 대단한지 보여 준다. 발밑에 밟히는 일개미 한 마리는 작고 보잘것없다. 그러나 한 사회의 일원으로서 일개미는 믿음직한 산업역군이요, 충성스런 시민이다. 일개미는 자신의 번식을 포기하고 군락을 위해 오직 노동만 하게끔 특화되어 있다. 반면에 여왕개미는 일개미가 가져다주는 음식을 먹으며 평생 알을 낳는 데 전념한다.

이러한 번식상의 노동 분업을 보이는 사회 형태를 진사회성 eusociality이라 한다. 진사회성 덕분에 개미나 벌, 흰개미 등은 엄청난 생태적 성공을 거두면서 이 지구를 지배하고 있다. 지구상의 모든 개미들을 모아서 거대한 양팔 저울의 한쪽에 올려놓았다고 하자. 반대편에 전 세계 67억 총인구를 올려놓으면, 놀랍게도 저울은 팽팽한 균형을 유지하며 어느 쪽으로도 기울지 않는다.

1976년 봄, 미시간 대학교의 진화생물학자 리처드 알렉산더 Richard Alexander는 미국 서부의 대학들을 순회하며 이타성의 진화를 강연하고 있었다. 알렉산더의 강연 하나는 이런 제목이었다. "왜 진사회성 포유류는 없을까?" 달리 말하면, 알렉산더는 진사회성이 유독 곤충에서만 나타나는 이유를 알고 싶었다.

당시에는 개미나 벌에서 나타나는 이례적인 유전 체계인 반수이배성haplodiploidy이 그 해답으로 여겨졌다. 개미나 벌에서 딸은 엄마와 아빠로부터 한 벌씩, 도합 두 벌의 염색체를 받지만 아들은 엄마로부터 한 벌의 염색체만 받고 태어난다. 바로 이 때문에 일개미는 자기 자식50퍼센트보다 여왕이 낳은 자기 여동생75퍼센트과 유전적으로 더 가까우므로 번식을 포기하고 노동에 몰두한다는 것이다.

학문적으로 '까칠한' 알렉산더는 여기에 동의하지 않았다. 포유류처럼 흰개미는 아들이건 딸이건 두 벌의 염색체를 갖고 태어나는 이배체diploidy이다. 하지만 흰개미는 고도로 복잡한 진사회성을 보인다. 알렉산더는 진사회성 포유류를 가상적으로 그려 보았다. 그들은 가까운 유전적 혈연들로만 이루어진 군락에 살 것이다. 아주 안전하고, 쉽게 확장 공사를 할 수 있는 땅 속에 집을 짓고 살 것이다. 장기간 저장 가능하고 땅 속에 흔히 있는 덩이줄기를 먹고 살 것이다. 요컨대, 이 진사회성 포유류는 흰개미의 생활방식을 따르는 포유류일 것이다.

알렉산더가 어느 대학에서 진사회성 포유류 강연을 마쳤을 때, 청중 속에서 테리 본Terry Vaughn이란 과학자가 손을 들고 말했다. "그 가상적인 진사회성 포유류는 아프리카에 사는 벌거숭이두더지쥐와 정확히 일치합니다." 본은 그 자리에서 알렉산더에게 아프리카의 한 대학에서 벌거숭이두더지쥐를 실제로 연구하고 있는 학자의 연락처를 가르쳐 주었다.

바로 그 즈음, 알렉산더의 제자였던 폴 셔먼은 포유류학회에 참가하고 있었다. 학회장에서 셔먼은 어떤 생리학자가 벌거숭이두더지쥐라는 이상한 생물에 대해 발표하는 대목을 놓치지 않았다. 셔먼이 회상한다. "저는 득달같이 알렉산더 교수님께 전화를 했습니다. 제가 지난주에 무슨 얘기를 들었는지 맞춰 보시라고 했죠. 그러자 교수님이 그러시더군요. '닥쳐, 내가 들은 것부터 먼저 말해 주마.' 조금 후에 우리는 동시에 외쳤습니다. '세상에, 우리 둘 다 똑같은 걸 들었잖아.'라구요."

| 왜 형태적으로 특화된 카스트가 없을까? |

알렉산더가 예측한 대로, 벌거숭이두더지쥐는 아프리카의 땅속에 정교한 굴을 파서 그 속에서 생활하며 한 군락은 대개 70~80명의 피붙이들로 이루어진다. 암컷 한 마리'여왕'가 1~3명의 수컷과 짝짓기하여 군락 내의 모든 개체들을 낳으며 암수 일꾼들은 여왕이 낳은 새끼들을 키우거나 군락을 방어하는 등 노동에만 힘쓴다.

그러나 아쉽게도 진정한 의미의 카스트는 벌거숭이두더지쥐에 없는 것처럼 보인다. 여왕개미와 일개미는 맡은 업무가 다를 뿐만 아니라 외부 형태도 그 업무에 맞게끔 특화되어 있다. 예를 들어 여왕개미는 날개를 지닌 채 태어난다. 후에 어른이 되면 정든 보금자리를 떠나 혼인비행을 한다. 여왕개미가 어느 날 갑자기 일개미로 살겠다고 특단의 결심을 내려 봤자 자기만 손해다. 여왕은 여왕으로, 일개미는 일개미로 살아야 할 운명인 셈이다.

반면에 벌거숭이두더지쥐에서는 일꾼들도 잠재적으로 여왕이 될 수 있다. 여왕이 갑자기 죽으면, 그간 묵묵히 일만 하던 암컷 일꾼들이 새끼를 낳을 수 있는 상태에 돌입하여 왕좌를 놓고 서로 치열하게 싸운다. 이는 진정한 의미의 형태적 카스트는 곤충 사회에만 존재한다는 의미가 아닐까?

1989년, 진화생물학자 리처드 도킨스는 대담한 예측을 했다. 날개 달린 여왕개미처럼 형태적으로 특화된 여왕이 벌거숭이두더지쥐에도 있으리라는 것이다.

> 벌거숭이두더지쥐에서 가장 난감한 특질은, 그들이 많은 면에서 사회성 곤충과 닮아 있기는 하지만, 개미나 흰개미 사회에서 관찰되는 날개 달린 여왕에 해당하는 개체는 따로 없는 것 같다는 점이다……. 이는 내 다윈주의적 직관으로 보면 너무나 놀라운 일이어서 이렇게 추측하고 싶다. 내 예감으로는, 지금껏 우리가 지나쳐 왔던 형태적 카스트가 언젠가 발견될 것이다.

2003년 어느 날, 나는 『이기적 유전자*The Selfish Gene*』의 이 구절을 읽으며 연신 감탄하고 있었다국내 번역본은 1989년 개정판에 새로 수록된 저자의 미주를 생략했기 때문에 위 구절이 없다.. 몇 해 전 일단의 연구자들이 벌거숭이두더지쥐의 여왕은 단순히 몸집만 큰 게 아니라 형태적으로도 특화된 카스트임을 입증하는 논문들을 발표했기 때문이다. X-선 촬영한 결과, 여왕은 다른 암컷 일꾼들보다 허리의 척추골lumbar vertebra이 더 길다는 사실이 밝혀졌다. 이러한 '롱허리' 덕분에 생식관reproductive tract이 확장되어 많은 자식들을 낳을 수 있는 것이다.

도킨스는 자신의 예언이 실현된 사실을 알고 있을까? 나는 도킨스에게 이메일을 보내 그 사실을 알렸다. 다음 날 도착한 답 메일에서, 그는 전혀 몰랐다며 고마움을 전해 왔다. 연구자들이 다 자기 친구들인데 어째서 자기한테 알려주지 않았는지 모르겠다는 한탄과 함께.

진화 이론은 그저 그럴듯한 재미난 이야기를 꾸며 내기에 급급하다는 생각은 오해다. 사실은, 진화 이론이야말로 그 어느 과학 이론보다 생명체의 여러 흥미로운 특성들을 예측하는 데 유용하다. 우리의 관심을 끄는 복잡한 특성들은 모두 자연선택에 의해 설계된 생물학적 적응이기 때문이다. 물론 예측만으로는 의미가 없다. 벌거숭이두더지쥐를 여럿 잡아다가 X-선으로 촬영하고, 척추골의 길이를 모두 재고, 데이터를 적절하게 통계 분석하는 것 같은 고통스러운 과정을 거쳐야 비로소 새로운 지식을 하나 얻을 수 있다. 인간의 지식 범위를 조금씩 확장시켜 준다는 점에서, 진화는 옳을 뿐만 아니라 대단히 쓸모 있다. 실용주의를 표방한 장로 대통령도 창조보다 진화를 선호하지 않을까.

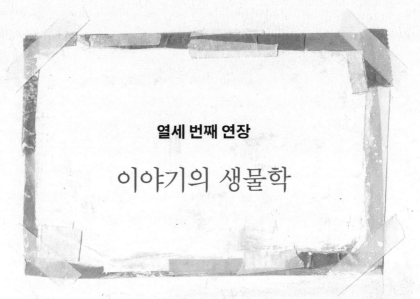

열세 번째 연장

이야기의 생물학

"현실 속의 사람들처럼, 소설 속의 등장인물들도

마치 인간이 진화해 온 환경하에서 생존과 번식을

최대화했던 방식으로 생각하고 행동한다."

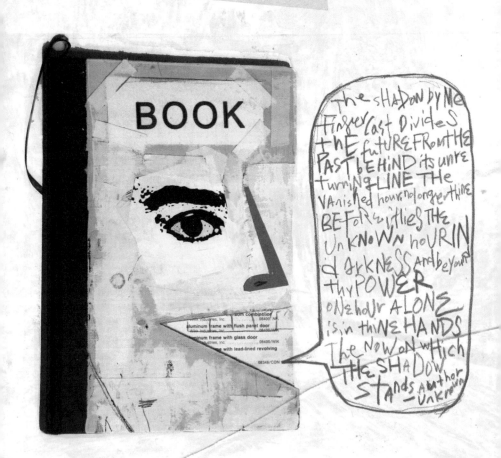

외국에서 유학하다 한국에 잠시 들어온 사이에 아빠 회사는 부도나고, 아빠는 취중에 객사한 것으로 오인된다. 새엄마는 생명 보험금을 차지하려고 여주인공과 자폐증에 걸린 남동생을 쫓아낸다. 졸지에 설렁탕 체인점에서 일하게 된 여주인공은 창업자 할머니로부터 엄청난 유산을 상속받는다. 착한 여주인공이 고난을 극복하는 과정을 그린 주말 연속극 「찬란한 유산」은 진부한 신데렐라 이야기라는 비판에도 불구하고 시청자들 사이에서 큰 인기를 끌었다. 사실, 유산을 상속받는 이야기만 흥미로운 것은 아니다. 소설, 영화, 연극, 만화, 오페라, 동화, 전설, 민담, 신화, 뮤지컬, 재담, 비디오 게임, 리얼 버라이어티에 이르기까지 상상 속의 인물들이 서로 부딪히고 어울리는 이야기들은 언제나 우리의 호기심을 자아낸다. '리얼'이 아닌 걸 잘 알면서도 리얼 버라이어티 「우리 결혼했어요」에 나오는 출연자들의 눈물에 속절없이 감동한다. 얼마 전 바다 건너 일본의 주요 신문들은 만화 「시마 과장」의 주인공 시마가 마침내 사장으로 승진했다고 일제히 보도했다.

인간이라는 동물은 왜 이토록 허구의 이야기에 깊이 빠져드는 걸까? 언뜻 보면 이 질문은 진화 이론으로 설명하기 어려워 보인다. 삼삼오오 모여서 사실이 아닌 이야기를 지어 내거나 경청하는 데 적지 않은 시간과 에너지를 투자했던 조상보다는, 이성을 유혹하거나 자녀를 돌보는 등 번식에 직접 도움이 되는 일에 집중했던 조상이 결국 자연선택되지 않았을까? 요컨대 비싼 돈을 들여 연애소설이나 멜로영화를 보면서 감동하기보다는 그 시간에 길거리에서 헌팅이라도 한 번 더 하게끔 진화했어야 이치에 맞지 않을까?

| 이야기의 존재 이유 |

이야기에 대한 별스러운 애착은 인간이 다른 진화적 적응들을 갖추다 보니 부수적으로 발현하게 된 부산물by-product일 수 있다. 예컨대 우리의 마음이 진화한 소규모 집단에서는 누군가의 은밀한 사생활을 알아내는 일이 번식에 큰 도움이 되었다. 마을의 소문난 미녀가 오랫동안 사귀던 남자친구와 헤어져 싱글이 되었다거나, 한창 위세를 휘두르는 권력자가 과거에 거짓말을 밥 먹듯이 했다는 소문은 더 빨리, 더 많이 들을수록 나의 진화적 성공에 보탬이 된다. 자연선택은 자기 주변 사람들에 대한 사회적 정보를 얻는 활동에서 짜릿한 즐거움을 느끼게끔 석기 시대의 우리 마음을 설계했다. 하지만, 대중매체와 과학 기술이 득세하는 현대 환경에서는 우리와 아무런 상관도 없는 현실 또는 상상 속 인물들의 사생활을 엿보면서 즐거움 그 자체만을 탐닉하는 현상이 뒷소문을 추구하는 적응의 부산물로서 생겨나게 되었다_{사실 탤런트 김태희가 남자친구와 헤어졌}다는 뉴스는 대다수 남성에게 전혀 쓸모없다.

아니면, 이야기를 즐기는 성향 그 자체가 어떤 특수한 기능을 수행하게끔 정교하게 설계된 진화적 적응일 수 있다. 미셸 스칼리스 수기야마Michele Scalise Sugiyama, 존 투비와 레다 코스미디스 등의 학자들에 따르면, 이야기는 극 중 인물들이 살아가면서 어떤 어려움에 부딪히고 어떻게 해결하는지 생생하게 재현함으로써 독자에게 유용한 가르침을 주게끔 설계된 적응이다. 즉, 이야기는 삶의 모형이다. 생존과 번식이 결판나는 치열한 전장으로 투입되기 전에 이러한 모의실험simulation이 굳이 필요한 까닭은 우리의 인생 항로가 그만큼 예측하기 힘들기 때문이다. 다양한 역사적, 시간적 배경에서 다양한 인물들 사이에 벌어지는 다양한 사건들의 경우의 수는 기하급수적으로 많다. 따라서 소설과 같은 가상 체험을 통해 유용한 사회적, 생태적 정보를 얻고, 기술을 연마하고, 전략을 수정하는 편이 유리하다는 것이다. 항상 가정을 지켜오던 아내가 어느 날 갑자기 안식년을 요구하며 집을 나가 버렸다면 가장은 어떻게 해야 할까?_{인기 주말 드라마 「아내가 뿔났다」에서처럼} 자그마한 중견 기업 일일 쇼핑의 구매부 직원들이 외딴 무인도에 단체로 조난당한다면 어떻게 해야 할까?_{일일 시트콤 「크크섬의 비밀」} 이런 질문들에 대한 해답을 얻고자 우리는 귀중한 시간과 에너지, 금전적 비용을 투자한다.

　이야기가 삶의 모형이라는 적응적 가설로부터 얻을 수 있는 새로운 시사점을 하나 들어 보자. 미셸 수기야마와 로렌스 수기야마 Lawrence Sugiyama 부부는 각 지역에 전해 내려오는 전설이나 설화의 상당수가 특정한 바위나 산, 절벽 같은 지형지물들이 어떻게 생겨났는지를 다룬다는 사실에 주목했다. 이러한 전설들은 대개 옛날에 어떤 사람이 변신을 해서, 혹은 손수 그 사물을 만들어서 특정 지형지물이 생겨났다고 설명한다. 우리나라의 예를 들어 보자. 충청북도 제천시에는 서로 마주 보고 서 있는 바위 한 쌍이 있는데 이를 신랑바위와 각시바위라 부른다. 전설에 따르면 옛날 옛적에 금슬이 몹시 두터웠던 한 부부가 피치 못하게 떨어져 살게 되면서 서로를 그리워하다 결국 돌로 변했다고 한다. 그래서 오늘날에도 각시바위는 신랑바위에 다소곳하게 절을 하는 형상이다!.

　많은 전설이 순수한 지형학적 정보에 사람들 간의 사회적 정보를 우겨 넣는 까닭은 언어의 특성에서 찾을 수 있다. 언어는 누가 무엇을 했는지 알려 주기에는 안성맞춤이지만 어디로 가야 어떻게 생긴 무엇이 나오는지 일러 주기에는 형편없는 매체이다. 길을 알려 줄 때 구구절절 설명하느니 종이 위에 지도를 그려 콕 집어 주는 게 훨씬 더 쉽지 않던가. 지형지물의 기원에 대한 전설은 이처럼 기억하기 어려운 공간적 정보에 기억하기 쉬운 사회적 정보를 덧씌움으로써 그 지형지물의 특성이나 위치를 더 쉽게 기억하고 전달하는 기능을 한다고 수기야마 부부는 제안했다. 뒷산으로 올라가다가

비스듬히 우회전해서 10여 분 걸어가면 나오는 특이한 모양의 큰 바위 한 쌍보다는 서로 절을 주고받는 신랑바위와 각시바위가 더 쉽고 더 오래 기억된다.

| 이야기, 그리고 인간 본성 |

"문학, 혹은 이야기가 무엇을 위해 진화했는가?" 하는 질문은 "인간 본성에 대한 진화적 통찰이 문학비평에 어떻게 도움이 되는가?" 하는 질문으로 이어진다. 전자는 진화심리학에 속하고 후자는 문학 다윈주의Literary Darwinism 혹은 다윈주의 문학비평 Darwinian literary criticism에 속한다. 마르크스주의Marxism, 정신분석학 psychoanalysis, 해체주의deconstructionism, 여성주의feminism 등등 문학 비평에 동원되는 모든 시각들은 인간 본성에 대한 저마다의 이론에 근거한다해체주의도 인간 본성 따위는 없다는 이론을 내세운다.. 그러나 이들 시각이 근거하고 있는 인간 본성에 대한 이론들은 모두 인간은 빈 서판으로 태어나며 여기에 사회, 문화적 요인들이 그 내용을 모조리 채운다는 잘못된 전제를 공유하고 있다. 다윈주의 문학비평은 현대 진화과학이 발견한 인간 본성에 대한 과학적 사실들에 근거해서 문학 작품들을 분석하고 비판하려는 새로운 흐름이다. 어떻게 21세기를 살아가는 한국인들이 고대 그리스의 유랑 시인 호메로스Homeros가 쓴 서사시 『일리아스Ilias』나 『오디세이아Odysseia』를 읽으면서 전율할 수 있는지 생각해 본 적 있는가?『속죄*atonement*』
를 쓴 영국의 소설가 이언 매큐언Ian McEwan은 이렇게 단언한다. "우
리가 어떤 공통적인 감정적 기반, 공통적인 가정들의 묶음을 공유
하지 않는다면, 현대와 멀리 떨어진 시대에 전혀 다른 문화적 배경
아래 씌여진 문학작품을 읽고 즐기는 일은 불가능할 것이다."

　현실 속의 사람들처럼 소설 속의 등장인물들도 인간이 진화해
온 과거의 환경하에서 생존과 번식을 최대화했던 방식으로 생각하
고 행동한다. 작가가 마련한 특수한 시대적, 사회적 배경을 무대로,
작중 인물들은 서로 협력하고, 자식을 돌보고, 매력적인 배우자를
고르고, 병원균을 회피하고, 신선한 음식을 선호하고, 핏줄끼리 반
목하고, 근친상간을 혐오하고, 패거리를 이루고, 전쟁을 일으키는
등의 수많은 적응적 문제들에 대한 해결책들을 하나하나 수행한
다. 요컨대 다윈주의 문학비평은 문학작품 안에서 보편적인 인간
본성이 그 작품의 시대적, 문화적 특수성에 비추어 어떻게 드러나
는가 분석하고자 한다.

　실례를 들어 보자. 대다수 여성학자는 서구의 동화가 남성과 여
성에 대한 잘못된 성역할을 아이들에게 주입함으로써 가부장 체
제를 유지하는 데 이바지한다고 본다. 남성은 강하고, 용감하고, 적
극적이어야 하며 여성은 아름답고, 순종적이고, 소극적이어야 한
다는 가치관을 심어 준다는 것이다. 이 가설로부터 서구와 다른 문
화권의 동화에서는 남녀의 성역할도 다르게 묘사되리라는 예측
이 도출된다. 예컨대 여성이 주인공이라든지, 남성의 외모를 여성

의 외모보다 더 찬미하는 동화들이 주를 이루는 문화도 있을 것이다. 전 세계 문화권의 총 658개의 동화를 비교 분석한 조너선 갓셜 Jonathan Gottschall의 연구는 이 예측이 틀렸음을 입증했다. 전 세계 모든 문화권의 동화들에서 첫째, 여성보다 남성이 주인공으로 더 자주 등장하고, 둘째, 남자주인공보다 여자주인공의 외모를 더 찬미하고, 셋째, 여성은 남성보다 장래 배우자감의 재산이나 사회적 지위를 더 중시하는 것으로 묘사하는 경향이 보편적으로 나타났다. 그러나 이러한 결과는 성차의 숙명적인 굴레를 옹변하지 않는다. 오히려 문화를 막론하고 문학작품 속에서 나타나는 성차의 진화적 원인을 이해함으로써 문학에 대한 더 깊고 풍부한 이해를 얻을 수 있다. 이를테면 왜 대개 여성들보다 남성들이 작품 속의 주인공으로 등장해서 시끌벅적한 소동들을 일으키는지 우리는 이미 2장에서 살펴본 바 있다. 번식 성공도의 측면에서 남성은 잘하면 대박, 못하면 쪽박인 신세기 때문에 실패할 위험을 무릅쓰고 무언가 기상천외한 모험에 뛰어들어야만 번식의 가능성이 조금이나마 열리기 때문이다.

문학에 대한 진화적 접근은 결코 문학을 '하찮은' 생물학으로 환원시키거나 격하하지 않는다. 자연과학자들이 밝혀낸 인간 본성과 과학의 만남을 통해 문학은 다른 자연과학처럼 누적적 진보를 하나하나 성취해 나갈 수 있을 것이다.

발정기는 사라지지 않았다

"난잡한 발정기에 대한 우리의 고정관념을 비웃듯이,

발정기의 암컷들이 더 까다롭다는 진화적 예측은

수많은 종에서 입증되었다."

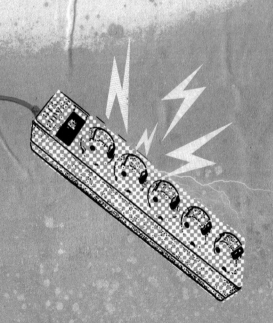

동물원을 관람하다 보면 종종 민망한 장면들을 보게 된다. 비비나 침팬지 같은 영장류 암컷들이 선홍빛으로 잔뜩 부푼 생식기를 흔들어 대며 돌아다니는 모습도 그중 하나다. 대대수 포유류 암컷들은 배란 직전에 발정기에 도입하며, 이 기간 동안 여러 수컷과 활발하게 성관계를 맺는다. 알다시피, 인간에서는 이러한 발정기가 존재하지 않는다. 인류가 진화 과정에서 발정기를 잃어버림에 따라 남성들은 여성의 배란 여부를 알 수 없게 되었다. 여성 역시 체온의 상승 같은 미묘한 생리적 변화에 특별히 관심을 쏟지 않는 한 자신의 배란을 알아낼 도리가 없다.

왜 발정기가 사라졌을까? 발정기에 성관계가 집중되는 다른 포유류들과 달리, 발정기가 사라져 배란이 은폐된 우리 종은 배란 주기 내내 줄기차게 성관계를 갖게끔 진화하였다. 진화생물학자 제러드 다이아몬드Jared Diamond는 개가 말을 할 줄 안다면 인간의 유별난 성생활을 이렇게 꼬집으리라 상상했다.

저 구역질 나는 인간들은 한 달 중 아무 때고 섹스를 하더군. 바버라는 말이지 자기가 뻔히 임신할 수 없는 상태인 것을 알고도, 그러니까 말이야, 생리 직후 같은 때에도 남편을 슬그머니 꼬이더라고. 존은 또 어떻고. 허구한 날 시도 때도 없이 달려들어요. 자기가 용을 쓰는 게 애를 만들려고 그러는 건지 헛짓거리를 하는 건지는 전혀 관심 밖이야.

배란이 왜 은폐되었는지를 설명하고자 많은 생물학자들이 갑론을박을 벌여 왔다. 그러나 최근의 연구들은 발정기가 사라졌다는 전제 자체에 의문을 제기한다. 인간 여성은 발정기를 잃어버린 적이 없다. 배란 주기 내내 성관계를 할 수 있긴 하지만, 성관계에 대한 감수성이나 욕망이 언제나 똑같지는 않다는 것이다. 개들에게 "우리도 발정기가 있다고!" 반박할 수 있다는 게 굳이 좋은 소식인지는 모르겠지만, 어쨌든 우리 인간에게 발정기를 되찾아 줄? 최신 연구들을 한 번 살펴보도록 하자.

| 발정기에 대한 오해 |

흔히 발정기라면 암컷이 성적으로 흥분하여 어떤 수컷이든 닥치는 대로 교미하려 드는 모습을 연상한다. 발정기에 해당하는 영어 단어 "estrus"도 소의 피부 안에다 알을 낳으려고 광분하여 소에게 덤벼드는 말파리botfly를 뜻하는 그리스어에서 유래하였다. 정말 발정기의 암컷은 아무 수컷이나 무차별적으로 받아들일까?

조금만 생각해 보면, 정자를 얻고자 어떤 수컷과의 잠자리도 마다 않는 암컷은 진화할 수 없음을 알 수 있다. 원빈에서 강호동에 이르기까지 수컷들은 각기 다르며 암컷에게 줄 수 있는 유전적, 물질적 이득도 천차만별이다. 게다가 배란 주기 전체를 통해서 수컷과의 성관계가 임신으로 이어질 수 있는 가임기는 일부에 한정되어 있다. 그러므로 가임기의 암컷들은 성관계 상대를 아무나 고르기는커녕, 오히려 더 깐깐하게 따지고 살펴본 다음 선택하게끔 진화했을 것이다.

난잡한 발정기에 대한 우리의 고정관념을 비웃듯이, 발정기의 암컷들이 더 까다롭다는 진화적 예측은 수많은 종에서 입증되었다. 집쥐, 북아메리카산 영양, 아메리카들소, 아시아코끼리, 기니피그, 붉은털원숭이, 목초지 들쥐 등이 그 목록에 올라 있다. 발정기 동안 한 암컷이 여러 수컷과 성관계를 갖는 걸로 유명한 침팬지조차 예외는 아니다. 타이 국립공원의 침팬지 개체군을 약 2,600시간 관찰한 연구에 따르면, 암컷 침팬지는 가임기가 아니라 비가임기에 더 많은 수컷과 활발하게 성관계를 가진다. 임신 가능한 발정기의 암컷은 콧대가 높아져서 어지간한 수컷들의 유혹에는 잘 넘어가지 않는다. 이들의 고상한 취향은 자식에게 우수한 유전자를 전달해 줄 '잘난' 수컷으로 집중된다.

달리 말하면, 발정기의 암컷들이 정자 그 자체를 얻으려 분투한다는 이론은 암컷이 수컷의 그림자도 찾아보기 어려운 매우 특수한 상황에서나 성립한다. 집에서 애완동물로 키우는 암컷 고양이나 개가 바로 이런 처지에 있다. 가끔 이들이 성욕을 주체하지 못해 가엾게 몸부림 치는 모습을 관찰한 경험만으로 발정기의 진화적 기능을 섣불리 유추하는 일은 없도록 하자.

| 인간의 발정 |

인간 여성의 경우, 약 28일의 배란주기를 통틀어 임신 가능한 기간은 길어야 6일이다. 이처럼 임신 가능성이 롤러코스터처럼 등락하는 현실을 전혀 아랑곳하지 않고 남녀가 언제나 단 하나의 짝짓기 전략만 꾸준히 추구하게끔 진화했다면, 그것이야말로 놀랍고 경이로운 일일 것이다.

진화심리학자 랜디 손힐Randy Thornhill과 스티븐 갱지스태드Steven Gangestad는 이렇게 추리한다. 첫째, 우리 조상들이 진화한 원시 환경에서 모든 여성이 자식에게 우수한 유전적 형질을 전달해 주는 섹시한 남편들을 얻은 건 아니다. 탤런트 한예슬 뺨치는 매력적인 여성이라면 우수한 유전자뿐만 아니라 물질적 자원도 풍부히 제공해 주는 일등 신랑감을 맞이할 수 있다. 그러나 대다수 여성은 한예슬보다 덜 예쁘다. 신랑감은 일단 오랫동안 가족을 부양할 능력과 마음가짐을 지니고 있어야 하므로, 많은 여성이 섹시한 신랑감을 포기하고 착하고 성실한 신랑감을 선택할 수밖에 없다. 달리 말하면, 천하일색이 아닌 대다수 평범한 여성들은 가족을 성실히 부양해 주지만 그다지 섹시하지는 않은즉, 우수한 유전자를 가졌다는 신호라곤 찾아볼 수 없는 남편과 평생 살아가야 한다. 둘째, 여성이 남편 몰래 외간 남자와 혼외정사를 시도했다가 발각되면 남편의 구타나 사회적 평판의 하락 등 엄청난 피해를 감수해야 한다. 만약 비가임기에 혼외정사를 시도했다면, 여성은 유전적 이득은 전혀 얻지 못한 채 어마어마한 손실을 입을 위험만 감수하는 셈이다. 셋째, 따라서 여성은 유전적 이득을 얻을 가능성이 열리는 가임기에만 섹시한 외간 남자와의 혼외정사를 추구하게끔 진화했을 것이다.

이 이론은 다음과 같은 예측을 한다. 배란주기상에서 가임기에 있는 여성은 좋은 유전자를 지닌 남성을 남편감이 아닌 성관계 상대로서 선호하는 성향이 비가임기에 있는 여성보다 더 높을 것이다. 예컨대 탤런트 이민호처럼 선 굵고 남성적인 매력을 발산하는 '진짜 사나이'는 다른 남성들을 제치고 높은 지위를 차지하는 유전적 성향을 자식에게 물려줄 수 있으므로 가임기 여성의 마음을 설레게 한다.

아니나 다를까, 눈두덩이 불거지고 코와 턱이 발달한 남성적인 얼굴, 어깨가 넓고 근육이 탄탄한 남성적인 신체, 분위기 있는 저음의 남성적인 목소리, 남자답게 크고 훤칠한 키에 대한 여성들의 선호는 가임기가 되면서 뚜렷한 상승곡선을 그렸다. 한 연구에서는 강호동이나 최홍만처럼 거친 사나이들의 체취에 대한 선호가 배란주기에 따라 달라지는지 조사했다. 일단의 남학생들을 모집해 겨드랑이 아래에 탈지면을 부착시키고 이틀간 생활하게 한다. 탈지면을 수거한 뒤, 겨드랑이 냄새가 행여 달아날세라 갈색 약병에 담아 조심스레 냉동 보관한다. 여학생들로 하여금 각각의 냄새들이 얼마나 매력적인지혹은 얼마나 참을 만한지? 평가하게 한다.

예측대로 성관계 상대로서의 매력도 평가에서 가임기 여성은 비가임기 여성들보다 거칠고 남성적인 사내의 체취를 보통 사내의 체취보다 더 선호했다. 가임기에 있다 해도 피임 호르몬제를 복용 중인 여성은 비가임기 여성과 마찬가지로 특별한 선호를 보이지 않았다. 남편감으로서의 매력도 평가에서는 가임기와 비가임기 사이에 어떤 차이도 없었다.

여성은 이처럼 배란주기에 따라 이성을 고르는 판단 기준이나 성적 욕망이 달라진다. 그렇다면, 남성도 여성의 배란 여부를 무의식적으로나마 탐지할 수 있게끔 진화하지 않았을까? 최근의 몇몇 연구들은 남성도 배란을 탐지하는 능력을 어느 정도 지니고 있음을 시사한다. 여학생들에게 티셔츠를 이틀간 입힌 다음 남학생들에게 그 냄새를 평가하게 한 결과, 남학생들은 가임기 여성이 입었던 티셔츠의 냄새를 비가임기 여성의 그것보다 선호했다. 또한, 남편이 불쑥불쑥 전화해서 아내가 지금 어디에 있는지 캐묻는 등 배우자의 행실을 감시하는 행동은 아내가 가임기에 있을 때 더 빈번하게 일어난다.

인간은 진화의 과정에서 발정기를 잃어버렸다고 흔히 일컬어졌다. 엄밀한 진화적 논리에 입각한 최근 연구들에 따르면, 여성은 가임기 여부에 따라 확연히 달라지는 성전략을 구사한다. 발정기의 진화적 기능은 정자 그 자체를 얻기 위한 것이 아니라 자식에게 우수한 유전자를 물려줄 수 있는 상대를 더 까다롭게 고르기 위함이므로 여성의 가임기는 곧 여성의 발정기이다. 진화심리학계에서 현재 진행 중인 '배란 혁명ovulation revolution'은 우리가 미처 알지 못했던 숨겨진 사실들을 발견하는 데 진화 이론이 얼마나 유용한지를 다시금 확인시켜 준다.

열다섯 번째 연장

털이 없어 섹시한 유인원

"털 오라기 하나 걸치지 않은",

즉 옷 없이 벌거벗은 몸은

섹시하게 인식된다."

면도를 하다 보면 내가 털 없는 유인원이라는 사실이 실감 난다. 목, 인중, 턱, 구레나룻을 한 번 대충 면도기로 밀면 끝이다. 게다가 수염이 별로 자라지 않는 편이라 바쁜 아침이면 하루쯤 면도를 건너뛰어도 크게 지장이 없다. 만일 인간이 털을 잃지 않았다면, 각 가정은 아침마다 거울 앞에서 온몸에 수북한 털을 열심히 깎는 어른들 덕분에 훨씬 더 시끄러웠을 것이다.

인간은 왜 털을 잃어버린 걸까? 텁수룩한 다른 유인원이나 원숭이들과 견주어 보면, '털 없음'은 인간의 가장 두드러진 특징이라 해도 과언이 아니다. 특히 1967년에 나온 동물학자 데스먼드 모리스Desmond Morris의 『털 없는 유인원The naked ape』국내에는 '털 없는 원숭이'로 오역되었다이 전 세계적인 베스트셀러가 되면서 인간의 별칭은 '털 없는 유인원'으로 굳어졌다. 사실, 털이 없지는 않다. 털이 자라나는 부위인 모낭hair follicle의 밀도로만 따지면 인간의 피부에서 나는 털은 수적으로 다른 영장류들과 크게 차이가 나지 않는다. 하지만 인간의 털은 아주 짧고 가늘어서 거의 눈에 띄지 않는다는 것이 결정적인 차이점이다.

한겨울 칼바람에 발을 동동거리고 있노라면 따뜻한 털로 중무장한 삽살개 팔자가 그렇게 부러울 수가 없다. 이처럼 '털 없음'은 적지 않은 손실을 끼친다. 털이 있는 동물에 비해, 날씨가 차가우면 인간의 체온은 더 빠르게 하강한다. 날씨가 더우면 체온은 더 빨리 상승하고 자외선 피해도 더 많이 받는다. 뿐만 아니라, 털이 수북하게 나 있다면 피부가 긁히거나 짓이겨서 큰 상처가 나거나 곤충에게 물려서 고생하는 일도 훨씬 더 적을 것이다.

털이 없으면 이토록 큰 손실을 감수해야 하는데도 불구하고, 총 193종의 유인원과 원숭이들 가운데 오직 단 한 종, 우리 인간만이 과감히 털을 벗어 버린 까닭은 무엇일까? 다윈을 위시하여 수많은 과학자들이 이 문제를 두고 오랫동안 씨름해 왔다. 최근 몇몇 학자들은 털이 없으면 이나 진드기, 벼룩 같은 체외 기생충이 숨을 만한 피신처도 없다는 사실에 착안했다. '털 없음'은 자신이 기생충 없는 건강한 사람임을 이성에게 광고하기 위한 목적으로 성선택된 구애 도구라는 것이다. "털 오라기 하나 걸치지 않은", 즉 옷 없이 벌거벗은 몸은 섹시하게 인식된다. 젊고 건강한 청춘 남녀 모델이 상처 하나 없이 매끈 탱탱한 상반신 피부를 자랑스럽게 드러내는 청바지 광고를 떠올려 보라. 체외 기생충 가설ectoparasite hypothesis은 진화의 오랜 역사에서 털 없이 벌거벗은 몸이 섹시하게 인식되었기에 선택되었다고 주장한다. 다른 학자들의 생각은 어떨까? 체외 기생충 가설을 포함해 인간이 왜 털이 없는지를 설명하는 가설에 어떤 것들이 있는지 한 번 살펴보도록 하자.

| 냉각 기구 가설 |

모리스의 『털 없는 유인원』에도 비중 있게 소개되어 있는 등 '냉각 기구 가설Cooling device hypothesis'은 일반 대중들에게 가장 잘 알려진 가설이다. 우리의 먼 진화적 조상들이 나무 그늘이 무성한 숲을 빠져나와 탁 트인 아프리카 사바나 평원에서 살기 시작하면서, 뜨겁게 내리쬐는 햇볕은 심각하게 생존을 위협하는 문제로 부각되었다. 결국 인간은 무더운 사바나에서 살아남기 위해 거추장스러운 털 코트를 벗어 버리게끔 진화했다는 가설이 '냉각 기구 가설'이다. 요컨대 인간의 짧고 가는 털은 컴퓨터의 냉각팬과도 같다는 것이다.

언뜻 그럴싸하게 들리지만 이 가설에는 치명적인 결함이 있다. 앞에서 잠시 언급했듯이, 털 없는 피부는 털 있는 피부에 비해 낮에는 체온을 너무 높이고 밤에는 체온을 너무 떨어뜨린다. 잠깐, 더운 날씨에는 털 없는 피부가 더 뜨겁다는 말은 좀 이상하게 들린다. 선풍기 앞에서는 으레 윗도리를 벗고 러닝셔츠 바람이 되듯이, 뜨거운 태양 아래 땀을 조금이라도 더 증발시켜 체온을 낮추려면 털이 없는 편이 유리하지 않겠는가?

물론 맞는 말이지만, 털 없는 피부는 동시에 더 많은 열을 빨아들인다. 결과적으로 날씨가 더우면 털 없는 유인원은 털 있는 유인원보다 체온이 더 빠르게 상승한다. 이는 뙤약볕이 내리쬐는 아프리카 사바나 초원 한복판에서 탈수와 같은 위험한 상황에 이르게 할 수 있다. 그러므로 탁 트인 무더운 환경에서 살아가리라 마음먹은 유인원은 털을 벗어 버리기는커녕 털을 더 두툼하게 진화시켜야 한다는 결론이 도출된다. 실제로 사바나원숭이는 숲에 사는 근연종보다 더 두꺼운 털 코트를 진화시켰다.

| 수생 유인원 가설 |

'수생 유인원 가설Aquatic-ape hypothesis'은 800만 년 전에서 600만 년 전 사이에 인류의 조상이 해안으로 내려와 조개나 성게를 잡아먹는 수생 생활을 했다는 가설이다. 고래나 돌고래처럼 물속에서 사는 몇몇 포유류들은 털이 없는 미끈한 외형을 뽐낸다. 마찬가지로 인간도 헤엄을 치는 데 방해가 되는 털 코트를 벗어 던지고 수생 생활에 적응했다는 것이다.

마이클 펠프스Michael Phelps나 박태환 선수 같은 이들을 떠올려 보면 수생 유인원 가설이 신빙성 있게 느껴질지도 모르겠다. 그러나 200만 년 동안의 수생 생활에 잠깐 도움이 되었을 '털 없음'이 우리 조상들이 육상으로 복귀해 현재까지 이른 600만 년의 시간 동안 왜 사라지지 않고 여태껏 남아 있는가에 대해 이 가설은 뾰족한 해답을 제시하지 못한다. 털이 수북한 매머드가 털이 거의 없는 현재의 코끼리로 진화하는 데 고작 몇만 년 걸렸음을 감안하면, 털의 진화 자체는 그다지 오랜 시간이 필요하지 않은 것처럼 보인다. 한편, 인간 조상들의 화석이 종종 물 가까이에서 발견되기는 하지만 수생 유인원 가설을 든든하게 지지하는 어떠한 화석상의 증거도 없다는 사실 또한 이 가설의 약점으로 지적되고 있다.

| 체외 기생충 가설 |

다윈은 『인간의 유래와 성선택*The descent of man and selection in relation to sex*』 2판에서 인간이 왜 털을 상실했는지를 설명하는 벨트Belt라는 인물의 견해를 소개하고 있다. 벨트는 털 없는 유인원은 진드기 같은 유해한 기생충에 시달릴 염려가 없다는 이점 덕분에 선택되었다고 주장했다. 다윈은 이를 어떻게 평가했을까? 다윈은 벨트를 가차 없이 비판했고 이로 인해 기생충 가설은 100여 년 이상을 구석으로 내팽개쳐진 채 잊혀졌다. 다윈이 생각하기에 기생충 가설의 가장 큰 문제점은 왜 유독 인간만 털을 잃어버렸는지를 제대로 설명하지 못한다는 것이었다. 체외 기생충은 인간만이 아니라 모든 영장류에게 골칫거리다. 실제로 어떤 영장류들은 서로 털고르기를 해 주면서 기생충을 솎아 내는 데 낮 시간의 무려 20퍼센트를 투자한다. 털이 진드기 같은 체외 기생충에게는 살기 좋은 아파트 단지나 마찬가지기 때문에 인간이 털을 벗어 던졌다면, 왜 다른 영장류들은 그렇지 못한 것일까? 왜 여전히 바보처럼 털을 지니고 있단 말인가?

진화생물학자 마크 페이겔Mark Pagel과 월터 보드머Walter Bodmer은 오직 인간만이 불을 사용하는 법을 터득했고 따뜻한 옷과 주거를 만들어 냈기 때문이라고 응수한다. 일단 옷과 불을 얻게 되자, 뜨거운 햇볕과 차디찬 냉기, 퍼붓는 비바람으로부터 우리를 보호해 준다는 털의 장점은 점차 희미해졌다. 반면에 기생충의 온상이 된다는 단점은 그대로 남았으니 털은 퇴화되기 시작했다. 결국 직사광선으로부터 두뇌를 보호해 주는 머리카락, 섹스 페로몬을 방출하는 음부와 겨드랑이의 털만 남기고 우리는 벌거벗은 유인원이 되었다.

'털이 없음'은 하루아침에 보금자리를 잃고 내쫓기게 된 진드기나 이에게 마른하늘에 날벼락 같은 소식이었다. 반면 내 앞에 있는 이성 상대가 혹시 진드기나 이를 달고 다니는 불결한 사람은 아닌지 꼼꼼하게 따져 본 다음에 성관계에 응하려 했던 우리 조상들에게는 마음이 푸근해지는 좋은 소식이었다. 공작의 화려한 꼬리는 기생충이 없는 건강한 개체임을 알려 주는 광고판이기 때문에 성선택되었다. 마찬가지로, 기생충의 온상을 없애려는 자연선택이 인간의 '털 없음'을 처음 가동시켰지만, 나중에는 건강한 배우자를 가려내려는 성선택이 바통을 물려받아 '털 없음'을 오늘날의 상태로 완성시켰다.

　'털 없음'이 성선택에 의해 진화한 구애 도구라는 체외 기생충 가설이 맞다면, 다윈이 자신의 성선택 이론을 처음 발표한 책『인간의 유래와 성선택』에서 정작 체외 기생충 가설을 단칼에 기각했다는 역사적 사실은 상당한 아이러니가 아닐 수 없다. 다윈은 성선택이 인간이 털 없는 유인원인 까닭까지 설명해 주리라고는 미처 생각하지 못했던 듯하다.

가을빛이 전하는 말

"다음 날, 브라운은 해밀턴의 연구실 문을

다시 두드렸다. 해밀턴은 아이처럼

소리 지르며 그를 맞이했다.

"맞아, 나무였어!" 해밀턴은 브라운을

창가로 끌고 가서 창밖을 가리켰다.

10월이 되면 어디서나 흔히 볼 수 있는,

화려하게 단풍 든 나무들이 서 있었다."

잎 지는 산맥은 위쪽에서부터 허연 뼈를 드러내고, 나무들은 그 몸속에
잠재해 있던 모든 빛깔들을 몸 밖으로 밀어내면서 타오른다.

— 김훈, 『자전거 여행』

가을에 낙엽성 나무들은 휘황찬란한 빛깔로 나뭇잎을 물들인
다. 가을 단풍이 빚어내는 장엄한 풍광은 대체 어떻게 생겨나는 걸
까? 어린 시절 과학 선생님에게 가을에 단풍이 드는 까닭을 물어
본 적이 있다면, 단풍은 "나무가 겨울을 나려고 잎을 떨어뜨리다
보니 생기는 부수적인 현상"이라는 답을 들었을 것이다. 잎을 초록
빛으로 칠하는 색소인 엽록소chlorophyll가 보통 때는 카로틴carotene,
크산토필xanthophyll 같은 다른 색소를 가리므로 우리는 다른 빛깔
을 보지 못한다. 가을이 오면, 잎을 떨어뜨리고자 잎자루 끝에 떨켜
가 생기면서 가지와 잎 사이의 물질 이동이 중단된다. 이에 따라 엽
록소가 파괴되면서 감춰졌던 다른 색소들이 자연히 드러나서 잎

이 노랗거나 주홍빛을 띠게 된다. 요컨대 단풍은 나무가 월동하는 과정에서 우연히 생기는 부산물이다. 따로 설명하려 애쓰지 말지어다!

| 화려한 빛깔의 대가 |

옥스퍼드 대학교에 재직했던 진화생물학자 윌리엄 해밀턴은 다르게 생각했다. 동물이든 식물이든 그 내부를 들여다보면 색깔다운 색깔은 거의 눈에 띄지 않는다. 물론 척추동물의 몸속을 흐르는 피를 예외로 들 수 있다. 그러나 피가 상처가 난 당사자에게 즉시 그 강렬한 핏빛을 드러내 사태가 얼마나 위급한지 알려 준다는 것을 살피면, 피의 검붉은 빛깔은 어떤 목적을 수행하기 위해 진화했음을 쉽게 추측할 수 있다. 햇빛이 들어오지 않는 흙 속이나 바다 속 깊숙이 사는 생물들은 내부뿐만 아니라 몸 바깥도 변변한 색깔을 띠지 않는다_{지렁이나 두더지, 아귀를 생각해 보라.}. 이러한 사실들은 무엇을 의미할까? 화려한 빛깔을 만들기 위한 생화학적 기제들을 장착하려면 적지 않은 비용이 따른다는 것, 따라서 우리가 자연계에서 접하는 색색 가지 빛깔들은 이런 비용을 상쇄하고도 남는 이득을 얻기 위해 진화한 생물학적 적응임을 넌지시 귀띔해 주는 것은 아닐까?

단풍이 잎을 떨어뜨리는 와중에 생기는 부산물에 불과하다고 보는 견해에는 두 가지 문제점이 있다. 첫째, 가을에 잎이 지는 나무 중에는 잎 색깔이 밝게 변하지 않는 종들도 많다. 게다가 같은 종 내에서도 어떤 나무는 아직 푸른 잎들을 성급하게 떨어뜨리는가 하면, 다른 나무는 갖가지 빛깔로 바뀐 잎들을 오랫동안 달고 있기도 한다. 둘째, 화려한 가을빛은 엽록소가 단순히 붕괴해서 생길 뿐만 아니라, 붉은빛을 내는 안토시아닌anthocyanin 같은 색소들이 가을에 새로 만들어지는 데에도 기인한다. 빙산에 부딪혀 곧 침몰할 타이타닉호의 승객들이 탈출할 궁리는 않고 객실바닥을 요란한 색깔로 새로 칠하는 격이다. 해밀턴 이전의 몇몇 식물생리학자들은 가을에 새로 만들어지는 색소들이 자외선의 악영향으로부터 잎을 보호해 준다고 설명했다. 이러한 가설이 일리가 있긴 하지만, 서로 다른 나무 종들 사이에서나 같은 종에 속한 여러 나무 사이에서도 단풍이 드는 정도가 천차만별이라는 사실은 설명할 수 없다.

그렇다면 단풍이 부산물이 아니라 어떤 목적을 수행하기 위해 자연선택된 적응이라면, 단풍의 진화적 기능은 과연 무엇일까? 해밀턴이 생각한 잠정적인 해답은 해밀턴이 당시 갓 대학원에 입학한 샘 브라운Sam Brown을 만나면서 세상에 처음 알려졌다. 브라운은 원래 생물학은 따분하기 이를 데 없다고 생각하던 철학과 학생이었다. 하지만 2학년 때 우연히 리처드 도킨스의 『이기적 유전자』를 읽은 이후, 해밀턴이라는 이름은 그에게 전설이 되었다. 결국 철학을 포기하고 옥스퍼드 대학교 생물학과 대학원에 입학한 브라운은 1995년 어느 가을날 해밀턴 교수의 연구실 문을 조심스레 두드렸다.

석사 과정을 지도해 달라는 브라운의 부탁에 해밀턴은 아무 말 없이 고개를 돌려 창밖을 바라보았다. 타는 듯이 붉고 누런 가을빛이 옥스퍼드 대학교 교정을 온통 휘감고 있었다. 해밀턴은 묵묵히 풍경을 응시했다. 마치 브라운의 존재를 까맣게 잊어버린 것처럼. 한참 후 브라운을 다시 쳐다보며 그가 말했다. "나한테 아이디어가 하나 있었는데, 지금은 기억이 잘 안 나는군. 내일 다시 와 줄 수 있겠나?"

다음 날, 브라운은 해밀턴의 연구실 문을 다시 두드렸다. 해밀턴은 아이처럼 소리 지르며 그를 맞이했다. "맞아, 나무였어!" 해밀턴은 브라운을 창가로 끌고 가서 창밖을 가리켰다. 창밖에는 10월이 되면 어디서나 흔히 볼 수 있는, 화려하게 단풍 든 나무들이 서 있었다. 그러나 그날 해밀턴의 가설을 들은 후 브라운에게 나무들은 더 이상 단순한 배경이 아니었다. 그들은 진화의 드라마를 만들어 내는 당당한 주연들이었다.

| 해밀턴의 신호 가설 |

초로의 해밀턴 교수가 풋내기 대학원생 브라운에게 들려준 가설은 무엇이었을까? 해밀턴은 타는 듯한 가을빛이 나무가 해충에게 보내는 경계 '신호'라고 보았다. 진딧물처럼 가을에 적당한 나무를 골라서 알을 낳아 겨울을 날 보금자리를 마련하려는 곤충들을 향해, 나무가 자신의 경계 태세가 얼마나 철저한지 알려 주는 신호가 바로 가을 단풍이라는 것이다. "이 넘치는 진한 빛깔을 봐라. 내가 얼마나 강한지 알겠지? 내년 봄에 내가 만들 쓰디쓴 대사산물들 때문에 나한테 내려앉아 봤자 날 먹지도 못할 거야. 그러니 가서 다른 약골을 찾아봐." 가을 색소를 만드는 데는 적지 않은 비용이 따르므로, 오직 건강한 나무만이 진하고 뚜렷한 가을 빛깔을 낼 수 있다. 진딧물은 이처럼 나무들이 각기 다르게 내는 신호들에 반응해서 가장 형편없이 단풍 든 나무에 내려앉는다. 결국, 휘황찬란한 가을빛은 나무와 곤충의 공진화가 만들어 낸 적응이다.

아프리카 초원에서 치타에게 쫓기는 가젤 가운데 냅다 뛰는 와중에 네 발을 모아 위로 폴짝 뛰어오르는 이상한 행동을 하는 녀석들이 있다. 속도가 떨어진다는 손실을 감수하면서 이런 과시 행동을 하는 까닭은 나는 요렇게 폴짝폴짝 뛰어오를 정도로 힘이 남아돌아 얼마든지 도망칠 수 있으니 더는 쫓지 말라는 신호를 치타에게 전달하기 위함이다. 결국 치타는 '칙칙한' 가젤을 고를 수밖에 없고, 진딧물은 '칙칙한' 나무를 고를 수밖에 없다.

해밀턴의 신호 가설은 두 가지 예측을 한다. 첫째, 해충의 피해를 더 많이 받는 나무 종이 피해가 덜한 종보다 가을에 단풍이 더 강하게 들 것이다. 둘째, 같은 종 내에서도 해충에 대한 방어에 더 힘을 기울이는 건강한 개체가 그렇지 않은 개체보다 단풍이 더 강하게 들 것이다. 해밀턴은 브라운과 함께 이 두 가지 예측을 검증하기 위한 연구에 착수했다. 첫 번째 예측대로, 온대 지방의 나무 종들이 가을에 노랗거나 붉게 변하는 정도는 각각의 종에 꼬이는 진딧물의 종 수와 비례했다. 두 번째 예측을 검증하기 위한 실험은 안타깝게도 실패로 돌아갔지만, 진딧물은 선명한 노랑보다 탁한 노랑을 선호한다는 연구 결과가 담긴 문헌을 찾을 수 있었다.

이제 논문을 학술지에 투고하는 일만 남았다. 하지만 브라운이 다른 교수의 연구실에서 박사학위 과정을 시작하면서 논문 출간은 차일피일 미뤄졌다. 그 사이 해밀턴은 AIDS의 기원에 대한 새로운 학설을 검증하려고 콩고로 현장 연구를 갔다가 그만 말라리아에 걸려 숨지고 말았다. 2000년 어느 봄날의 일이었다. 이듬해, 해밀턴도 회원으로 있었던 영국 왕립 협회에서 발행하는 저명한 학술 잡지는 거짓말처럼 고故 해밀턴이 제1저자로 참여한 논문을 발간했다. 「핸디캡 신호로서의 가을의 나무 빛깔Autumn tree colours as a handicap signal」이라는 제목을 단 이 논문은 가을 단풍이 곤충에게 보내는 경계 신호라는 독창적인 가설뿐만 아니라 다윈 이래 가장 위대한 진화생물학자가 사후에 낸 논문이라는 사실로 인해 크나큰 대중적 관심을 끌었다. 이렇게 2001년 가을은 다른 어느 해 가을과도 달랐다.

해밀턴과 브라운의 논문은 지금껏 58회나 인용되면서 진화생물학자, 곤충학자, 식물생리학자, 생화학자들이 힘을 합쳐서 가을 단풍의 진화적 의미를 탐구하는 데 기폭제 역할을 했다. 『자연의 팔

레트: 식물 색깔의 과학*Nature's palette: the science of plant color*』이라는 매혹적인 제목을 담은 학술서가 출간되는가 하면, 2009년 초에는 가을빛의 진화를 다룬 국제 학술 회의가 옥스퍼드 대학교에서 열리기까지 했다. 공정하게 말하면, 해밀턴의 신호 가설 이후 가을빛의 적응적 기능에 대한 다른 가설들이 여럿 제안되었으며 아직 학계에서 폭넓은 합의는 이루어지지 않았다. 그러나 이제는 그 어느 과학자도 가을 단풍이 그냥 거기에 우연히 생겨났다고 말하지 않는다.

온 세상을 노랗고 붉게 채색하는 가을 단풍이 전하는 말에 귀를 기울여 보라. 우리에게 삶의 덧없음을 일깨우는 잠언이 그 안에 담긴 것은 아니다. 그러나 우리 자신이 나무가 곤충에게 "나 말고 다른 놈을 골라 보시지."라고 어깃장 놓는 말을 엿들을 수 있는 유일한 종에 속한다는 사실만으로도 충분히 하루가 행복해지지 않을까.

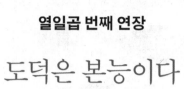

열일곱 번째 연장

도덕은 본능이다

"우리는 논리와 증거에 근거해 결론을 끌어내는

명탐정 셜록 홈스가 아니라,

의뢰인의 주장을 입증하려 수단과 방법을 가리지 않는

악덕 변호사인 게 아닐까?"

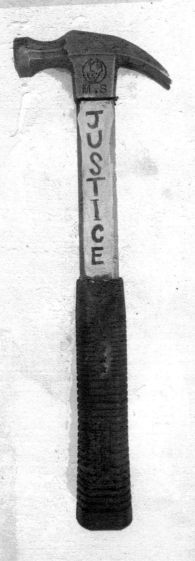

다음을 읽고 물음에 답하라.

민준이라는 남자는 매주 슈퍼마켓에 들러서 냉동 통닭을 한 마리 산다. 닭을 요리하기 전에, 민준은 통닭과 성관계를 가진다. 그러고 난 다음 통닭을 요리해 먹는다.

   Q: 민준의 행동은 도덕적으로 용납될 수 있을까?

   대다수의 사람들은 이 이야기를 듣자마자 고개를 젓는다. 그리고 왜 도덕적으로 잘못된 행동인지 그 이유를 찾아내려고 애쓴다. 왜? 동물권을 침해했으니까? 닭은 이미 죽은 상태였다. 사람들이 먹으라고 판매하는 식품을 다른 용도로 썼으니까? 민준은 성관계 후 통닭을 맛있게 먹었다. 남들에게 혹시 피해를 줄 수 있으니까? 어느 누구도 민준의 행동 때문에 손해를 입지 않았다. 합당한 이유를 끝내 찾지 못한 많은 사람은 결국 선언한다. "몰라. 설명할 순 없지만, 하여튼 그건 잘못된 거야."

　정상적인 성인이 취한 행동이 타인의 권리를 침해하지 않았다는 점에서 민준의 행동은 그릇되지 않다고 도덕철학자들은 말한다. 하지만 보통 사람들에게 민준이 저지른 짓은 아무리 봐도 께름칙하다. 자율적인 이성이 어떤 행동이 옳고 그른지 냉철한 도덕적 판단을 내려 준다고 우리는 배워 왔다. 그러나 마치 우리는 다짜고짜 민준의 행동이 그르다는 판단을 내린 다음에, 그 판단을 정당화하는 근거를 사후에 어떻게든 찾으려고 애쓰는 것 같다. 우리는 논리와 증거에 근거해 결론을 끌어내는 명탐정 셜록 홈스가 아니라, 의뢰인의 주장을 입증하려 수단과 방법을 가리지 않는 악덕 변호사인 게 아닐까?

| 직관이 추론에 우선한다 |

　1975년, 생물학자 에드워드 윌슨은 그의 저서 『사회생물학』에서 도덕에 대한 논의가 진화생물학의 토대 위에 놓일 날이 곧 오리라고 예측했다. 특히 두뇌의 정서 중추emotive center가 만들어 내는 도덕적 정서moral emotion를 진화적으로 연구함으로써 도덕의 기원과 목적이 명쾌히 밝혀지리라는 것이었다. 오늘날 윌슨의 예측은 실현되고 있다. 윌슨이 도덕적 정서를 만드는 부위로 지목한 시상하부hypothalamus에서 실제로 그러한 정서가 만들어지는 것은 아니라는 등의 소소한 실수를 눈감아 준다면 말이다.

도덕에 대한 새로운 진화적 해석을 살펴보기 전에, 윤리 시간에 배웠던 내용을 복습해 보자. 우리는 텅 빈 백지 상태로 태어난다. 어떤 도덕적 관념이 종이 위에 채워질지는 사회나 문화에 달렸다. 변덕스러운 감정 따위는 최대한 억제하라. 인간 고유의 합리적인 이성이 무엇이 옳고 무엇이 그른지를 최종적으로 결정하게끔 하라. 이 과정에서 당신은 공리주의적 판단이나 칸트의 의무론적 판단을 하게 된다.

진화생물학과 신경과학, 사회심리학에서 나오는 최신 연구 성과들은 이러한 전통적인 관점이 틀렸음을 지적한다. 인간이라는 동물은 보편적인 도덕 본능을 진화시켰다. 오랜 세월에 걸친 자연선택으로 만들어진 이러한 도덕 본능이 우리로 하여금 무엇이 옳고 그른지 즉각적인 판단을 내리게끔 한다.

방금 나는 '본능'이라는 단어를 쓰면서 제법 큰 용기를 냈다. 많은 이들에게 본능은 별로 흥미롭지 않은, 유전적으로 고정된 행동 패턴을 의미한다. 눈을 볼펜으로 찌르는 시늉을 하면 눈꺼풀을 깜박이는 게 당연하다고 사람들은 여긴다. 그러나 진화심리학자들이 말하는 본능은 기나긴 진화 역사를 통해 한 종의 구성원들이 보편적으로 지니게 된 심리나 행동 기제의 산물이다. 보편적인 심리 기제가 각각의 생태적, 사회적 입력에 반응하여 다양한 결과물을 만든다. 예컨대 인간은 모든 언어에 공통으로 적용되는 이른바 보편 문법 universal grammar을 지니고 태어난다. 여기에 모국어의 자극이 가해져 특정한 언어에 능통해진다. 스티븐 핑커의『언어 본능_The language instinct_』은 바로 이런 의미에서 언어가 본능이라고 주장했다.

도덕 본능으로 다시 돌아가자. 도덕심리학자 조너선 하이트 Jonathan Haidt에 따르면 도덕 본능, 즉 도덕 판단에 관여하는 심리적 적응은 크게 두 가지 요소로 이루어진다. 하나는 왠지 동물적이고 원초적이라는 인상을 주기 때문에 그동안 홀대받았던 도덕적 정서 분노, 감사, 죄책감, 동정에 의해 작동되는 도덕적 직관moral intuition이다. 도덕적 직관은 불확실하고 위험한 세계에서 살아남고자 어떤 사건의 옳고 그름에 대해 빠르고 즉각적인 판결을 내린다. 민준의 이야기를 듣자마자 당신이 온몸으로 느낀 불편한 감정을 되짚어 보라. 다른 하나는 정서의 개입이 거의 없이 합리적 이성에 의해 결론에 도달하는 도덕적 추론moral reasoning이다. 민준의 행동은 잘못된 것이 하나도 없다고 말하는 생뚱맞은? 결론은 도덕적 추론으로부터 나온다.

하이트는 직관이 추론에 우선한다고 주장한다. 즉, 대부분은 도덕적 정서가 어떤 행동의 정당성에 대해 재빨리 최종 판결을 내린다. 이성에 의한 도덕적 추론은 이렇게 정서에 의해 주어진 결론을 사후에 합리화하는 조연에 불과하다. 침팬지의 다양한 감정 표현을 텔레비전 다큐멘터리에서 본 이들은 쉽게 짐작할 수 있듯이, 도덕적 정서는 인간과 유인원의 공통조상이 살았던 500~700만 년 전부터 이미 존재해 왔다. 반면에 언어와 그에 바탕을 둔 추론 능력은 인간이 다른 종들과 갈라진 다음 뒤늦게 진화했다. 따라서 도덕적 추론이라는 갓 데뷔한 햇병아리가 도덕적 직관이라는 노회한

베테랑을 제치고 도덕 판단을 내리는 주인공으로 발탁되기란 거의 불가능했다.

우리의 도덕 판단은 관광객을 태운 인도코끼리의 행보와 같다. 어디로 갈지는 코끼리_{도덕적 직관}가 거의 독자적으로 결정한다. 관광객_{도덕적 추론}은 언뜻 보면 코끼리 위에 높이 올라타서 그를 조종하는 것 같지만, 실은 코끼리의 처분만 얌전히 기다리는 신세다. 물론, 추론이 직관에게 백전백패하는 것은 아니다. 동성애에 강한 정서적 거부 반응을 나타내는 사람이라도 합리적 추론에 따라 동성애가 비도덕적이지 않다고 기꺼이 선언할 수 있다. 그러나 안타깝게도, 동성애에 대한 즉각적인 정서적 거부를 사후에 정당화하려고 온갖 논리를 동원해 동성애의 비도덕성을 입증하려 드는 사람들이 더 많은 듯하다.

| 과학적 증거들 |

다채로운 정서로 두껍게 덧칠된 과정인 도덕적 직관이 행위의 잘잘못을 대부분 결정한다는 증거는 여럿 있다. 첫째, 하이트가 "도덕적 말막힘moral dumbfounding"이라고 이름 붙인 현상이다. 민준의 이야기에 대한 보통 사람들의 반응처럼, 어떤 행위가 잘못되었음을 즉각 직관적으로 깨닫고 잘못된 이유를 찾으려 애쓰지만 결국 실패하는 경우이다. 합리성에 의한 도덕적 추론을 강조하는 전통

적인 견해로는 도덕적 말막힘을 설명할 수 없다.

둘째, 어떤 행동의 잘잘못을 따질 때 사람들이 처음에 보이는 정서적 반응이 나중에 어떤 도덕적 판단을 내릴지를 통계적으로 잘 예측해 준다는 것이 판명되었다. 실험실에서 최면 등을 통해 이러한 초기의 정서적 반응을 조작하면 도덕적 판단까지 바꿀 수 있다는 보고도 있다.

세 번째 증거는 신경과학자 안토니오 다마지오Antonio Damasio의 도덕성 연구로부터 얻을 수 있다. 전전두엽 피질prefrontal cortex의 특정 부위가 손상된 환자는 IQ나 일상적인 지식의 축적량 등으로 측정되는 인지 능력은 멀쩡하나 심각한 정서 결핍을 겪으며, 이로 인해 도덕 판단에서도 문제를 노출한다. 예컨대 "네 아버지의 뺨을 때려라." 같은 명령에 일반인들은 바로 울컥해 하지만, 이러한 환자들은 별 문제를 느끼지 못한다. 정상적인 지능에도 불구하고 이들은 번번이 사기를 치며, 남의 물건을 훔치고, 처벌을 전혀 두려워하지 않는 등 매정하고 무책임한 행동을 일삼는다. 이들은 죽어 가는 아내를 위해 특효약을 훔쳐야 하는지 마는지와 같은 아주 초보적인 도덕 딜레마에도 바로 대답하지 못하고 쩔쩔 맨다.

도덕은 본능이다. 곧 도덕성은 우리의 조상들이 사회생활을 하면서 겪었던 여러 적응적 문제들을 풀고자 선택된 보편적인 심리 기제의 산물이다. 이러한 관점이 어떻게 각 사회와 문화마다 천차만별로 나타나는 도덕심의 구체적인 모습들을 설명해 주는지는 다음 장에서 살펴보기로 하자.

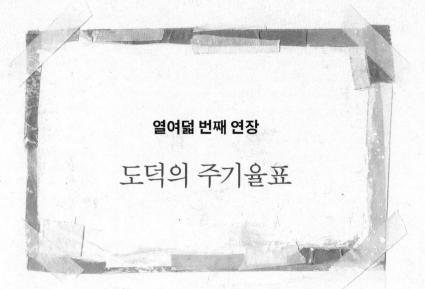

열여덟 번째 연장

도덕의 주기율표

"도덕성의 보편적인 심리 기계가 각각의 지역에

고유한 생태적, 문화적 환경에 알맞은 도덕심을 만들어 낸다."

산타바버라 소재 캘리포니아 대학교의 인류학과 교수를 지낸 도널드 브라운은 수업 시간 중에 문화의 다양성을 설명하면서 아래와 같은 예를 들곤 했다.

말레이시아 브루나이에서 현장 연구를 하던 어느 날, 나는 두 젊은이와 함께 나무벤치에 앉아 있었다. 아주 가까이에 또 다른 청년이 거의 비슷한 높이의 사다리 아랫단에 앉아 있었다. 주위에는 아무도 없었다. 벤치가 지겨워져 나는 땅바닥에 주저앉았다. 거의 동시에, 세 젊은이가 모두 허겁지겁 나를 따라 내려앉았다. 나는 그들이 벤치가 불편해서 그런 게 아니라 브루나이에서는 윗사람보다 더 높은 곳에 앉으면 예의에 어긋나기 때문임을 바로 알아차렸다. 나는 그들을 만류하면서 벤치에 계속 앉아 있으라고 했다.

한국 독자들에게는 별로 신선한 일화가 아닐지 모른다. 그러나

이 이야기는 미국 대학생들에게는 어마어마한 충격을 주고도 남는 다우리끼리 하는 말이지만, 미국 젊은이들은 사실 예의범절을 좀 배워야 하지 않는가?. 대다수 인류학 교수들은 미국 학생들이 충격에서 헤어나지 못하는 틈을 타서 문화가 얼마나 강력하게 인간의 사고와 행동에 영향을 끼치는지 가르친다. 그러나 브라운은 위의 이야기에서 문화의 차이뿐만 아니라 동일성도 짚어 낸다. 사회적 지위를 얼마나 신경 쓰느냐 하는 정도의 차이가 있을 뿐, 윗사람에게 존경과 경의를 표해야 한다는 인식 자체는 동서양을 막론하고 존재한다. 우리는 정도의 차이에 너무 현혹된 나머지 다양성의 저변에 깔린 보편성을 보지 못하는 게 아닐까?

| 도덕의 분류 체계 |

각 사회와 문화에서 나타나는 도덕성은 그야말로 천차만별인 것 같지만, 실제로 인류학자들이 조사한 바로는 몇 가지 주제들로 수렴된다. 도덕심리학자 조너선 하이트는 우리의 도덕성을 구성하는 요소로 다음의 다섯 가지를 들었다.

> (1) 돌봄과 위해: 어느 시대 어느 곳에서나 사람들은 타인, 특히 곤경에 처한 사람을 도와주려 하며 이유 없이 남을 해코지하지 않으려 한다.

(2) 공명정대: 사람들은 정의正義, justice를 실현하고자 애쓴다. 은혜는 되갚으려 하고 의무를 다하지 않는 얌체는 처단하려 한다.

(3) 자기 집단에 대한 충성: 사람들은 자기 집단에 속한 이들에게 호의적인 한편, 다른 집단에 속한 이들을 피하려 한다.

(4) 권위에 대한 존경: 사람들은 자기보다 지위가 높은 이들을 존경하고 지위가 낮은 이들에게 예의를 갖추려 한다.

(5) 신성과 순결: 사람들은 신성과 순결을 떠받드는 한편, 세속과 음욕, 불결을 깎아내리려 한다.

도덕을 정의의 다른 이름이라 생각했다면 이러한 분류 체계가 낯설게 느껴질지 모른다. 흔히 도덕은 사회적 관계를 어떻게 공평하게 맺어야 하는가에 대한 지침으로 이해된다. 즉, 사람이 사람을 대하는 데 있어 어려운 이는 도와야 한다, 남에게 폐를 끼치면 안 된다, 의무를 저버리면 벌을 받아야 한다 등의 가르침이 곧 도덕이라는 것이다. 이는 하이트의 다섯 요소 가운데 (1) 돌봄과 위해, (2) 공명정대라는 두 요소만을 도덕으로 보는 관점이다. 둘 다 무고하고 힘없는 이들을 보호하려 한다는 점에서 넓은 의미의 정의를 추구한다. 그리스 신화에 나오는 법의 여신 디케Dike가 한 손에는 저울, 한 손에는 칼을 들고 눈을 두건으로 가린 채 공평무사한 정의를 실현하려고 애쓰는 모습은 도덕을 정의와 동일시하는 이러한 관점을 잘 반영한다.

하이트는 서구 사회에서는 처음 두 요소가 주로 강조되어 도덕을 정의와 등치시키는 경향이 강한 반면, 비서구 사회에서는 다섯 요소가 비교적 골고루 나타난다고 지적한다. 우리나라 같은 동양 사회에서는 집단에 대한 충성심이나 윗사람에 대한 공경, 아랫사람을 너그러이 이끄는 포용력, 성적 방종을 멀리하는 절제심 등이 한 사람의 도덕성을 판가름하는 중요한 잣대로 널리 받아들여진다. 이는 앞서 '유발된 문화'를 다루면서 살펴보았듯이, 보편적인 심리 기제들이 각기 처한 사회문화적 환경에 반응하여 구체적인 도덕심을 만들어 내기 때문이다. 예컨대 자기 집단에 대한 충성이 서양보다 동양에서 강조되는 까닭은 동양에서 전염성 병원균이 더 득세했다는 환경적 차이에서 찾을 수 있다이 장 뒷부분에서 좀 더 자세히 설명하겠다.. 이제 먼 옛날 초등학생 시절 썼던 공책 표지에 왜 "나라에 충성, 부모에 효도"라는 표어가 큼지막하게 박혀 있었는지 그 이유를 알 것 같다.

| 도덕의 진화적 계보 |

우리의 도덕심을 구성하는 다섯 요소는 제각각 깊은 진화적 토대로부터 비롯하였다. 첫째, 연약하고 불쌍한 이를 돌보아 주려 하는 마음은 혈연 이타성kin altruism 이론으로 일정 부분 설명된다. 아기의 변이 묻은 기저귀를 웃으면서 갈아 주는 어머니를 앞에서 예로 들었듯이, 상대방이 나와 가까운 피붙이일수록, 그리고 상대방이 워낙 어리고 연약해서 내 이타적 행동으로 얻을 이득이 그만큼 더 클수록 이타적 행동이 진화하기 쉽다. 고아를 입양해서 돌보는 가정처럼, 도움의 대상이 피붙이가 아닌 경우는 혈연 이타성 기제의 예기치 않은 부산물로 해석할 수 있다.

둘째, 은혜를 되갚으려 애쓰고 배은망덕한 자를 단죄하려는 마음은 로버트 트리버스Robert Trivers의 상호 이타성reciprocal altruism 이론으로 설명된다. 생일 선물을 안 주고 안 받기보다 서로 챙겨 주는 편이 여러모로 더 낫다. 이처럼 피를 나누지 않은 사이라도 서로 도움을 주고받는다면 협동적 행동이 진화할 수 있다. 트리버스는 이러한 상호 이타성이 여러 가지 도덕 감정들로서 우리의 마음속에 장착된다고 주장했다. 예컨대, 분노는 도움을 받기만 하고 되돌려 주지 않는 사기꾼과 더는 관계를 지속하지 않게끔 해 준다. 감사는 과거에 자신을 도와준 사람에게 보은하게 해 준다. 양심이나 죄책감은 부도덕한 행위가 탄로 날 위험에 처했거나 이미 탄로 났을 때 잘못을 공개하고 뉘우쳐 다시 관계를 맺게끔 해 준다이쯤 되면 세상에 이보다 더 냉소적인 과학 이론이 있을까 슬슬 궁금해진다..

셋째, 자기가 소속된 집단에 충성하며 외부인을 몰아내려는 마음은 면역계가 적응하지 못한 다른 지역의 병원균에 대한 심리적 방어로 설명된다. "오~ 필승 코리아!"를 외치며 우리 축구 국가 대표팀을 열심히 응원하는 와중에 옆에 앉은 한국인이 뜬금없이 일본 대표팀을 응원한다고 하자. 우리는 이를 단순한 개인적인 취향의 문제가 아니라 그 사람이 마땅히 지켜야 할 도리를 저버린 것으로 간주하고 분노한다. 앞서 살펴보았듯이 이러한 자민족 중심주의와 집단주의적 사고는 외부인에 따라 들어올지 모를 병원체를 피하기 위해 진화한 것이다.

넷째, 아랫사람은 윗사람에게 복종하고 윗사람은 아랫사람을 잘 이끌려는 마음은 동물계에 흔히 있는 우열 순위제로 설명된다. 인간을 포함한 고등 영장류에서 우열 순위가 정해지는 데는 단순한 힘과 몸집보다는 지략과 정보가 더 중요함이 잘 알려져 있다. 직장의 고위 간부와 면담하기 전에 옷매무시를 바르게 하는 행동은 서열이 낮은 침팬지 수컷이 우두머리에게 절을 하고 심지어 발에 키스하는 행동과 큰 차이가 없다.

다섯째, 신성과 청결을 찬양하는 한편 음탕과 불결을 천시하는 마음은 전염성 병원균을 옮기는 매개체에 대한 방어로 설명된다. 신체 내부, 배설물, 고름, 난잡한 성관계 등에 대해 유발되는 혐오 감정은 흔히 도덕적 판단으로 이어진다. 냉동 닭과 성관계를 가진 민준의 행동에 대한 도덕적 판단처럼 말이다.

도덕의 주기율표를 이루는 각 요소의 진화적 계보를 추적했으니, 이 주기율표가 어떤 큰 그림을 그리는지 되짚어 보자. 하이트는 왜 서구 사회에서는 돌봄과 위해, 공명정대가 두드러지는 반면, 비서구 사회에서는 다섯 요소가 골고루 나타나는지 제대로 설명하지 못했다. 나는 그 해답을 앞서 소개한 한 연구에서 찾을 수 있다고 믿는다.

병원균이 많았던 지역일수록 집단주의 성향이 높음을 발견한 코리 핀처 등의 연구에서 보았듯이, 집단주의의 두 가지 특징은 첫째, 내집단과 외집단의 엄격한 차별과, 둘째, 권위와 전통에 대한 순응이다. 이들은 각각 도덕성의 셋째와 넷째 요소인 '자기 집단에 대한 충성'과 '권위에 대한 존경'에 대응한다. 요컨대, 극동아시아나 적도아프리카처럼 전염성 병원균이 많았던 지역에서는 집단주의가 발달함에 따라 도덕성의 셋째와 넷째 요소가 비교적 추운 유럽에 비해 더 두드러졌을 것이다. 청결과 순결을 중시하는 도덕성의 다섯째 요소도 마찬가지로 설명할 수 있다. 도덕성의 보편적인 심리 기제가 각각의 지역에 고유한 생태적, 문화적 환경에 알맞은 도덕심을 만들어 낸다는 명제가 다시 한 번 확인되는 셈이다.

음악은 왜 존재하는가

"짝짓기 예능 프로그램은 출연자들을

장기 자랑부터 시켜서 어색함을 씻는다.

한국 축구 국가 대표팀을 응원하며 부르는

「오 필승 코리아」는 전 국민을 끈끈하게 묶는다."

빙산에 부딪혀 서서히 침몰하는 타이타닉호. 사람들은 저마다 살기 위해 몸부림친다. 죽음의 공포가 엄습한 아수라장에서 담담히 음악을 들려주던 악사들도 마침내 서로의 행운을 빌며 뿔뿔이 흩어진다. 그러나 바이올리니스트 월리스 하틀리Wallace Hartley 는 그 자리에 남아 홀로 새로운 곡을 시작한다. 다른 악사들도 황망히 되돌아와서 함께 곡을 연주한다. 실제로 타이타닉호가 침몰하는 마지막 순간까지 연주되었다는 찬송가 338장 「내 주를 가까이 하게 함은Nearer my God to thee」의 바이올린 선율은 영화를 보는 이들에게 가슴 벅찬 감동을 안겨 주기에 모자람이 없다. "숨질 때 되도록 늘 찬송하면서 주께 더 나가기 원합니다."

어떻게 음악은 실존했던 연주자 하틀리로 하여금 자신의 유전자 따윈 저버리고 바이올린 연주에 전념하게 만들었을까? 사실, 음악이야말로 우리 인간이 생존과 번식 같은 저급한 목표를 넘어서는 고귀한 영혼을 지녔음을 보여 주는 증표가 아닐까? 음악은 고금을 막론하고 전 세계 모든 인간 문화권에서 발견된다. 음악은 결혼식, 장례식, 종교 의식, 운동, 가무 등등 거의 모든 문화 행사에 빠짐없이 들어간다. 음악은 듣는 이의 정서에 커다란 울림을 만들어 낸다. 사람들은 음악을 생산하고 소비하는 활동에 엄청난 시간과 돈을 아낌없이 투자한다.

음악은 인간 문화의 중추를 이루고 있지만, 정작 음악이 어떤 목적을 수행하기 위해 진화했는가는 거의 완벽한 미스터리다. 오늘날 우리에게 즐거움을 주는 다른 활동들, 예컨대 먹고 마시거나, 섹스하거나, 사기꾼을 벌하거나, 친구와 수다 떠는 일 등은 어떻게 그들이 생존과 번식을 높이는 데 이바지했는지 쉽게 짐작할 수 있다. 그러나 먹고 마시기만큼이나 인간의 보편적 특성인 음악은 그 진화적 기능을 짐작하기 어렵다. 이 문제로 고민한 다윈은 마침내 이렇게 선언했다. "음표를 만드는 능력이나 감상하는 능력 그 어느 것도 인류의 일상생활에 털끝만큼도 쓸모가 없으므로, 이들은 인간이 갖춘 능력들 가운데 가장 불가사의한 것으로 여겨져야 한다."

| 귀로 듣는 치즈케이크 |

어쩌면 음악은 애초부터 어떠한 진화적 기능도 없을지 모른다. 배꼽은 탯줄이라는 적응이 존재하다 보니 부수적으로 생긴 부산물일 뿐, 그 자체로는 아무런 기능도 없다. 음악도 언어나 운동 통

제, 서식처 선택 등의 다른 기능을 수행하기 위해 진화한 적응들의
부수 효과일지 모른다.

운동 통제를 예로 들어 보자. 숙련된 주방장이 감자나 당근을 리
드미컬하게 잘게 썰어 내는 모습, 어린아이의 그네 줄을 어른이 뒤
에서 밀고 당겨 주는 모습을 상상해 보라. 걷거나, 뛰거나, 썰거나,
파내는 것 같은 반복적인 행동에는 그 목표를 가장 효율적으로 달
성하게끔 해 주는 최적의 리듬이 존재한다. 이러한 리듬을 제대로
탔을 때 우리는 쾌락을 느낀다. 달리 말하면, 자연선택은 어떤 반
복적인 행동을 최적의 리듬으로 수행할 때 쾌락을 느끼게 함으로
써 우리가 계속 그 행동을 효율적으로 수행하게 한다. 이처럼 생활
속의 규칙적인 리듬으로부터 쾌락을 느끼게끔 우리의 마음이 설계
되었다 보니, 잘 정제된 음악을 들으면 훨씬 더 큰 쾌락에 빠져 허우
적댄다는 것이다.

여기서 진화심리학자 스티븐 핑커의 유명한(혹은 악명 높은) 명제가
나온다. 음악은 "귀로 듣는 치즈케이크auditory cheesecake"다. 우리는
잘 익은 과일의 단맛, 땅콩과 고기의 기름진 감촉, 시냇물의 시원함
으로부터 쾌락을 느끼는 신경 회로를 진화시켰다. 치즈케이크는 이
러한 쾌락 회로를 무한정 자극하여 어마어마한 쾌락을 경험하게끔
특수하게 제작된 인공물이다. 마찬가지로, 음악은 억양과 음조가
잘 어우러지는 담화나 규칙적이고 리드미컬한 운동 등에서 쾌락을
느끼도록 진화된 신경 회로를 무한정 자극하게끔 제작된 인공물이
다. 입으로 맛보는 치즈케이크를 폭식하는 행위가 생존과 번식에

도움이 되지 않듯이, 귀로 듣는 치즈케이크를 애써 만들거나 감상하는 행위도 생존과 번식에 별 도움이 되지 않는다.

| 음악의 진화적 기능 |

음악이 다른 목적을 위해 진화한 적응들로부터 나온 부산물에 불과하다는 핑커의 주장은 엄청난 논쟁을 불러일으켰다. 그는 순식간에 음악가와 음악학자들 사이에 공공의 적이 되었다. "언어나 시각, 사회적 추론 등에 견주어 보면, 음악이 갑자기 우리 종에서 사라진다 해도 우리의 일상생활은 사실상 전혀 달라지지 않을 것이다."와 같은 발언들은 핑커에 대한 반감을 낳기 충분했다. 그러면 이번에는 핑커와 달리 음악이 특정한 목적을 수행하게끔 자연선택에 의해 잘 설계된 적응이라는 가설들을 살펴보자. 이들이 핑커에 의해 추락한? 음악의 위상을 회복시켜 줄 수 있을까?

얼마 전 어느 의례적인 공식 행사에 청중으로 참석했다. 새로 몸담게 된 학교의 개교 기념식이었다고는 결코 말하지 않겠다. 그런 행사들이 으레 그렇듯이, 식순에 따라 단상에서 착착 진행되는 일련의 과정들은 별다른 흥미를 일으키지 못했고 조금씩 하품까지 새어 나왔다. 어느덧 마지막 순서에 이르렀다. 오케스트라가 귀에 익숙한 가곡을 장엄하게 연주하기 시작했다. 알고 보니 학교의 설립자께서 직접 작사하신 곡이란다. 아아, 그 곡은 부임한 지 겨우

두 달 된 신출내기마저 학교에 대한 무한한 자부심과 긍지를 느끼게 해 줄 만큼 감동적이었다.

위의 예에서 보듯이, 데이비드 슬론 윌슨 같은 과학자들은 음악이 한 집단 내 구성원들 간의 사회적 결속을 강화하는 기능을 한다고 제안하였다. 고된 행군 동안 합창하는 군가는 전우애를 불러일으킨다. 짝짓기 예능 프로그램은 출연자들을 장기 자랑부터 시켜서 어색함을 씻는다. 한국 축구 국가 대표팀을 응원하며 부르는 「오 필승 코리아」는 전 국민을 끈끈하게 묶는다. 윌슨은 음악 활동이 개인에게는 손해지만 집단 전체에 이득을 주기 때문에 자연선택되었다는 특유의 집단선택론을 내세운다.

그러나 진화의 역사를 통해 인간은 가까운 친족들로 이루어진 소규모 집단에서 주로 생활했음을 고려하면, 집단선택론은 자신의 친족을 도와줌으로써 자신의 유전자를 후대에 전수한다는 혈연선택론으로 재해석할 수 있다. 음악이 과연 사회적 결속을 강화하게끔 잘 설계된 적응인지를 증명하려면, 이 가설로부터 유도되는 예측을 검증하는 작업이 이루어져야 한다. 예컨대 어떤 집단은 음악 활동을 하게 하고 다른 집단은 카드 게임이나 시사 토론 같은 활동을 하게 한 다음에 과연 음악이 사회적 유대를 특히 더 높여 주는지를 살펴보는 것이다.

음악의 진화적 기능에 대한 두 번째 가설을 보기로 하자. 음악은 사슴의 큰 뿔이나 공작의 화려한 꼬리처럼, 남성이 자신의 우수한 유전적 형질을 과시하여 여성을 유혹하기 위한 구애 행동이라는 가설이다. 다윈은 새의 노랫소리가 짝을 유혹하는 역할을 한다는 것에 주목했다. 그는 인간의 노래도 이성에게 사랑이나 질투 같은 격정적인 정서 변화를 불러일으킴으로써 동일한 기능을 수행한다고 제안했다. 이 가설은 진화심리학자 제프리 밀러에 의해 최근 다시 큰 인기를 끌었다. 밀러에 따르면, 바캉스 시즌이 도래하면 난데없이 묵혀 둔 통기타를 꺼내 멋들어진 곡 연습에 몰두하는 모든 젊은 남성들은 이미 이 가설이 참이라는 사실을 알고 있다. 고루한 심리학자들만 이 평범한 진리를 모를 뿐이다. 밀러의 주장에 화답하듯이, 많은 뮤직비디오들이 천편일률적으로 젊고 매력적인 여성들에게 둘러싸인 남자가수가 자신의 능력수영장이 딸린 거대한 저택과 오픈카 등등을 통해을 은연중 과시하면서 노래하는 모습들로 채워진다.

세 번째 가설은 엄마가 울어 대는 갓난아기를 달래는 자장가로부터 음악이 기원했다고 주장한다. 언뜻 터무니없이 들릴지 모르겠다. 하지만 음악이 흐트러진 마음을 위로하고 엄마와의 유대를 강화시키는 기능을 한다는 이 가설은 엄마와 자식 간의 끈끈한 관계가 모든 문화권에서 공통이라는 점, 음악과 언어가 뇌신경 영역에서 매우 밀접하게 연결되어 있다는 점, 음악에 대한 관심이 아주 어릴 때부터 나타난다는 점 등에 의해 뒷받침된다. 흥미롭게도 인간을 제외한 그 어느 영장류 부모도 아기를 재울 때 자장가와 유사한 흥얼거림을 내지 않는다.

음악이 왜 존재하는가에 대한 가설은 무수히 제기되어 왔지만 아직까지 미스터리로 남아 있다. 몇몇 연구자들은 아예 음악의 진화적 기능을 묻기를 중단하고 다른 영장류와의 비교 연구나 유아의 심리에 대한 발달 연구를 통해 새로운 탈출구를 모색하자고 주장하기까지 한다. 음악이 진화적 적응임을 입증하고 싶어 하는 연구자들에게, 음악이 부산물에 불과하다고 보는 핑커의 주장은 귀찮고 성가시지만 결국에는 알찬 결실을 가져다주는 채찍질이 될 것이다.

스무 번째 연장

종교는 피할 수 없는 부대 비용

"무엇이 멀쩡한 대학생들로 하여금

길거리에서 도를 전파하게 하며,

무엇이 대학까지 마친 팔레스타인 청년들로 하여금

자살폭탄 테러를 감행하게 하는 것일까?"

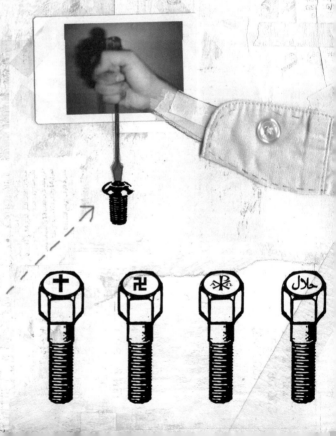

멧돼지가 코를 여기저기 쑤셔 대면서 열심히 땅을 파헤치고 있다. 놀랄 일은 아니다. 먹이를 찾고 있음이 분명하니까. 하지만, 그 멧돼지가 땅을 뒤지다 느닷없이 뛰어올라 3회전 공중제비를 돈다면, 우리는 이 비상한 행동을 어떻게든 설명하려 애쓸 것이다. 멧돼지는 왜 손실만 가져올 뿐 아무런 이득이 없어 보이는 공중제비를 넘을까?

물론 공중제비를 도는 멧돼지 따윈 없다. 그러나 화성인 생물학자가 지구를 방문한다면, 공중제비와 다름없는 기이한 현상을 바로 우리 종에서 발견하고 눈이 휘둥그레질 것이다. 바로 종교다. 진화적인 시각에서 보면 종교가 존재해서는 안 될 이유는 차고 넘친다. 종교 활동에는 물질적인 희생헌금하지 않는다 하더라도, 기도하는 데 걸리는 시간 비용, 정서적 비용천국에 대한 기대와 지옥불에 대한 두려움, 그리고 인지적 부담아기가 태어나자마자 일곱 발짝을 걸었다는 등의 반직관적인 믿음이 어마어마하게 든다. 반면에 종교가 주는 번식상의 이득은 당최 뚜렷하지 않다.

빌 게이츠Bill Gates가 한마디로 정리한다. "시간 자원을 어떻게 배분하는지로 따져 봐도, 종교는 별로 효율적이지 않죠. 일요일 오전에 내가 달리 할 수 있는 일은 훨씬 더 많습니다."

문제는 "별로 효율적이지 않은" 종교가 시대와 장소를 막론하고 모든 사회에 존재한다는 것이다. 어느 사회에서든지 신, 마귀, 천사, 귀신, 혼령, 도깨비, 조상신, 마녀, 요정 같은 초자연적 행위자 supernatural agent에 의해 지배되는 반사실적 세계counterfactual world에 대한 믿음과 열정적인 헌신이 나타난다. 왜 그러한 믿음이 존재할까? 무엇이 멀쩡한 대학생들로 하여금 길거리에서 도를 전파하게 하며, 대학까지 마친 팔레스타인 청년들로 하여금 자살폭탄 테러를 감행하게 하는 것일까?

| 적응에 올라탄 부산물 |

앞서 얘기한 내용을 복습해 보자. 자연선택에 의해 어떤 기능을 수행하게끔 정교하게 설계된 적응과 다른 적응에 부수적으로 연계된 부산물을 구별해야 한다고 했다. 탯줄은 태아에게 영양분을 공급하게끔 설계된 적응이다. 배꼽은 탯줄이 끊어지고 아문 흔적이므로 탯줄이라는 적응의 부산물이다. 배꼽은 우리 조상이 먼 길을 여행할 때 하나씩 까먹는 심심풀이 땅콩을 저장하기 위한 적응이 아니다.

많은 진화심리학자들은 종교는 하나의 진화적 적응이 아니라, 다른 보편적인 심리적 적응들에 우연히 딸린 부산물이라 본다. 요컨대 종교 본능은 없다. 종교 활동만을 담당하는 뇌 부위가 따로 존재하지도 않는다. 종교인의 인지 기능은 비종교인의 그것과 털 끝 하나도 다르지 않다. 그렇다면, 종교는 어떠한 심리적 적응에 결부된 부산물일까? 여러 적응이 제안되었지만, 행위자 탐지agent detection와 민간 심리folkpsychology를 우선 살펴보기로 하자.

당신은 아무도 없는 어두컴컴한 숲 속을 혼자 걷고 있다. 갑자기 빠지직 나뭇가지 부러지는 소리가 들린다. 썩은 나뭇가지가 저절로 부러진 걸까, 아니면 무서운 호랑이나 악당이 몰래 내 뒤를 밟다가 나뭇가지를 부러뜨린 걸까?

불확실한 상황에서는 행위자, 즉 자발적인 의지에 따라 행동하는 동물/인간의 존재를 일단 가정하는 편이 생존과 번식에 더 유리했다. 호랑이인 줄 알고 냅다 줄행랑을 쳤는데, 알고 보니 그냥 저절로 난 소리였다고 하자. 가슴을 한 번 쓸어내리면 그만이지 크게 손해를 보지는 않았다. 알고 보니 정말로 호랑이 때문에 난 소리였다면, 하나뿐인 목숨을 건진 것이다. 요컨대 종종 애매모호한 상황에 부닥쳤던 우리의 조상은 포식자나 맞수가 자신에게 끼칠지도 모르는 위험에 발 빠르게 대처하기 위해 행위자가 있다고 우선 믿어 버리는 성향을 진화시켰다. 이러한 행위자 탐지 적응 때문에 우리는 구름 속에서 사람 얼굴을 보고, 바람 소리에서 사람 목소리를 듣고, 잉크 얼룩에서 파란만장한 드라마를 발견한다.

종교를 파생시킨 또 다른 적응으로서, 타인의 행동으로부터 우리가 직접 만지거나 볼 수 없는 타인의 마음을 유추해 내는 민간 심리 능력이 있다. 예컨대 갑돌이가 물컵을 들고서 벌컥벌컥 물을 마시는 장면을 상상해 보자. 우리는 갑돌이의 신체 움직임을 볼 뿐이다. 하지만 사회성 동물로 진화한 우리는 갈증을 해소하려는 갑돌이의 '욕망'과 물을 입안에 넣으면 갈증이 해소되리라는 갑돌이의 '믿음'을 이 장면으로부터 자동으로 읽어 낸다. 눈에 보이는 몸으로부터 눈에 보이지 않는 마음을 읽는 능력을 일단 얻게 되었다면, 굳이 몸에 얽매이지 않고 홀로 존재하는 마음을 상상하기란 그리 어렵지 않다.

| 최소한도로 반직관적인 믿음 |

불투명한 단서로부터 내게 해를 끼치려는 의도를 지닌 행위자의 존재를 다짜고짜 가정하는 성향은 사악하고 지능적인 악령, 그리고 이로부터 사람들을 지켜 주는 자비로운 신에 대한 관념으로 자연스레 이어진다. 9/11 사태 때 세계 무역 센터 건물에 피어오른 연기 속에서 악마의 형상이 나타났다는 뉴스를 되새겨 보라. 초자연적인 행위자에 대한 관념은 유기체와 사물에 대한 우리의 직관적인 기대를 뒤엎기 때문에 흥미로울 뿐만 아니라 오래 기억된다. 중요한 점은 '깡그리' 뒤엎지 말고 '살짝' 뒤엎어야 한다는 점이다.

인지심리학자 파스칼 보이어Pascal Boyer에 따르면, 사람들은 아주 약간만 낯설고 이상한 것에 가장 관심이 가고 더 잘 기억한다. 반면에 시시하도록 정상적인 것이나 현실과 너무 동떨어져 이해하기 어려울 만큼 이상한 것은 제대로 기억하거나 전파하지 못한다. 단단한 벽돌은 따분하다. 수다 떠는 벽돌은 흥미롭다. 곁눈질하며 시들어 가는 벽돌은 대체 무슨 말인지도 모르겠다. 한 연구는 참여자들에게 미국 원주민 설화를 들려주고 나서 일주일 후에 그 속에 담긴 내용을 얼마나 잘 기억하는지 조사하였다. 참여자들은 '최소한도로 반직관적인minimally counterintuitive' 항목들은 92퍼센트나 기억했지만 직관적인 항목들은 71퍼센트만 기억하였다.

신이 인간에 대한 직관적인 기대를 아주 살짝 뒤엎는 초자연적인 행위자기 때문에 잘 기억되고 전파된다는 이론은 한 가지 재미있는 예측을 한다. 각각의 종교가 지닌 교리에 따라 사람들이 자신들의 신에 대해 품는 관념이 천차만별일 것으로 생각되겠지만, 실제로는 전혀 그렇지 않다. 기독교든, 불교든, 도교든 어떤 종교를 따르든지 간에, 사람들은 자신의 신을 사람은 사람인데 단지 몇 가지 비상한 특질을 더 갖춘 사람으로 인식할 것이다.

실제로 미국의 기독교인과 인도의 힌두교인들을 조사한 연구에서 참여자들은 모두 각자의 신이 전지전능하다고 답했다. 그렇지만 그와 동시에 참여자들은 내면의 고민을 신에게 전달하기 위해 기도라는 수고로운 행위가 필요하다고 암묵적으로 가정하고 있었다. 불교의 교리는 부처님이 신이 아니라고 가르치지만, 석가탄신일이면 불자들의 갖가지 소원이 적힌 연등이 머리 위로 빼곡하게 매달린다. 우리나라의 불자들도 의인화한 신의 관념을 마찬가지로 지니고 있다는 증거가 아닐까.

반사실적인 세계에 대한 믿음이 어떻게 때로는 생명까지 내던지는 종교적 헌신을 낳을까? 보이어는 '우리'와 '너희'를 엄격히 구별하여 내 집단을 챙기고 다른 집단을 배척하는 동맹 심리coalitional psychology가 종교적 헌신을 부수적으로 낳는다고 주장한다. 여러 집단이 각기 다른 종교를 가졌다고 하자. 타 집단에 속한 사람들에게는 우리 집단이 그토록 신성시하는 종교적 교리가 한낱 허무맹랑한 소리로 들릴 뿐이다. 결국, 특정한 종교는 특정한 집단을 구별하는 이름표로 기능을 하게 되고, 자신의 충성심을 입증하려는 열렬한 헌신을 낳는다.

둘리는 초능력을 지닌 아기 공룡이므로 아기 공룡에 대한 우리의 기대를 살짝 거스른다. 어떤 의미에서 아이들은 둘리에 빠져들수밖에 없다. 종교가 행위자 탐지, 민간 심리, 동맹 심리 등의 여러 진화적 적응들에 딸린 부산물이라고 보는 관점은, 마찬가지로, 인간이 종교에 쉽게 빠져드는 동물임을 암시한다. 무신론을 지키기는 어렵고 종교에 귀의하기는 쉽다.

무신론자에게 그나마 위안이 되는 소식은 이렇다. 어떠한 종교든지 자신의 교리가 다른 종교들에 비해서 본질적으로 우월하다고 주장할 근거는 없다. 또한, 종교가 번성하게 된 까닭은 초자연적인 신이나 사건이 실제로 존재하거나 일어났기 때문이 아니다. 종교는 자연선택이 인간의 마음을 세속적인 생존과 번식상의 문제들을 해결하게끔 설계하다 보니 어쩔 수 없이 떠안아야 했던 부대 비용이었다. 인터넷 쇼핑몰의 배송비가 사라지지 않듯, 인류 역사가 계속되는 한 종교 역시 사라지지 않을 것이다.

동성애는 어떻게 설명하죠?

"다음 세대에 유전자를 남기기 위해서는

반드시 암수가 만나 짝짓기를 해야 한다. 그런데

왜 이성이 아니라 동성에게 성적으로 끌리는 사람들이

적은 빈도로나마 꾸준히 존재하는 것일까?"

내 지도교수였던 진화심리학자 데이비드 버스는 토론 수업 도중에 동성애라는 주제가 튀어나오면 종종 이렇게 말하곤 했다. "내가 짝짓기 심리에 대해 지금껏 수없이 대중강연을 했는데, 끝나고 나면 반드시 객석에서 이런 질문이 나온다네. '그럼 동성애는 어떻게 설명할 수 있죠?'라고." 짝짓기는 내 연구 관심사가 아니었기 때문에 물론 짝짓기 자체에 대한 개인적 관심은 남들 못지않다. 당시에는 버스 교수님의 이야기를 들으면서 '내가 나중에 저런 질문을 받을 일은 거의 없겠구나.'라고 속으로 생각했다. 하지만 웬걸, 귀국하고 나서 종종 진화심리학을 소개하는 강연을 할 때 우리 대중들이 가장 흔히 묻는 질문도 바로 동성애에 관한 것이었다.

자신의 실제 경험을 바탕으로 고교생 게이 소년들의 첫사랑을 담은 영화 「소년, 소년을 만나다」를 만든 남성 동성애자 김조광수 감독은 한 인터뷰에서 학창 시절 다른 친구들이 이성에 눈떠 도색잡지를 구하려 세운상가를 어슬렁거릴 때 자신은 같은 반 남학생을 향한 사랑의 열병을 앓았다고 고백하고 있다. 다음 세대에 유전자를 남기기 위해서는 반드시 암수가 만나 짝짓기를 해야 한다. 그런데 왜 이성이 아니라 동성에게 성적으로 끌리는 사람들이 적은 빈도로나마 꾸준히 존재하는 것일까? 이러한 동성애가 언제나 사람들 사이에 뜨거운 논쟁을 몰고 오는 까닭은 물론 동성애가 지닌 윤리적, 종교적 함의 때문일 것이다. 동성애에 대한 사회적 인식이 달라지고 있다고는 하지만 동성애를 죄로 규정짓는 보수 종교 단체들로 인해 여전히 동성애를 둘러싸고 많은 사회적 갈등들이 생겨나고 있다.

그러나 순수한 과학적 관점에서 보더라도 동성애는 뜨거운 이슈다. 첫째, 동성애를 만드는 데 부분적으로 관여하는 유전적 토대가 실제로 존재하는 듯하다. 예컨대 동성애자의 친형제자매가 동성애자일 가능성은 이성애자의 형제자매가 동성애자일 가능성보다 더 높다는 연구 결과들이 나와 있다. 또한 유전자를 100퍼센트 공유하는 일란성 쌍둥이가 모두 동성애자일 가능성은 유전자를 50퍼센트만 공유하는 이란성 쌍둥이가 모두 동성애자일 가능성보다 더 높다는 연구 결과도 있다.

둘째, 현대 서구 사회에서 남녀 동성애자들은 실제로 이성애자들보다 더 적은 수의 자식들을 길러 낸다는 것이 확인되었다동성애자의 상당수는 양성애자, 즉 자의에 의해서건 타의에 의해서건 이성과도 성관계를 맺는 사람들이다. 물론 오직 동성만 고집하는 배타적인 동성애자도 소수로 존재한다.

셋째, 동성애자가 현대 서구 사회에서 차지하는 빈도는 대략

1~10퍼센트로 보고되는데, 이는 동성애를 그냥 자연적으로 생기는 해로운 돌연변이로 치부하기에는 너무나 높은 수치다. 갑작스레 수해를 당해서 물이 집 안으로 마구 흘러 들어오고 있다고 상상해 보자. 여러분은 바가지를 동원해 미친 듯이 집 바깥으로 물을 퍼낸다. 그러면 들어오는 물의 양과 나가는 물의 양은 이를테면 여러분 발목까지 차오르는 수준에서 균형을 유지할 것이다. 마찬가지로, 어떤 해로운 돌연변이가 자연적으로 계속 생긴다면 자연선택이 이를 줄기차게 제거해도 이 돌연변이는 개체군 내에 극히 낮은 빈도로 꾸준히 존재하게 된다. 문제는 동성애를 이렇게 설명하기에는 1~10퍼센트라는 동성애의 빈도가 터무니없이 높다는 것이다. 어떻게 자식 수를 크게 감소시키는 유전적 성향이 자연선택에 의해 축출당하지 않고 버젓이 남아 있는 것일까? 동성애를 설명하는 주요한 가설들을 살펴보자.

| 친절한 남자와 헤픈 여자 |

경제학자 에드워드 밀러Edward Miller가 제안한 '친절한 남자 가설 nice-guy hypothesis'은 동성애 성향을 만드는 유전자들이 이성애자 몸 안에서 번식상의 이점을 주기 때문에 동성애가 유지된다고 주장한다. 동성애자인 배우 홍석천이나 영화 「터미네이터」의 여전사 린다 해밀턴의 경우에서 보듯이, 남성 동성애자는 남성 이성애자보다 대개 더 여성적이고, 여성 동성애자는 여성 이성애자보다 더 남성적이라는 것이 여러 연구에서 확인되었다. 밀러는 이성애자들이 자신이 속한 성의 전형적인 특성보다 오히려 상대 성의 특성을 살짝 드러냄으로써 이성의 관심을 끌 수 있다고 주장한다.

실제로 여성들은 마냥 거칠고 우락부락한 마초맨보다는 캔커피 CF에나 나올 법한 부드럽고 친절한 남성을 결혼 상대로 더 선호한다는 연구 결과들이 대단히 많다. 남성의 외모만 놓고 보더라도, 여성들은 배우 최민수처럼 남성적이고 강렬한 외모보다는 강동원처럼 여성적이고 나긋나긋한 외모를 대개 더 선호한다. 종종 중성적인 얼굴 하나를 컴퓨터로 변형시킴으로써 왼쪽 끝에 100퍼센트 남성적인 얼굴이 있고 오른쪽으로 갈수록 여성성이 조금씩 증가하여 오른쪽 끝에는 100퍼센트 여성적인 얼굴이 있는 스펙트럼을 수업 시간에 보여 주고 학생들에게 선호도를 묻곤 한다. 100퍼센트 남성적인 얼굴이 가장 매력적이라고 답한 여학생은 지금껏 단 한 명도 보지 못했다!

반면에 남성들이 하늘하늘하고 여성적인 여성보다 개그우먼 조혜련처럼 근육이 울퉁불퉁하고 걸걸한 여성을 결혼 상대로 선호한다고는 생각하기 어렵다. 그러나 남성적인 특성의 하나인, 하룻밤의 성관계에 쉽게 응하는 성향이 강한 여성은 분명 다른 여성들보다 더 많은 성관계 상대를 갖게 될 것이다.

밀러는 대다수 이성애자가 이처럼 상대 성의 특성에 해당하는 유전자들을 적당히 지님으로써 높은 번식 성공도를 누린다고 본다. 그런데 극소수 남성들의 경우 '친절한 남성'을 만드는 유전자들을 너무 많이 물려받은 나머지 두뇌가 아예 남성에게 성적으로 끌리게끔 발달한다는 것이다. 마찬가지로 극소수 여성들은 '거칠고 헤픈 여성'을 만드는 유전자를 너무 많이 물려받아서 레즈비언으로 발달한다. 요약하면 동성애 지향은 일반적으로 짝짓기 능력을 증진시키는 '친절한 남성' 혹은 '거칠고 헤픈 여성' 유전자들이 가끔씩 너무 많이 한 사람에게 집중되어 생겨나는 부산물이다.

이 가설을 검증하기 위한 연구들은 서로 엇갈린 결과를 내놓고 있다. 진화심리학자 브렌든 지트시Brendan Zietsch와 그 동료들은 오스트레일리아의 쌍둥이 4,904명을 대상으로 무기명 설문 조사를 실시하였다. 가설이 예측하는 대로, 남성적인 여성과 여성적인 남성은 동성애자가 될 가능성이 더 높았다. 또한 이들이 만일 이성애자라면, 이들은 남들보다 더 많은 성관계 상대를 경험하는 경향이 있었다. 그러나 쌍둥이가 아니라 친형제를 조사한 다른 연구는 가설을 입증하는 데 실패했다. 동성애 형제를 둔 이성애 남성들이 이성애 형제를 둔 이성애 남성들보다 특별히 더 번식에 유리하지는 않음이 밝혀졌다. '친절한 남자 가설'이 과연 정교한 이론적 논박과 실험적 검증을 견디고 널리 채택될지는 좀 더 두고 보아야 할 것 같다.

| 혈연 이타성 가설 |

1975년 사회생물학자 에드워드 윌슨이 그의 저서『사회생물학』에서 제안한 '혈연 이타성 가설kin altruism hypothesis'은 동성애를 설명하는 가설 가운데 가장 널리 알려져 있다. 윌슨의 전공 분야인 개미 사회에서는 자기가 직접 번식을 하는 대신 자신과 유전자를 공유하는 어린 동생이나 조카들을 돌봄으로써 간접적으로 유전자를 후대에 남기는 불임성 일개미 계급이 존재한다. 윌슨은 동성애자들이 인간 사회의 '불임성 일꾼 계급sterile worker caste'에 해당한다고 제안했다. 동성애를 만드는 유전자가 동성애자 자신에게는 손실을 가져다주지만, 유전자를 일정 부분 공유하는 혈연들을 돌보아 줌으로써 혈연들에게 더 큰 이득을 가져다주기 때문에 개체군 내에 계속 유지된다는 것이다.

정신 나간 헛소리로 들리는가? 사실, 윌슨은 자녀 돌보기 행동의 진화를 18쪽에 걸쳐 설명하면서 동성애에도 같은 논리가 적용될 수 있으리라 추측하는 단락을 짧게 곁다리로 집어넣었다. 이로 인해 스티븐 제이 굴드Steven J. Gould나 리처드 르원틴Richard Lewontin 같은 사회생물학 비판자들은 동성애에 대한 윌슨의 제안을 사회생물학을 때리는 좋은 먹잇감으로 삼았다. 사회생물학자들은 동성애를 설명하는 그럴듯한 이야기를 지어 낸 다음에 어떠한 실험적 증거도 없이 확고 불변한 과학적 정설로 채택한다는 것이다.

물론 이러한 비판은 터무니없다. 윌슨쯤 되는 대가가 제안한 가설이라면 굳이 다른 학자들로부터 검증받을 필요도 없다고 생각하는 과학자는 어디에도 없다. 혈연 이타성 가설의 경우, 다른 학자들의 검증을 통해 이 가설에 심각한 개념적, 실험적 문제점이 있다는 것이 노출되었다. 자연선택이 자신은 번식하지 않는 대신 피붙이를 도와줌으로써 간접적으로 유전자를 남기는 불임성 일꾼 계급을 인간 종에 만들고자 했다면, 왜 굳이 동성에 대한 성적 욕망을 그 일꾼 계급에 거추장스럽게 집어넣었을까? 그냥 쿨하게 번식에는 전혀 관심을 두지 않고 오직 어린 동생이나 조카들을 돌보는 일에만 몰두하는 일꾼 계급을 설계했어야 하지 않았을까?

정신의학자 데이비드 바브로David Bobrow와 심리학자 마이클 베일리Michael Bailey는 과연 동성애자들이 이성애자들보다 가까운 혈연에게 더 많이 투자하는지 실제로 확인했다. 이들은 나이, 학력 등이 유사한 동성애자 남성과 이성애자 남성의 표본 집단을 대상으로 혈연에 대한 정서적인 친밀감이나 어린 조카에게 선물이나 용돈을 기꺼이 주는 의향 등을 설문 조사했는데 그 결과, 동성애자들이 이성애자들보다 결코 혈연에게 자원을 더 많이 투자하지는 않는다는 사실이 확인되었다. 심지어 남성 동성애자들은 이성애자들보다 가족들, 특히 아버지와 사이가 더 나쁘기까지 했다. 이렇게 놓고 보면, 동성애를 설명하는 혈연 이타성 가설은 기각되었다고 봐도 좋을 듯하다.

| 성적으로 상반된 선택 |

아프리카산 조류인 긴꼬리천인조Long-tailed widowbird에서는 꼬리가 긴 수컷이 암컷의 사랑을 독차지한다. 암컷을 많이 거느린다는 번식상의 이점이 꼬리가 너무 길어 하늘을 날기 어렵다는 손실을 충분히 보상해 주기 때문에 수컷의 꼬리는 대단히 길게 진화할 것이다. 반면에, 암컷의 꼬리 길이는 하늘을 날기에 알맞은 수준에서 더 이상 길어지지 않을 것이다. 한 긴꼬리천인조에게 긴 꼬리가 좋을지 짧은 꼬리가 좋을지는 그가 수컷이냐 암컷이냐에 달렸다. 긴 꼬리를 지정하는 유전자가 수컷의 몸 안에 있으면 수컷에게 횡재를 안겨 주지만, 그 유전자가 암컷의 몸 안에 있으면 암컷에게 재앙을 몰고 온다.

이처럼 어떤 유전자가 다음 세대에 더 널리 퍼질지 혹은 줄어들지 여부가 유전자가 들어 있는 개체의 성에 따라 달라지는 현상을 '성적으로 상반된 선택sexually antagonistic selection'이라고 한다. 많은 경우 유전자는 자기가 속한 개체가 수컷이라면 수컷에 맞는 형질을, 암컷이라면 암컷에 맞는 형질을 센스 있게 발현시킴으로써 이 곤란한 상황을 해결한다. 남성과 여성이 거의 동일한 유전체를 지니고 있어도 키나 외모, 성격 등이 평균적으로 매우 다른 것도 이 때문이다. 그러나 개체의 성에 맞추어 두 가지 형질을 척척 만들지 못하는 꽉 막힌 유전자들도 있다. 이들 가운데 일부는 한 성에는 고스란히 손해만 끼치지만 다른 성에 들어갔을 때 그만큼 더 큰 이득을 가져다주는 덕분에 개체군에 계속 남아 있기도 한다.

진화심리학자 안드레아 캄페리오-시아니Andrea Camperio-Ciani와 동료들은 X 염색체에 위치한 게이 유전자가 남성에게는 손실을 끼치지만 여성에게 이를 상쇄하는 번식상의 이득을 주기 때문에 계속 유지된다고 주장하였다. 이들 연구팀은 게이 유전자가 과연 어떻게 여성에게 도움을 줄지에 대해서는 딱 부러진 대답을 내놓지 않았다여성을 훨씬 더 새침하고 여성스럽게 만들어서 남성들의 시선을 사로잡게 만들 것 같다고 추측해 본다..

어쨌든 이 가설의 미덕은 명쾌한 예측을 선사한다는 점이다. 가설이 맞다면, 동성애 남성 A의 외가 여성 어른A의 어머니 혹은 이모이 낳은 자식 수는 이성애 남성 B의 외가 여성 어른이 낳은 자식 수보다 많아야 한다. 왜 그럴까? A는 남성이니 아버지로부터 Y 염색체를 받았고 따라서 무조건 어머니로부터 게이 유전자를 포함한 X 염색체를 물려받았다. 이제 게이 유전자가 과연 여성의 번식을 높여 주는지 확인하려면 게이 유전자를 가질 확률이 100퍼센트인 A의 어머니를, 확률 0퍼센트인 이성애 남성 B의 어머니와 비교하면 된다. 게이 유전자를 가질 확률이 75퍼센트인 A의 이모를 확률 0퍼센트인 B의 이모와 비교해도 마찬가지다. 아들은 아버지로부터 Y 염색체를 받음을 되새겨 보면, 이 가설이 A의 친가 여성 어른예컨대 고모이 낳은 자식 수는 B의 친가 여성 어른이 낳은 자식 수와 다르지 않으리라고 예측한다는 것도 알 수 있다. 이탈리아에 거주하는 98명의 동성애 남성과 100명의 이성애 남성들의 가족력을 조사한 결과, 캄페리오-시아니 연구팀은 이 예측들이 잘 맞아떨어짐을 확인하여 학계의 비상한 관심을 끌었다.

'성적으로 상반된 선택'이 동성애 유전자를 개체군에 계속 유지시킨다고 주장하는 이 가설은 형을 많이 둔 남성일수록 동성애자로 자라나기 쉽다는 '모성 면역 가설maternal immunity hypothesis'과 사실 잘 어울리는 한 쌍이다. 아들을 임신한 산모는 태아가 자신의 성적 지향을 정하는 데 관여하는 H-Y 항원 단백질에 노출된다. 산모의 면역계는 이를 저지하는 항체를 만들고, 아들을 많이 임신할수록 이 항체가 산모의 몸에 축적된다. 결국 모성 면역 가설에 따르면 형을 많이 둔 남자아이일수록 엄마 뱃속에 있을 적 받은 항체 때문에 장차 여성에게 성적인 흥미를 별로 못 느끼게끔 자라날 가능성이 높다. 형을 몇이나 두었는가가 실제로 동성애를 만드는 유력한 요인 가운데 하나임이 여러 연구들을 통해 입증되었다. 참고로, 어떤 여성에게 언니나 오빠가 몇 명인가는 레즈비언으로 자라나는데 아무런 영향을 끼치지 않는다는 것도 확인되었다.

왜 성적으로 상반된 선택 가설이 모성 면역 가설과 잘 어울리는 한 쌍일까? 앞에서 언급했듯이 동성애를 어떻게 설명하느냐는 질문을 강연 후 청중들로부터 종종 받는다. 솔직히 고백하건대, 시간 관계상 나는 주로 모성 면역 가설만 간단히 요약해서 설명을 드린다질문한 사람들도 대부분 만족스러워한다!. 그러나 모성 면역 가설은 남성 동성애가 한 사람의 일생을 통해 '어떻게' 만들어지는가를 설명하는 가설이지 '왜' 동성애를 만드는 유전자가 수백만 년의 시간 동안 자연선택에 의해 제거되지 않고 여전히 남아 있는가를 설명하는 가설은 아니다. 달리 말하면, 동성애가 정말로 번식에 해로운 영향만 끼치는 형질이라면, 남자 태아의 '정상적인' 성적 지향 발달을 억제하는 항체의 공격에 어떤 식으로든 반기를 드는 형질이 남자 태아의 몸속에서 바로 진화했을 것이다.

모성 면역 가설이 '어떻게'에 답하는 생리적 가설이라면 성적으로 상반된 선택 가설은 '왜'에 답하는 진화적 가설이다. 두 가설 모두 동성애 남성의 어머니가 자식을 많이 둘 것이라고 입을 모아 예측한다. 캄페리오-시아니의 후속 연구에서 조사된 동성애 남성들이 모두 97명의 형을 둔 반면 누나는 69명에 불과했다는 사실도 두 가설이 서로 상호 보완적인 관계임을 암시한다.

| 다른 가능성은? |

캄페리오-시아니는 그의 논문에서 (1) 동성애자의 모계 혈연 수와 (2) 형의 수라는 두 요인을 종합해도 어떤 남성이 동성애자일지 이성애자일지 예측할 수 있는 정도는 약 20퍼센트에 불과하다고 인정했다. 다시 말하면 나머지 80퍼센트 정도의 설명 요인이 무엇인지는 여전히 빈칸으로 남아 있는 것이다. 진화인류학자 그레고리 코크란Gregory Cochran은 동성애가 병원균에 의해 전파되는 일종의 전염병이라고 제안한다. 도시 남성은 농촌 남성보다 동성애자가 될 가능성이 거의 세 배나 되며, 전통적인 수렵-채집 사회에서는 동성애가 거의 발견되지 않는다고 코크란은 지적한다. 불행히도 동성애의 유발 원인을 전염성 병원균에서 찾는 이 가설은 동성애 혐오론자들에게 악용당할 가능성이 너무 큰 탓인지 여러 학술지에서 논문 심사조차 거부당하고 말았다.

　동성애를 진화적으로 설명하고자 하는 시도들은 최근 들어 더욱 활발해지고 있으며 적지 않은 과학적 성취를 이룩했다. 동성애가 전염병일 가능성까지 포함하여, 그 어떤 가설이라도 편견 없이 철저히 검증되기를 기대한다.

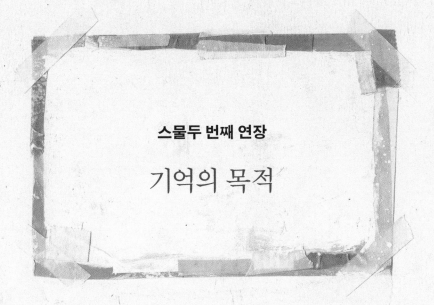

스물두 번째 연장

기억의 목적

"기억 저장소에서 어떤 단어가 얼마나 빨리

인출되는가는 과거에 그 단어를 얼마나 자주

마주쳤는가에 달렸다."

몇 년 전 여름휴가를 설악산에서 보냈다. 그때 막 17개월에 접어든 아이를 달래 가며 간신히 가족 여행을 다녀왔다고 하니, 다들 한마디씩 던졌다. "아기들은 어차피 나중에 기억도 못하는데 헛고생만 했구먼!" 어떤 분은 딸이 4살 때 함께 외국 여행을 다녀왔는데 딸이 전혀 기억을 못하더란다. 딸이 거짓말하는 것 같아서 여행지에서 함께 찍은 기념사진을 내밀었더니, 딸이 대체 이 계집애는 누구냐며 벌컥 화를 냈다고 한다.

　사람들은 대개 어른이 되고 나면 만 3살 반 이전에 일어난 일은 전혀 기억하지 못한다. 그냥 머리가 아직 여물지 않아서 그런 것 아니냐고 생각할지 모르지만, 문제는 그리 간단치 않다. 만 3살 된 아이들에게 몇 달 전에 있었던 일, 이를테면 생일날 누구와 어디에 갔었는지 물어보라. 유아들의 장기 기억이 놀랄 만큼 정확함을 알 수 있다.

　왜 유아들은 기억 저장소에 이미 잘 보관해 놓은 기억들을 정작 어른이 되고 나면 본체만체하는 것일까? 유아 기억 상실증infantile amnesia이라고 불리는 이러한 현상은 기억이라는 친숙한 심리 능력에 대해 정작 우리가 아는 바는 그다지 많지 않음을 잘 드러낸다. 왜 종종 열쇠 꾸러미를 어디에 두었는지 잊어버릴까? 왜 빌 게이츠처럼 너무나 유명한 사람의 이름이 종종 혀끝에서만 맴돌아 당황하게 되는 걸까?

인간의 기억을 최초로 연구한 독일의 심리학자 헤르만 에빙하우스Herman Ebbinghaus는 PUX, ZAT, RIQ처럼 아무 뜻이 없는 철자들을 만들어 기억 실험의 자극으로 사용했다. 의미 있는 철자들인 RAT, SEX, CAT 등을 자극으로 사용하면 단어 이해나 정서적 반응을 담당하는 다른 능력도 덩달아 활성화할 수 있으므로, 이러한 오염을 막고 순수하게 기억 능력만 살펴보기 위해서였다. 그럴듯한 가정으로 들리는가? 별로 문제가 없다고 여겨진다면, 이 점을 생각해 보자. 우리의 기억 능력이 어떠한 목적을 달성하게끔 진화했건 간에, 적어도 무의미 철자들을 기억하기 위해 진화한 것은 결코 아니라고 장담할 수 있다. 문자 언어는 '고작' 5,000여 년 전 수메르인들에 의해 발명되었으며 이는 진화의 척도로 보면 순식간에 불과하기 때문이다.

기억을 연구할 때 무의미 철자들이 얼마나 오랫동안 잘 저장되어 인출되는지 측정하는 것은 마치 휴대 전화기를 연구한답시고 전화기가 현재 시각을 얼마나 정확히 알려 주는지 따져 보는 것과 같다. 휴대 전화기가 돌아다니면서 전화를 걸고 받게끔 설계되었음을 안다면, 왜 숫자 자판이 전면에 크게 부착되어 있는지, 왜 한 손으로 잡기 좋은 크기인지 등을 단번에 이해할 수 있다. 마찬가지로, 기억에 대해서도 그 기능을 물음으로써 언뜻 이해하기 어려운 기억의 여러 가지 특성들을 쉽게 이해할 수 있을 것이다. 기억은 어떤 목적을 수행하게끔 진화했는가?

| 기억은 의사 결정을 뒷받침하게끔 설계되었다 |

당신은 대형 서점에서 도서를 정리하고 진열하는 업무를 맡고 있다. 오늘도 서점에는 소설, 인문서, 자기 계발서, 사전, 잡지, 과학서, 경영서, 대학 교재, 외국 도서, 전자책 등 온갖 종류의 책들이 시시각각 들어오고 나간다. 이 엄청난 책의 홍수 속에서 어떤 책을 어디에 보관하는 게 가장 효과적일까? 두말할 필요 없이, 중요한 판단 기준 가운데 하나는 손님들이 자주 찾는 대박 상품들을 눈에 제일 잘 띄는 곳에 두고서 바로바로 건네주는 것이다. 그리고 기술 용어 사전이나 비영어권 도서처럼 잘 안 팔리는 책들은 구석에 보관하다가 손님이 간혹 요청하면 꺼내 주면 된다. 손님들이 자주 찾는 책은 가까이에 있는 좋은 자리에 진열하고, 드물게 찾는 책은 멀리 귀퉁이에 진열한다.

인지심리학자인 존 앤더슨John Anderson은 도서관이나 서점에서 정보를 저장하고 인출할 때 적용되는 원리가 우리의 기억에도 적용된다고 주장했다. 예컨대 어떤 단어가 얼마나 빨리 인출되는가는 과거에 그 단어를 얼마나 자주 마주쳤는가에 달렸다는 것이다. 박근혜나 스마트폰과 같이 자주 접하는 단어들은 빠르게 인출되는 반면, 송승복텔런트 송승헌의 본명이나 쫀드기옛날 과자의 일종처럼 드물게 접하는 단어들은 느리고 부정확하게 인출된다. 이처럼 우리의 기억은 일상생활에서 어떤 정보가 더 유용한가에 맞추어서 효율적으로 정보를 저장하고 인출하는 복잡 정교한 체계이다. 앤더슨의 이론을 적용하면 어떤 친숙한 단어가 혀끝에서만 맴돌 뿐 입 밖으로 튀어나오지 않아 때때로 곤란을 겪는 현상을 쉽게 이해할 수 있다. 찬찬히 되짚어 보면, 마음속으로는 친숙한 단어일지라도 최근 상당 기간 그 단어를 입 밖에 낸 적이 별로 없는 경우가 많다.

그렇다면, 기억이라는 이 복잡한 체계는 무슨 목적을 달성하도록 진화했을까? 앤더슨의 주장을 바탕으로 심리학자 스탠 클라인Stan Klein과 그 동료는 기억의 목적을 제안하였다. 기억은 배우자 선택, 주거지 선택, 포식동물 회피, 병원균 회피 등등 우리의 진화적 조상이 수렵-채집 생활을 하면서 시시각각 내려야 했던 수많은 결정을 뒷받침하기 위해 예전에 비축해 둔 정보들을 추가로 활용하게끔 진화하였다. 즉, 지금 당장 여기서 얻을 수 있는 정보들에만 기대기보다, 이와 유사한 상황에서 활용했던 과거의 정보들도 끄집어내어 더 빠르고 정확한 의사 결정을 돕기 위함이라는 것이다.

| 기억은 영역 특이적이다 |

클라인의 이론은 중요하다. 기억은 하나의 단일한 체계라는 그 동안의 시각을 뒤엎고, 과거의 정보를 활용해 각기 다른 의사 결정들을 지원하는 여러 체계의 느슨한 집합임을 주장하기 때문이다. 배우자의 부정을 나타내는 단서에 대해 질투로 반응하는 의사 결정을 예로 들어 보자. 질투의 성차를 연구한 진화심리학자들에 따르면, 인간의 조상 남성들은 혹시나 자기 집의 아기가 내 유전적 자식이 아니라 옆집 남자의 자식일지도 모른다는 부성 불확실성의 문제를 풀어야 했다. 따라서 배우자의 성적 부정에 관한 한 여성보다 남성이 더 민감하게 반응하고, 배우자의 정서적 부정에 관한 한 남성보다 여성이 더 민감하게 반응하게끔 진화했다.

독일의 두 인지심리학자는 이러한 질투의 성차가 배우자의 부정을 암시하는 단서들을 기억하는 데에도 영향을 끼치는지 조사했다. 실험 참여자들에게 애인과 데이트하는 시나리오를 들려주되, 그 시나리오 안에 정서적 부정을 암시하는 단서들"그/그녀는 더는 당신의 사랑 고백에 별 반응을 보이지 않는다.", "당신과의 대화 도중에 다른 이성의 이름이 언급되는 걸 꺼린다."과 성적 부정을 암시하는 단서들"그/그녀는 요즘 당신과의 성관계를 피한다.", "그/그녀는 당신과의 성관계로부터 별로 만족을 느끼지 못한다."을 5개씩 집어넣었다. 일주일 후 참여자들을 다시 불러 조사했다. 예측대로, 남성들은 성적 부정을 암시하는 단서들을 더 많이 기억했지만 여성들은 정서적 부정을 암시하는 단서들을 더 많이 기억했다. 요컨대,

일반적인 기억이란 없다. 배우자의 부정에 관련된 기억, 서식처 선택에 관련된 기억, 사기꾼 탐지에 관련된 기억 등등처럼 영역 특이적domain-specific인 기억들이 존재할 뿐이다.

우리가 아득한 과거에 수렵-채집 생활을 하던 진화적 조상의 생존과 번식을 좌우했던 문제들에 관련된 정보들을 특히 더 잘 기억하게끔 진화했다는 통찰은 단순한 지적 유희에서 머물지 않는다. 어떤 항목들에 대한 기억력을 효과적으로 증진하는 방안을 찾는 데 실질적인 도움을 줄 수 있다옆에 수험생이나 학부모들이 있다면 당장 이 책을 코앞에 들이미시라.. 인지심리학자 제임스 나이른James Nairne과 그 동료는 서로 무관한 단어들의 목록을 기억해야 할 때, 이 단어들을 생존 가능성에 직접 관련된 시나리오를 가정해 기억하는 것이 흔히 쓰이는 다른 기억력 증진 기법들 ― 시각적인 이미지를 만들거나, 각 단어의 첫음절만 따서 기억하거나, 과거의 개인적인 경험에 비추어 기억하는 기법 등등 ― 보다 더 효과적임을 입증했다. 즉, 실험 참여자들에게 문, 자동차, 선생님, 아파트, 축구, 양말, 독수리, 에메랄드, 플루트, 위스키, 손가락, 숙모, 책, 탄소, 산, 고추, 곰 등등의 목록을 보여 준 다음에 한쪽 참여자 집단에는 무인도에서 조난당했을 때 먹을 것과 피신처를 구하는 데 각 항목이 얼마나 도움이 되는지를 평가하게 했다. 다른 참여자 집단에는 각 항목이 새로운 도시로 이사하여 정착하는 데 얼마나 도움이 될지, 혹은 각 항목을 개인적으로 얼마나 좋아하는지 평가하게 했다. 나이른은 생존 시나리오를 바탕으로 목록을 처리한 사람들의 기억 능력이 가장 월등함을 발견했다.

    기억에 대한 진화적 탐구는 이제 막 걸음마를 시작했다. 이를테면 지나치게 생존만 강조한 나이른의 접근에 다소 아쉬움이 느껴진다. 실험 참여자가 젊은 남녀들일 경우, 단어의 목록을 암기할 때 각 항목이 이성 친구를 유혹하는 데 얼마나 도움이 되는가를 평가하게 하면, 각 항목이 무인도에서 살아남는 데 얼마나 도움이 되는가를 평가하게 하는 것보다 암기력이 더 높아지지 않을까? 어쨌든, 기억의 진화적 기능을 염두에 둠으로써 기억을 더 온전하게 이해하게 될 날이 머지않았음을 기억해 주시길 바란다.

스물세 번째 연장

저출산의 진화심리학

"과거에 비해 자원이 훨씬 풍부한 현대 산업 사회를

사는 사람들이 왜 자식 수를 늘리기는커녕

자발적으로 줄이는 걸까?"

몇 년 전, "차범근 감독의 대국민 사기 행각"이라는 제목을 단 웃긴 사진이 인터넷에서 화제가 되었다. 1970년대에 정부에서 산아제한을 홍보하고자 당시 최고의 축구 스타였던 차범근을 등장시킨 광고였는데, 사진 속에서 부인과 나란히 갓 태어난 장녀 차하나를 안고 있는 젊은 차범근은 활짝 웃으면서 "하나만 더 낳고 그만두겠어요."라고 말하고 있었다. 그런데 약속을 깨고 나중에 차두리, 차세찌 등 자식을 둘이나 더 낳았으니 결과적으로 사기가 아니냐는 유머였다.

　1960~1970년대 우리나라의 가족계획 정책은 인구 억제에 초점이 맞춰져 있었다. "덮어놓고 낳다 보면 거지꼴을 못 면한다.", "하나씩만 낳아도 삼천리는 초만원" 등등 표어들도 살벌했다. 누구나 알다시피, 시대는 완전히 뒤바뀌었다. 오늘날 우리 사회에서는 저출산 현상이 심각한 사회 문제로 부각되고 있다. 정부는 "아빠! 혼자는 싫어요. 엄마! 저도 동생을 갖고 싶어요." 같은 표어들을 내세

우며 출산율을 높이려 안간힘을 쓰고 있지만, 2009년에 1.15라는 기록적인 수치로 OECD 최저 수준을 찍은 한국의 출산율은 좀처럼 상승할 기미가 보이지 않는다. 남녀가 만나서 자식을 낳으므로 출산율이 적어도 2보다는 커야 총 인구가 간신히 줄어들지 않음을 감안하면, 총 인구를 감소시키는 현재의 저조한 출산율은 참으로 심각한 재앙이다. 물론, 유아기 사망률 등을 고려하면 출산율이 2.2를 넘어야 총 인구는 현 상태를 유지할 수 있다. 2.2 미만의 출산율을 '대체 수준 미만의 출산율below replacement fertility'이라 한다.

언뜻 생각하면, 1970년대 정부가 추진한 가족계획 정책이 지나치게 성공적이었던 탓에 오늘날 우리나라만 저출산의 늪에 빠졌다고 한탄할지 모른다. 그러나 출산율의 하락은 19세기 후반부터 현재까지 전 세계의 모든 산업화된 국가에서 공통적으로 나타나고 있다. 이른바 '인구학적 추이demographic transition'라고 불리는 이 대규모 변동은 19세기 초 프랑스에서 시작하여 19세기 말 유럽 전 지역, 북아메리카, 오스트레일리아 등으로 확대되었고, 20세기 후반에는 아시아의 대부분, 중남미, 중동, 아프리카의 일부 지역으로 이어졌다. '인구학적 추이'의 또 다른 특징은 어느 한 사회의 전체적인 출산율 감소는 주로 부유층에 속한 사람들의 출산율이 폭락하기 때문이라는 것이다. 그 결과, 과거 농경 사회에서는 부유층일수록 자식들을 더 많이 두었지만, 현대 산업 사회에서는 재산과 자식 수 사이에 아무런 상관관계가 없거나 심지어 반비례하기까지 한다.

과거에 비해 자원이 훨씬 더 풍부한 현대 산업 사회를 사는 사람들이 왜 자식 수를 늘리기는커녕 자발적으로 줄이는 걸까? 틈만 나면 인간은 번식을 최대화하는 방향으로 행동한다고 부르짖는 진화 이론가들에게 현대의 저출산 현상은 그야말로 치명적인 난제라고 할 수 있지 않을까? 저출산 현상을 설명하는 진화적 가설들을 살펴보자.

| 먼 과거의 환경과 진화적으로 생소한 환경 사이의 부조화 |

현대의 저출산에 대한 진화적 가설 가운데 하나는 오랜 시간에 걸쳐 형성된 인간의 심리적 적응이 전혀 새로운 현대의 환경과 만나면서 출산율을 비정상적으로 하락시켰다고 해석한다. 인간의 마음은 인간 종의 진화적 과거의 98퍼센트 이상을 차지하는 수렵-채집 생활에서 직면했던 여러 가지 현실적 문제들을 잘 해결하게끔 설계되었다. 따라서 과거의 수렵-채집 사회에서 이성을 성공적으로 유혹할 수 있었던 사람들은 원하든 원하지 않든 자식을 여럿 두었을 것이다. 그런데, 진화적으로 극히 최근에야 생긴 현대 산업 사회에서는 출산을 억제하는 각종 피임 도구들을 누구나 쉽게 약국이나 편의점에서 구할 수 있다. 결국 현대에 들어 성관계 횟수와 자식 수 사이의 정비례 관계가 사라지는 바람에, 사람들이 성적 쾌락은 즐기되 부담스런 출산과 양육은 기피할 수 있게 되었다는 가설이다.

이 가설을 뒷받침하는 증거로서, 사회생물학자 다니엘 페뤼세 Daniel Pérusse는 캐나다의 부유층 남성들이 다른 남성들에 비해 자식 수는 별 차이가 없지만 성관계만큼은 훨씬 더 많이 가진다는 사실을 발견하였다. 즉, 피임 기구가 없었다면 오늘날에도 부유층 사람들은 빈곤층 사람들보다 더 많은 자식들을 두었으리라 짐작할수 있다. 여자친구를 쉴 새 없이 갈아 치우는 것으로 유명한 야구 선수 데릭 지터Derek Jeter나 축구 선수 크리스티아누 호날두Cristiano Ronaldo는 우리가 진화해 온 먼 과거라면 벌써 수십 명의 자식들을 거느렸을 것이다!

부조화 가설은 상당히 설득력 있게 들리지만, 몇 가지 심각한 문제점을 지니고 있다. 첫째, 출산율의 급락은 19세기 초 프랑스에서 처음 시작되었는데, 이때는 효과적인 피임 기구가 널리 대중화되기 한참 이전이다. 게다가 현재 아프리카의 여러 나라에서는 피임 기구를 쉽게 구할 수 있음에도 불구하고 저출산 현상이 아직 나타나지 않고 있다. 둘째, 이 가설은 대체 왜 현대에 들어서 효과적인 피임 기구가 새로이 발명되어 사람들에게 큰 인기를 끌었는지, 그리고 왜 하필이면 부유한 계층으로부터 특히 더 사랑을 받았는지에 대한 근본적인 설명을 제공해 주지 못한다.

| 더 많은 부모의 투자가 요구되는 현대의 환경에서의 적응적 산물 |

　자식을 적게 낳게 하는 유전자가 자식을 많이 낳게 하는 다른 유
전자보다 다음 세대로 더 잘 전파될 수도 있다는 말은 얼핏 터무니
없이 들린다. 그러나, 곰곰이 생각해 보면 무작정 자식들을 많이 낳
는 것이 반드시 현명한 방책이지는 않다"덮어놓고 낳다 보면 거지꼴을 못 면
한다.". 명태가 낳는 그 수많은 알들 가운데 살아남는 알은 극소수이
고 절대 다수는 허망하게 명란젓이 되어 우리의 식탁에 오르지 않
는가. 즉, 자식 수 그 자체가 중요한 게 아니라 별 탈 없이 어른으로
성장하는 자식 수가 진화적으로 더 중요하다. 이런 논리를 계속 밀
고 가다 보면, 손주나 증손주, 고손주 등등 가능한 한 먼 미래에 얻
는 자손들의 수를 늘리는 데 궁극적으로 도움이 되는 전략이 진정
한 의미에서 적응적인 전략임을 알 수 있다. 부실한 자식들만 쓸데
없이 많이 낳아서 결국 손주는 한 명도 보지 못하는 부모보다, 똑
똑한 외동자식을 잘 키워 내서 결국 손주를 여럿 보는 부모가 진화
적으로 선택된다.

　배울 지식도 많지 않았고 직업 선택의 폭도 적었던 과거의 농경
사회와 달리, 현대의 경쟁적인 시장 경제 사회에서는 오랜 기간 학
교에서 다양한 지식이나 기술을 습득함으로써 나중에 큰 경제적
부를 얻을 수 있다. 이처럼 각 가정이 자녀의 경쟁력 확보를 위한 경
쟁에 발 벗고 나서면서 한 자녀에게 부모가 투자하는 자원량이 급
등함에 따라, 결국 자식 수를 희생하면서 우수한 자식을 한두 명

길러 내는 전략이 현대의 환경에서는 적응적이라고 많은 진화생태학자들이 이야기한다.

요컨대, 과거에는 한 자녀에게 자원을 지나치게 많이 투자할 까닭이 없었다. 자녀가 나중에 농부나 대장장이 등이 되어 벌어들일 수입은 어차피 비슷하므로 손자 수의 증대에는 크게 영향을 끼치지 않았다. 그러나, 지식이나 기술에 기반한 현대 산업 사회에서는 한 자녀에게 자원을 많이 투자하면 할수록 그 자녀가 향후 엄청난 연봉을 받을 가능성은 점점 더 높아진다. 빚을 내서라도 자녀를 국내 대학교보다 미국의 유명 대학교에 유학시키는 편이 손주 수나 증손주 수의 증대에 더 도움이 되는 셈이다.

장차 노동 시장에서 다른 경쟁자들을 제압할 수 있는 내 자식의 경쟁력 확보가 중요해지면서 질 높은 자식을 한두 명만 길러 내는 전략이 채택되었다는 이러한 가설은 오늘날 한 사회 내에서 부유층의 출산율이 다른 계층의 출산율보다 확연히 더 낮은 현상도 잘 설명해 준다. 부유층 가정은 다른 중산층이나 빈곤층에 속한 가정과 경쟁하지 않는다. 같은 부유층에 속한 가정과 경쟁할 뿐이다. 따라서, 신생아를 한 명 더 낳기로 결정했을 때 주관적으로 느끼는 경제적인 곤란함의 정도는 부유층에서 더 심할 것이므로, 결과적으로 부유층의 출산율이 유독 더 낮아진다는 것이다. 실제로 영국의 진화생태학자인 D. W. 로손D. W. Lawson과 R. 메이스R. Mace는 자식을 하나 더 낳았을 때 어머니들이 새로 느끼게 되는 경제적 곤란함은 중류층이나 하류층이 아니라 상류층에서 가장 심하다는 사실을 발견했다.

　요약하면, 19세기 후반 이후 전 세계 각국에서 나타나는 저출산 현상은 진화 이론에 배치되지 않는다. 아직 진화학자들 사이에서 폭넓은 합의가 이루어진 것은 아니지만, 저출산 현상이 높은 부모 투자가 요구되는 현대 사회에서의 적응적 산물이라는 가설은 오늘날 여러 학자들의 관심을 끌면서 활발히 연구되고 있다. 진화적 시각은 심각한 저출산 문제를 풀고자 노력하고 있는 우리나라에도 큰 도움을 주리라 믿는다.

인간의 가장 가까운 친구

"반려동물은 어떻게 인간의 마음을 조작해서

유전적 친자식이 아니라 엉뚱하게

개나 고양이에게 사랑을 쏟게 할까?"

2010년 초, 우리나라 신문들은 어느 반려동물에 대한 기사를 하나 실었다. 하토야마 유키오 일본 총리가 전해에 숨진 애견 '알피 arufi'의 묘를 도쿄 시내 사저에 조성했다는 소식이었다. 하토야마 총리가 자민당을 탈당한 1996년에 태어난 알피는 주인과 고락을 함께하다 주인의 총리 취임식 당일에 숨을 거두었다. 총리가 되면 알피도 총리 공관에 데려가리라고 공언했던 하토야마 덕분에 예비 '퍼스트 독 first dog'으로 불렸던 알피는 죽어서도 그 이름을 세계에 알렸다.

주인이 현직 총리다 보니 외신으로까지 전해졌을 뿐, 누가 애견의 무덤을 만들었다는 사건은 사실 뉴스 축에도 끼지 못한다. 전 세계 어디서나 사람들은 개와 고양이 같은 반려동물을 애지중지 돌본다. 동물에게 사람 이름을 붙여 주고, 매년 생일을 챙겨 주고, 죽으면 양지 바른 곳에 고이 묻어 준다. 한낱 동물이 아니라 어엿한 한 식구라고 여기며 실제로도 그렇게 대접하는 것이다. 반려동물에 투입되는 경제적 비용도 만만치 않다. 할인 매장에서 반려동물을 위한 음식이나 의복, 샴푸 등이 진열된 반려용품 판매대를 한 번 둘러보라. 2008년 한국의 반려용품 시장 규모가 무려 2조 원에 달했다는 통계 수치가 결코 과장이 아님을 알 수 있을 것이다.

반려동물의 천국이라는 미국은 그 애호 정도가 다소 지나친 듯하다. 반려동물에게 명품 브랜드 옷을 사 입히는가 하면, 아픈 동물을 위해 막대한 돈을 들여서 신장 이식 수술을 해 주기도 한다. 반려동물과 함께하는 미국 여성의 절반 정도는 남편이나 자식들보다 집에서 기르는 개나 고양이에게 애정을 더 느낀다고 답했다.

인간은 왜 이토록 반려동물을 정성스레 키우는 걸까? 많은 사람이 "그야 뻔하지! 말티즈나 푸들, 시베리안 허스키 같은 강아지들이 너무너무 깜찍하고 귀여우니까 그렇지."라고 응수할 것이다. 맞는 말이다. 하지만, 이는 '왜why'가 아니라 '어떻게how'에 대한 설명에 해당한다. 왜 우리는 반려동물에 대해, 이를테면 두려워하거나 냉대하기는커녕, 귀여워하는 반응을 보이는 걸까?

진화적인 관점에서 보면 반려동물에 대한 우리의 애착은 쉽게 설명하기 어렵다. 나와 같은 종에 속하는 자식이나 부모, 배우자, 형제자매에 대한 애착이 궁극적으로 그러한 애착 행동을 만드는 내 유전자가 잘 전파되는 데 이바지하리라는 것은 바로 이해가 간다. 그러나 다른 종에 속하는 개체에 귀중한 시간과 자원을 퍼붓고 끈끈한 정서적 유대를 형성함으로써 도대체 어떤 진화적 이득을 누릴 수 있단 말인가?

| 인간과 반려동물의 아름다운 상생? |

벚나무의 잎자루를 가만히 들여다보자. 잎자루에 난 작은 혹 2개에 종종 단물이 이슬처럼 맺혀 있다. 이 단물은 벚나무를 부지런히 오르내리며 진딧물 같은 해충들을 쫓아내 주는 개미에게 벚나무가 선사하는 사은품이다. 개미는 벚나무를 보호하고, 벚나무는 개미에게 단물을 제공한다. 이처럼 두 생물 종이 번식상의 이득을 서로 주고받게끔 공진화한 관계를 상리 공생相利共生, mutualism이라 한다.

수의학자 제임스 서펠James Serpell을 비롯한 몇몇 학자들은 인간과 반려동물의 관계도 상리 공생에 해당한다고 주장했다. 과연 그럴까? 반려동물이야 물론 인간으로부터 엄청난 도움을 받지만, 인간은 작고 무력한 반려동물로부터 별로 도움을 받을 여지가 없어 보인다. 이러한 추측과 달리, 많은 연구가 반려동물을 기르면 육체적, 정신적 건강이 미약하나마 향상됨을 보고했다. 반려동물을 소유한 사람들은 그렇지 않은 사람들에 비하여 콜레스테롤도 낮고 고혈압에도 덜 시달린다. 심장 질환을 이겨 내고 생존할 확률도 더 높다. 그뿐만 아니라, 반려동물을 키우면 일상생활에서 받는 정신적 스트레스도 더 잘 이겨 낼 수 있다. 반려동물이 주는 이러한 긍정적인 효과가 밝혀지자, 미국의 몇몇 양로원에서는 노인들이 반려동물을 키우는 것을 허용하거나 심지어 장려하는 정책이 새로 시행되었다.

반려동물을 키우는 사람들은 아마도 상리 공생 가설이 마음에

쪽 들 것이다. 하지만, 이 가설에는 짚고 넘어갈 사항이 있다. 첫째, 인간이 얻는 건강상의 이득이 인간이 반려동물을 기르면서 치르는 적지 않은 비용을 능가할 만큼 큰지는 아직 밝혀지지 않았다. 고혈압이나 심장병은 장년층이나 노년층에 주로 발병한다. 이 연령대는 어차피 인간의 번식이 벌써 끝났거나 거의 끝나 가는 시기여서 반려동물을 돌보는 심리적 성향이 자연선택의 낙점을 받는 데 그다지 큰 영향력을 행사하지 못한다.

둘째, 반려동물을 기르면 약간의 건강상 이득을 얻기 때문에 우리가 반려동물을 키우게끔 진화했다는 설명은 여전히 불충분하다. 팥 없는 찐빵이요, 유재석 없는 무한도전이다. 왜 반려동물을 기르면 정신적 스트레스에 더 잘 대처하게끔 우리의 몸과 마음이 설계되었는지마저 설명할 수 있어야 비로소 찐빵에 팥소가 맛있게 채워진다.

| 부모의 자애를 반려동물이 일방적으로 착취? |

인간이 반려동물로부터 건강상의 이득을 얻더라도, 그 이득이 반려동물을 먹이고 재워 주고 종종 물어 뜯김까지 감수하는 비용보다 적다면 인간은 반려동물과의 거래에서 결국 적자를 보는 셈이다. 생물학자들은 두 종 사이의 공진화에서 한 종은 이득을 얻지만 다른 종은 손해를 보는 관계를 기생parasitism이라 부른다. 예를 들어 뻐꾸기는 개개비 둥지에 몰래 알을 낳고 달아나서 개개비로 하여금 자기 새끼의 육아를 떠넘긴다. 딱정벌레의 일종인 반날개 애벌레는 아예 개미 군락 안에서 살면서 일개미들로부터 먹이를 받아먹고 수시로 몸단장까지 받는다.

강아지나 아기 고양이라면 깜빡 넘어갈 정도로 좋아하는 독자라면 이제부터 마음을 단단히 잡숫고 이야기를 들으셔야겠다. 진화심리학자인 존 아처John Archer는 인간과 반려동물의 관계도 기생 관계라고 본다. 뻐꾸기 새끼가 개개비 어미로부터 먹이와 안식처를 뜯어내듯이, 반려동물도 인간의 정서적 반응, 특히 자식을 향한 부모의 절절한 사랑을 착취하여 음식과 보금자리를 얻어 낸다. 요컨대 진화적인 관점에서 보면 반려동물도 세균이나 바이러스, 곰팡이, 기생충처럼 인간에게 빌붙어 사는 군식구이자 기생체라는 것이다. 물론 반려동물이 인간을 착취한다는 말은 마치 공포 영화에서처럼 반려동물이 주인을 해치려는 어떤 음험한 의도를 숨기고 있다는 뜻은 아니다. 자식을 양육한다는 기능을 수행하게끔 진화한 인간의 정서 기제가 뜻하지 않게 반려동물의 번식 성공을 높여주면서 인간에게는 번식상의 손실을 끼침을 의미할 뿐이다.

반려동물은 어떻게 인간의 마음을 조작해서 인간으로 하여금 유전적 친자식이 아니라 엉뚱하게 개나 고양이의 자식에게 사랑을 쏟게 할까? 뻐꾸기라는 기생체가 개개비 숙주를 어떻게 조종하는지 살펴보면 이 문제를 푸는 단서를 얻을 수 있다. 둥지가 터질 정도로 엄청나게 자란 뻐꾸기 새끼에게 아주 작은 개개비 어미가 힘

겹게 먹이를 물어다 주는 사진을 본 적이 있을 것이다. 언뜻 보면 자신과 전혀 안 닮았고 몸집도 몇 배나 더 큰 뻐꾸기 새끼를 자기 새끼로 오인하는 개개비가 어리석게만 보인다.

개개비는 사실 "내 둥지 안에서 입을 떡 벌린 부리를 발견하면 그 안에 먹이를 집어넣어라."고 지시하는 행동 규칙에 따른 것뿐이다. 개개비의 진화 역사에서 '내 둥지 안에서 입을 벌린 부리'라는 단순한 자극은 거의 항상 '배고픔을 호소하는 내 친자식'을 의미했다. 따라서 이런 중요한 자극에 대해서는 골치 아프게 이것저것 따지지 말고 먹이를 주는 적응적 행동을 무조건 취하는 편이 개개비의 유전자가 전파되는 데 더 유리했다. 특정한 자극에 반응하여 적응적 행동을 무조건 실행하는 개개비의 특성을 뻐꾸기가 요긴하게 써먹는 것이다.

그래도 여전히 개개비는 참으로 어리석어 보인다. 위대한 곤충학자 윌리엄 휠러William Wheeler는 기생체에 속수무책으로 당하는 숙주의 행동을 위와 같이 설명하면서 이렇게 말했다. "만일 우리도 마찬가지로 행동한다면 우리는 이상한 나라의 앨리스를 방불케 하는 세상을 경험할 것이다. 집 안에서 호저, 악어, 바닷가재 등을 금이야 옥이야 키우며 식사 시간이면 그들과 함께 식탁에 둘러앉아 음식을 한 숟갈 한 숟갈 떠먹여 준다. 이 와중에 정작 우리의 친자식들은 방치되어 굶어 죽거나 보기 흉한 꼽추로 자라날 것이다." 눈치를 채셨겠지만, 이 문장에서 '호저, 악어, 바닷가재' 대신 개와 고양이를 집어넣고 동물에 대한 애착의 강도를 조금 낮추면 오늘날 흔한 가정집 풍경과 크게 다를 바 없다.

개개비 어미와 마찬가지로, 인간 부모도 유아의 신체적 특성에 자동적으로 반응하여 자녀를 아끼고 돌보는 행동을 취한다. 아기의 볼록한 이마, 옆으로 처진 큰 눈, 토실토실한 뺨, 짧고 두툼한 팔다리, 뒤뚱거리는 걸음걸이에 부모는 "아이, 귀여워!"라는 탄성을 지른다. 동물행동학자 콘라트 로렌츠Konrad Lorenz는 아기의 이러한 신체적 특성이 대다수 조류와 포유류의 새끼들에서도 나타나기 때문에 인간은 뜬금없이 병아리나 맷돼지 새끼, 사자 새끼도 귀여워한다고 지적했다. 게다가 인간은 야생 늑대와 들고양이를 길들이면서 인간이 귀엽다고 여기는 신체적 특성들을 확대, 증폭시켰다. 페키니즈 같은 반려견들은 어른이 되어서도 인간이나 강아지의 전형적인 특성을 그대로 지니고 있기 때문에 사람들의 사랑을 받는다.

개개비 어미가 뻐꾸기의 떡 벌린 부리에 반응하여 먹이를 물어다 주듯이, 우리가 인간 유아를 닮은 반려동물의 생김새에 자동적으로 반응하여 반려동물을 먹이고 재워 준다는 가설은 많은 사람의 심기를 불편하게 만든다. "그런 어처구니없는 설명이 어디 있어!" 하면서 그냥 무시하기보다는, 이 가설이 예측하는 대로 사람들 사이에 인기 있는 반려견 품종이 인간 유아의 전형적인 특성을 다른 종들보다 정말로 더 많이 지니는지 차분히 검증하는 작업이 더 바람직하지 않을까? 강아지나 아기 고양이의 행복을 위해서도 말이다.

스물다섯 번째 연장

우리는 왜 스포츠에
열광하는가

"인간은 수백만 년 동안 스포츠를 해 왔지만,

스포츠의 진화적 연구는 이제 막 경기 시작을

알리는 휘슬이 불렸다."

2014년 브라질 월드컵이 얼마 남지 않았다. 4년마다 전 세계가 축구의 열기로 한껏 달아오른다. 곧 우리나라도 태극 전사들의 선전을 기원하는 함성이 거리마다 넘칠 것이다. 김연아의 우아한 피겨 스케이팅에 온 국민이 감동의 눈물을 흘리고, 1982년에 시작한 프로 야구는 벌써 누적 관중 1억 명을 돌파했다고 한다.

인간은 스포츠에 별스러운 관심과 열정을 퍼붓는다. 흔히 스포츠가 원초적인 본능을 마음껏 발산하는 행위로 여겨진다는 사실을 고려하면, 우리가 왜 스포츠를 사랑하는가에 대해서는 이미 많은 진화심리학자들이 이런저런 설명들을 내놓았을 것 같다. 하지만 놀랍게도, 실상은 그렇지 않다. 스포츠의 진화적 토대를 탐구한 논문 수는 손으로 꼽을 수 있을 정도로 적다. 예컨대 예술, 음악, 종교, 문학, 유머 등등 인간 고유의 영역들을 진화심리학의 눈으로 일일이 분석한 스티븐 핑커의 672쪽 역작 『마음은 어떻게 작동하는가』에서 스포츠는 언급조차 되지 않는다.

물론, 스포츠 심리에 대한 진화적 연구가 드물다는 사실이 이 연구 주제가 사소하다거나 별로 중요하지 않음을 뜻하진 않는다. 그 반대다. 왜 사람들은 생존이나 번식에는 전혀 무관한 것처럼 보이는 공놀이나 싸움질, 혹은 뜀박질에 귀중한 시간과 에너지를 투입하는 것일까? 어느 편이 상대편 골에 공을 발로 차서 더 많이 집어넣는지 구경하기 위해 굳이 밤을 새우며 광장에서 떠들썩하게 응원해야 하는 걸까? 축구 대표팀이 월드컵에서 우승하면 세금을 절반만 걷는 것도 아닌 마당에, 그 시간에 영어 단어라도 하나 더 외우는 편이 각자에게 더 이롭지 않겠는가?

| 스포츠는 인간 문화가 발명한 구애 의식 |

스포츠라면 축구나 야구, 육상, 태권도, 레슬링처럼 인기 있고 대중적인 경기들을 떠올리기 쉽다. 우리는 이들을 워낙 자주 접해 온 나머지, 다른 문화권의 사람들에게는 축구나 야구가 참으로 괴상하고 낯선 스포츠로 비추어질 가능성을 선뜻 받아들이기 어렵다.

아프가니스탄인들에게는 축구만큼 친숙한, 아프가니스탄의 국기國技인 부즈카시buzkashi를 살펴보자. 폴로와 유사한 이 경기는 넓은 초원에서 말을 탄 경기자들이 최대 1,000명까지 참여한다. 초원 한복판에 목이 잘린 양 한 마리를 놓아두고, 기수들끼리 서로 채찍질하고 짓밟기도 하며 상대편의 골에 목 없는 양을 던져 넣는 경기다. 양의 시체는 경기 시작 전 24시간 동안 얼음물에 담가 두어 단단하게 만들며, 내장은 제거하고 네 다리는 잘라 낸다. 경기를 관전하는 관중들이 극도로 흥분하여 마치 축구의 홀리건처럼 서로 폭력을 휘두르는 사태도 가끔 일어난다!

부즈카시가 우리 눈에 기이하게 보인다면, 아프가니스탄의 어느 촌로에게는 야구가 무척 기이하게 보일 것이다. 요컨대 스포츠는 일종의 사회적 구성물이다. 어떤 사회와 문화에 속하느냐에 따라 그 모습이 천차만별로 달라진다. 축구가 전 세계적으로 인기를 끌면서도 유독 미국에서는 미식축구, 야구, 농구 등에 밀려 여전히 뒷방 신세를 면치 못함을 되새겨 보라. 그러나, 문화의 현란한 다양성에 정신이 팔려 그 밑바닥에 깔린 본질적 유사성을 놓쳐서는 곤란하다.

역사가 요한 하위징아Johan Huizinga는 인간의 스포츠 활동과 동물의 구애 의식은 둘 다 경쟁적이고 장식적인 활동이라는 점에서 유사하다고 지적하였다. 모든 스포츠는 경기자의 지략과 신체 능력을 겨루는 경연장이므로 경쟁적이다. 또한 모든 스포츠는 실생활에 직접적인 도움이 되지 않으므로 장식적이다. 100미터 거리를 남들보다 몇 초 더 빠르게 이동함으로써 얻는 생존상의 이득은 그리 크지 않지만, 우사인 볼트Usain Bolt는 바로 그 능력 덕분에 엄청난 부와 명성을 누린다. 스포츠는 문화의 변덕스러운 산물처럼 보이지만 자세히 살펴보면 모두 경쟁적이고 장식적이라는 공통점을 지닌다는 하위징아의 통찰은 반세기 후 진화심리학자 제프리 밀러에 의해 체계화되었다.

밀러는 음악, 유머, 언어, 도덕성 등 인간의 독특한 특성은 모두 성선택에 의해 진화했다고 주장하는 진화심리학자이다. 밀러가 말한 바로는, 스포츠는 똑똑한 지능과 건강한 신체를 공개적으로 과시함으로써 이성의 선택을 받기 위한 경연이다. 물론 이는 박지성 선수가 월드컵에 참가하는 진짜 속셈은 한국의 위상을 세계에 떨치기 위해서가 아니라 더 많은 여성들의 관심을 끌기 위함이라는 뜻은 아니다. 단지 인간의 진화 역사에서 스포츠는 지적, 신체적 능력이 엇비슷한 사람들 가운데 과연 누가 더 뛰어난지 경기의 승패를 통해 명확히 판정해 줌으로써 이성의 배우자 선택 과정을 더 쉽고 정확하게 만드는 역할을 했다는 뜻이다. 어떤 심판도 경기를 지켜본 여성 팬으로 하여금 승리한 운동선수와 결혼하라고 등을 떠밀지는 않는다. 패자에 비해 승자는 여성들 눈에 더 멋있게 비추어진다는 사실을 누구나 안다는 것만으로 충분하다.

스포츠는 경기자가 자신의 신체적 자질을 이성에게 광고하는 발표 무대라는 밀러의 이론은 몇 가지 증거들에 의해 뒷받침된다. 우선, 누구나 다 알다시피, 탁월한 운동선수는 이성에게 언제나 환영받는다. 안정환이나 이동국, 기성용 같은 축구 선수의 아내는 모두 대단한 미인들이다. 왕년의 농구 스타 매직 존슨은 1,000명이 넘는 여인들과 잠자리를 가졌다고 고백했다. 실제로 프랑스에서 행해진 한 연구는 운동부에 소속된 남녀 대학생들이 다른 대학생들보다 지난 1년 동안 더 많은 수의 이성과 성관계를 했음을 확인했다. 또한 국가 대표에 선발되는 등 개인의 기량이 뛰어날수록 이에 비례하여 성관계 상대의 수도 증가했다.

두 번째 증거로서 탁월한 운동 능력을 만드는 특질들, 예컨대 순발력, 유연성, 민첩성, 창조성 등은 부모에서 자식으로 유전되는 성향이 매우 높다는 사실이 알려져 있다. 마치 키가 큰 부모에게서 키가 큰 자식이 태어나기 쉽듯이, 뛰어난 운동선수는 운동 능력이 뛰어난 자식을 낳기 쉽다는 말이다. 이처럼 어떤 형질의 유전적 변이가 높다는 것은 그 형질이 성선택에 의해 만들어졌음을 시사한다.

세 번째 증거로서 어느 한 개인의 운동 능력은 그 사람의 유전적 자질을 잘 알려 준다고 이미 입증이 된 다른 신호들이를테면, 얼굴의 매력도과 양의 상관관계를 보인다는 연구가 있다. 네덜란드의 진화심리학자 저스틴 박Justin Park과 그의 동료들은 축구의 스트라이커나 골키퍼처럼 단체 경기에서 특히 중요한 위치는 다른 위치보다 더 우월한 신체적 능력을 요구할 것이라는 전제하에 이런 중요한 위치를 맡고 있는 선수들은 얼굴도 잘생겼으리라는 가설을 검증했다. 남자 축구 선수들의 사진을 여대생들에게 보여 주었더니, 여성들은 공격수나 골키퍼가 미드필더나 수비수보다 더 잘생겼다고 평가했다 공격수인 이천수를 예로 들면서 이 연구 결과는 뭔가 이상하다고 반박하고 싶을지 모른다. 평균적인 경향이 그렇다는 것이다. 안정환이나 이동국처럼 잘생긴 공격수도 많지 않은가.

| 어떤 스포츠가 대중에게 사랑받는가? |

스포츠가 이성 앞에서 자신의 우수한 자질을 과시하기 위한 구애 의식이라는 이론으로부터 왜 야구나 축구, 농구 같은 스포츠는 대중들에게 인기를 끄는 반면 '곤충 격투기'bug fight, 전갈이나 딱정벌레를 서로 싸움 붙이는 경기나 '아내 업고 달리기'wife carrying, 자기 아내를 어떤 식으로든지 업고서 정해진 거리를 달리는 경기 같은 이색 스포츠는 대중의 외면을 받는가에 대한 잠정적인 해답을 얻을 수 있다. 벨기에의 과학자인 안드레아스 드 블록Andreas de Block과 그의 동료는 대중들에게 인기 있는 스포츠는 경기자의 지적, 신체적 능력을 이성에게 잘 광고하기 위한 필수 요건 세 가지를 두루 갖춘 스포츠라고 지적한다.

첫째, 진화적으로 유용한 정보를 제공해야 한다. 대중에게 사랑받는 스포츠는 유연함, 참을성, 순발력, 민첩성처럼 진화적으로 중요했던 신체적 특질에 대한 정보를 제공한다. 엉뚱하게 딱정벌레의 용맹한 정도처럼 배우자 선택과 무관한 정보를 제공해서는 대중의 관심을 사기 어렵다.

둘째, 스포츠는 경기자의 신체적 특질에 대한 정보를 정확하게 전달해야 한다. 운이나 요행처럼 우발적인 요인이 승패에 너무 큰 영향을 끼치는 스포츠는 경기자들 간의 미세한 운동 능력의 차이를 제대로 짚어 주지 못하기 때문에 인기를 얻기 어렵다. 한국 가위바위보 협회에서는 가위바위보가 경기자의 지략 싸움이 첨예하게 벌어지는 진정한 스포츠라고 주장하지만, 역시 운이 너무 많이 작용하기 때문에 야구나 농구만큼 인기를 끌기는 어려울 것이다.

셋째, 스포츠는 규칙이 투명해야 한다. 승자의 지적, 신체적 능력이 패자보다 우월하다는 사실을 경기자들뿐만 아니라 관중들도 쉽게 알아차려야 한다는 것이다. 스타크래프트 같은 컴퓨터 게임을 하는 사이버 스포츠는 프로 게이머가 얼마나 뛰어난 능력을 갖추고 있는지 게임을 직접 해 보지 않은 사람들은 알기 어렵다.

앞서 이야기했듯이, 스포츠가 우리 삶에 중대한 영향력을 끼치고 있음에도 스포츠 심리에 대한 진화적 분석은 아직 밀러의 구애 의식 이론이 유일하다. 이 이론을 지지하는 경험적 증거들이 존재하지만, 다른 반론들도 얼마든지 가능하다. 예컨대 야구나 축구 같은 구기나 권투나 레슬링 같은 격투기는 주로 남성들이 활약하지만 그 열성 팬들도 대부분 남성들이다. 밀러의 주장과 달리, 근래 들어 야구장에 여성 팬이 많아졌다는 현상이 국내 프로 야구가 완전히 정착했다는 길조로 여겨지는 판국이다. 인간은 수백만 년 동안 스포츠를 해 왔지만, 스포츠의 진화적 연구는 이제 막 경기 개시를 알리는 휘슬이 불린 셈이다.

향수, 어느 MHC 유전자의 이야기

"사람들은 체취를 숨기고자 향수를 쓰는 것이 아니라,

자신의 고유한 체취를 더 도드라지게 하고자

향수를 쓴다."

PERFUME

eau
de
toile
tte

흔히 동물들은 주로 후각으로 의사소통을 하는 반면, 인간은 시각이나 청각에 의존해 의사소통한다고 이야기한다. 누군가를 처음 만났을 때, 우리는 그 사람의 얼굴이나 신체를 '보고' 목소리를 '듣고서' 전체적인 첫인상을 판단한다. 동네 강아지들처럼 서로 더듬으며 냄새를 킁킁 맡고 나서야 누가 누군지 알 수 있다면 점잖은 맞선이나 동창회 자리가 왠지 부산스러워졌을 것이다.

대다수 포유동물이 자신이나 다른 개체의 몸에서 나는 냄새에 비상한 관심을 보인다. 별스럽게도, 우리 인간은 서로의 체취를 불쾌하고 역겹다고 여긴다. 온몸을 비누로 박박 씻고, 입었던 옷을 세탁하고, 겨드랑이나 음부에 난 털을 깎아서 냄새가 덜 나게끔 단속한다. 특히 동양인에 비해 서양인의 겨드랑이 냄새는 종종 참기 힘들 정도로 지독해서, 미국 TV를 시청하다 보면 겨드랑이 냄새를 제거해 주는 방취제防臭劑, deodorant CF를 흔히 접할 수 있다.

인간의 의사소통에서 후각은 완전히 뒷전으로 밀려난 것일까?

이러한 통념은 사실 잘못되었다고 많은 과학자들이 지적한다. 인간은 다른 어떤 유인원보다 더 많은 수의 냄새샘scent gland을 지닐 정도로 후각계가 잘 발달되어 있다. 뿐만 아니라, 고금을 막론하고 거의 모든 문화권에서 향수가 애용되었다. 예를 들어 조선 시대의 명기 황진이는 천연 동물성 향수인 사향을 허리춤에 차고 다녔다고 한다. 프랑스 황제 나폴레옹을 사랑의 노예로 만든 황후 조세핀도 사후 몇 십 년이 지나도록 침실에서 사향내가 진동했다고 전해진다.

사향은 사향노루 수컷이 발정기에 암컷을 유혹하고자 생식기에 딸린 사향주머니에서 내는 냄새다. 결국 우리들은 우리 자신의 체취를 갖은 노력을 다해 없앤 다음에 사향고양이, 사향노루, 비버, 향유고래 등이 이성을 꼬드기려 분비하는 섹스 페로몬을 고가에 구입해 정성 들여 몸에다 뿌리고 있는 것이다. 냄새 역시 인간의 의사소통에 이바지한다면, 왜 우리는 우리 자신의 체취에 들어 있는 정보를 되도록 숨기려고 하는 걸까?

| 체취를 한층 더 강화시키는 향수|

축농증에 걸려 입으로 숨을 쉬다 보니 심한 입 냄새를 풍기는 아기. 야간 자율 학습 도중 쉬는 시간에 화장실에서 몰래 담배 피고 들어온 고교생. 부서 회식 때 소주를 몇 잔 걸치고 음주 운전 단속

을 걱정하는 과장님. 이들의 공통점은 본인의 의지와 상관없이 소화계나 면역계 같은 신체 대사 과정으로 인해 불가피하게 냄새를 발산하고 있다는 점이다.

냄새를 맡은 주변 사람들이 때때로 냄새에 담긴 정보를 해독하긴 하지만 — '우리 아기가 아프구나!', '화장실에서 담배를 피우고 오다니!' — 이는 진정한 의사소통으로 볼 수 없다. 대사 과정이 100퍼센트 효율적이지 않다 보니 냄새가 부수적으로 났을 뿐이지, 냄새 나는 사람이 주변 사람들에게 자기가 무엇을 먹고 마셨는지 혹은 무슨 병에 걸렸는지를 알리려고 일부러 냄새를 풍긴 건 아니기 때문이다.

이처럼 체취의 상당수는 대사 과정의 우연한 부산물이다. 그러나 어떤 체취는 남들에게 특정한 정보를 전달하게끔 자연선택이 공들여 빚어낸 적응이다. 일종의 신호로서 기능하는 이러한 체취는 피부의 두 가지 특별한 샘gland에서 만들어진다. 첫째, 피지샘 sebaceous gland은 두피, 얼굴, 목, 등, 가슴 등에 많이 분포한다. 기름기를 분비하는 바람에 사춘기 청소년들에게 여드름이라는 재앙을 안겨 준다. 둘째, 아포크린샘apocrine gland은 겨드랑이와 음부에 많이 분포한다. 여기에서 사향내가 나는 스테로이드들이 들어 있는 걸쭉한 땀이 분비된다. 잘 알려져 있듯이, 체취는 그 사람의 겨드랑이 냄새에 의해 주로 결정된다.

피지샘과 아포크린샘은 상대방에게 어떤 정보를 전달하기 위해 만들어진 기관일까? 인간을 연구하려 지구를 방문한 외계인 생물학자는 아마도 다음과 같은 사실에 주목할 것이다. 우선 피지샘과 아포크린샘 모두 사춘기에 이르러서야 활발하게 분비물을 내기 시작한다. 아포크린샘이 위치한 겨드랑이와 음부에는 털이 무성하게 나 있어 냄새를 효과적으로 퍼뜨려 준다. 게다가 아포크린샘의 일부는 음부, 터놓고 말하면 생식기 주위에 밀집해 있어서 음부의 독특한 냄새를 만든다. 이 사실들에 비추어 외계인 생물학자는 명백하게 결론을 내릴 것이다. 인간의 피지샘과 아포크린샘은 이성을 유인하는 섹스 페로몬을 낸다!

무더운 여름날 만원 버스나 지하철에서 누군가의 지독한 겨드랑이 냄새에 시달려 본 적 있는 모든 사람들에게 이 결론은 황당하게만 들린다. 더구나 앞에서 우리 인간은 서로의 체취를 불쾌하게 여기면서 되도록 숨기려 애쓴다고 하지 않았나? 사실 아포크린샘이 갓 생산한 신선한(?) 분비물은 원래 냄새가 없다. 이 분비물을 토대로 자라난 세균이 사향내를 풍기는 여러 가지 스테로이드를 만드는 것이다. 날씨가 더워 세균이 너무 활발하게 증식하면 겨드랑이 냄새가 악취로 돌변하는 것일 뿐, 적당한 수준의 체취는 우리가 미처 의식하지 못하는 사이에 이성을 유혹하는 속삭임이 된다.

이렇게 놓고 보면, "왜 사람들이 향수를 써서 자신의 체취를 숨기려고 하는가."라는 질문의 전제가 잘못되었음을 알 수 있다. 사람들은 체취를 숨기고자 향수를 쓰는 것이 아니라, 자신의 고유한 체취를 더 강화시키고 도드라지게 하고자 향수를 쓴다. 달리 말하면, 향수는 사람들이 의식적으로 숨기는 무언가를 무의식적으로 드러내 준다. 실제로 시중에서 구입할 수 있는 향수 제품들에는 인간의 체취와 유사한 성분이 많이 들어 있다. 프랑스 황후 조세핀이 애용하던 향수인 사향 냄새는 사실 우리의 겨드랑이와 음부에서 나는 냄새라고 이미 얘기한 바 있다.

| 사람들이 저마다 다른 향수를 선호하는 까닭 |

향수를 쓰는 까닭이 자신의 고유한 체취를 더 강조하기 위해서라는 가설은 의류, 화장품, 액세서리 등에서 찾아볼 수 없는, 향수 산업만의 독특한 현상을 이해하는 중요한 단서가 된다. 그 현상이란 바로 향수에 대한 선호는 사람들마다 제각기 천차만별이며 유행에 잘 휘둘리지 않는다는 것이다. 정확히 말하면, 향수에는 유행 자체가 거의 존재하지 않는다. 2009년 초봄, 소녀시대의 형형색색 칼라 스키니 진은 그야말로 폭발적인 인기를 끌어 젊은 여성이라면 너도나도 스키니 진을 하나씩 장만할 정도였다. 그와 반대로, 특정한 종류의 향수가 한 시대를 강타하는 대유행을 일으켰다는 말은 왠지 낯설게 들린다. 예를 들어 여성 패션 잡지의 특집 기사 제목이 "주목! 올 겨울 핫 아이템으로 떠오른 순한 우디 계열의 향수 대해부!"로 나는 일은 앞으로도 결코 없을 것 같다.

모든 사람들이 입을 모아, 아니 코를 모아 보편적으로 선호하는 향수 유형이란 없다는 것은 오늘날 전 세계에서 가장 잘 팔리는 향수 브랜드들이 적어도 50년 이상 묵은 고색창연한 브랜드들이라는 사실에서도 확인된다. 겔랑Guerlain의 '미츠코Mitsouko 향수'는 삼일 운동이 일어난 해인 1919년에 처음 출시되었다. '샤넬 넘버 파이브Channel No. 5'는 1921년에, 니나 리치Nina Ricci의 '레르뒤땅L'Air du Temps'은 1948년에 처음 출시되었다. 한마디로 사람들은 자기 취향에 맞는 향수 유형을 저마다 꾸준히 선호하는 것처럼 보인다.

향수 선호에 대한 극심한 개인차를 설명하는 열쇠는 MHC, 즉 주 조직 적합성 복합체major histocompatibility complex라는 연관된 유전자들의 모임에 있다. MHC 유전자는 말 그대로 조직 적합성, 즉 다른 사람의 조직 이식을 받아 주는 성질을 결정하는 데 중요한 역할을 한다. MHC 유전자는 단 하나가 아니라 서로 다른 동등한 버전들이 여럿 존재한다. 흥미롭게도, 수많은 MHC 유전자들 가운데 내가 어떤 MHC 유전자를 가졌는가에 따라 내가 풍기는 체취가 달라질 뿐만 아니라 내가 선호하는 배우자도 달라진다는 것을 입증하는 사례들이 쥐와 인간에서 속속들이 보고되고 있다. 예컨대 쥐는 자신이 지닌 MHC 유전자와 다른 MHC 유전자를 지닌 상대를 배우자감으로 선호한다.

스위스의 진화생물학자 클라우스 베데킨트Claus Wedekind와 그 동료는 여성들이 어떤 남성의 체취에 매혹될지는 자신과 상대 남성의 MHC 유전자가 서로 다른지 여부에 달려 있음을 입증했다. 먼저 남자 대학생들이 이틀 동안 티셔츠를 입게 한다. 이 기간 동안 마늘처럼 냄새가 나는 음식도 못 먹게 하고, 술과 담배도 금지시킨다. 다음에 수거한 티셔츠들을 행여 겨드랑이 냄새가 달아날 새라 조심스레 밀봉해서 냉동 보관한다. 냉동실에서 꺼낸 각 티셔츠들의 냄새를 맡은 여학생들은 자신과 다른 MHC 유전자를 지닌 남학생이 입었던 티셔츠에서 좋은 냄새가 난다고 대답했다. 이 연구와 짝을 이루는 다른 연구에서는 남성들도 자신과 다른 MHC 유전자를 지닌 여성의 체취를 선호한다는 사실이 밝혀졌다.

왜 이처럼 자신과 상이한 MHC 유전자를 지닌 이성에게 홀딱 반하는지에 대해서 아직 과학자들 사이에 완전한 합의가 이루어지지 않은 상태다. 한 가설은 근친 간의 짝짓기를 통해 태어난 자식은 유전적 이상을 지녔을 확률이 매우 높기 때문에 근친 간의 짝짓기를 피하기 위한 방편으로 자신과 다른 MHC 유전자의 냄새에 끌린다고 주장한다.

어쨌든, 좋아하는 향수가 사람들마다 천차만별인 까닭은 각기 다른 MHC 유전자를 지닌 사람들이 자신의 독특한 체취를 널리 광고하기 위해 제각기 다른 향수를 선호하기 때문이라고 볼 수 있다. 진화생물학자인 만프레드 밀린스키Manfred Milinski와 베데킨트는 이 가설을 검증하기 위해 137명의 남녀 대학생들로 하여금 시중에서 판매하는 36종의 향수들을 평가하게 했다. 그리고 당신 자신이 이런 체취가 나길 원하십니까?"와 "당신의 애인이 이런 체취가 나길 원하십니까?"라는 두 질문에 답하게 했다.

자신이 지닌 MHC 유전자가 내 체취를 정말로 결정한다면, 실험 참여자의 MHC 유전자와 "내가" 쓰고 싶은 향수 사이에는 유의미한 상관관계가 있어야 한다. 또한 내 애인의 MHC 유전자가 단지 내 MHC 유전자와 다르기만 하면 된다면, 실험 참여자 자신의 MHC 유전자와 "내 애인이" 쓰길 원하는 향수 사이에는 어떤 상관관계도 없어야 한다. 예측대로, 실험 참여자가 어떤 MHC 유전자들을 지니고 있는지는 "내가" 쓰고 싶은 향수가 무엇인지 신빙성 있게 예측해 주었다. 그러나 "내 애인이" 쓰길 원하는 향수가 무엇인지는 특정하게 꼬집어 예측해 주지 못했다. 내가 쓸 향수는 내 MHC 유전자에 의해 결정된 내 체취를 강화해야 하니 특정한 유형의 향수로 확고하게 정해져 있지만, 애인에게 선물하고 싶은 향수는 내가 좋아하는 유형이 아닌 것들 중에서 아무거나 고른다는 말이다.

파트리크 쥐스킨트Patrick Süskind의 베스트셀러 소설 『향수Das Parfum』는 모든 사람들을 매혹시키는 지상 최고의 향수를 좇는 살인자를 그린다. 이 글에서 살펴본 것처럼, 향수 선호에는 각자의 MHC 유전자형에 따라 결정된 극심한 개인차가 존재하므로 누구나 선호하는 지상 최고의 향수는 아마 앞으로도 존재하지 않을 것이다. 향수 회사 직원들에게는 절망적인 소식이겠지만, 애인에게 어떤 향수를 선물할지 고민하는 청춘들에게는 고민을 덜어 주는 희소식이지 않을까.

전통 의학의 기원

① 泥九宮
② 髓海膈腦
③ 玉枕關
⑧ 囹
⑨ 喉
心
④ 轆轤關
膻　膜
⑮ 肝
⑬ 脾
⑭ 胃
小腸
⑯ 腎命
⑰ 膽
⑱ 小腸
⑲ 大腸
⑳ 膀胱
㉑ 臍
⑤ 尾閭關
⑥ 穀道
⑦ 水道

100여 년 전의 일이다. 서부 탄자니아 와통웨WaTongwe족의 전통 치료사인 바부 칼룬디Babu Kalunde는 어미를 잃은 새끼 호저를 집에 들여다 키웠다. 어느 날 호저는 설사와 복부 팽만, 무기력 상태에 시달렸다. 병든 호저가 숲 속으로 들어가더니 무렝겔레mulengelele라는 독한 식물의 뿌리를 캐 먹는 모습이 우연히 카룬디의 눈에 띄었다. 며칠 후 호저는 거짓말처럼 건강을 되찾았다. 그 전까지 칼룬디를 포함한 와통웨족 사람들은 이 식물이 아주 독함을 알고 있었기 때문에, 이 식물을 먹을 생각은 꿈에도 하지 않았다. 식물의 약효를 눈치 챈 칼룬디는 자신이 직접 소량을 먹어 보기까지 하며 다른 사람들을 설득했다. 현재 와통웨족 사람들은 모두 장내 기생충을 다스리는 약으로 무렝겔레 식물의 뿌리를 복용한다.

대다수 인간 사회의 전통 의학은 여러 질병을 예방하거나 치료하는 데 쓰이는 약재 식물들을 상세히 분류, 기록하고 처방하는 것이 큰 비중을 차지한다. 한의학은 우리에게 친숙한 사례이다. 약 6

만 년 전의 네안데르탈인의 무덤에서 몇 가지 약초의 꽃 부분들이 함께 발견되었다는 사실에서 알 수 있듯이, 초기 인류는 아주 오래 전부터 약재 식물을 활용해 왔다. 오늘날 약초학herbal medicine에 대한 관심은 아시아뿐만 아니라 아프리카와 아메리카 대륙의 고대 문명에서도 폭넓게 나타난다.

약초에 기대는 전통 의학은 어떻게 출현했을까? 두말할 나위 없이, 인간이 약초에 대해 축적한 지식 수준이나 활용 빈도는 다른 동물들과 비할 수 없을 만큼 깊고 높다. 하지만 다른 동물들의 자기 치유 행동을 살핌으로써 우리는 전통 의학이 어떻게 유래했는지에 대한 귀중한 실마리를 얻을 수 있을지도 모른다. 누가 아는가, 칼룬디처럼 동물의 의료 행동을 관찰하다가 혁신적인 신약을 발견하게 될지 말이다.

| 약재 식물의 예방적 차원과 치료적 차원 |

향신료를 다룬 글에서 언급했듯이, 식물은 초식동물이나 곰팡이, 병원균의 공격으로부터 스스로를 지키기 위한 화학 무기로서 '피토케미컬'이라는 2차 대사산물을 만든다. 인간을 포함한 동물들은 식물이 오랜 세월에 걸쳐 발명한 무기를 슬쩍 가져와서 자신들을 위협하는 병원균과 곰팡이를 퇴치하는 데 써먹는다. 동물들이 약재 식물을 쓰는 형태는 크게 예방적 차원과 치료적 차원으로 나눌 수 있다.

　우선 예방적 차원이다. 질병을 앓고 있지 않은 동물이 장차 병에 걸릴 가능성을 낮추고자 미리 약재 식물을 복용하는 것이다. 예를 들어 검은발숲쥐dusky-footed wood rat는 나뭇가지로 만든 집을 몇 년 동안 계속해서 사용하기 때문에 그냥 내버려 두면 벼룩 같은 외부 기생충들이 집 안에 들끓기 쉽다. 검은발숲쥐는 집안 구석구석에 캘리포니아월계수California bay 나무의 잎사귀를 깔아 놓음으로써 기생충의 침입을 막는다. 사람으로 치면 아파트에 방제 소독을 실시하는 셈이다. 실제로 생물학자들의 실험 결과, 월계수 잎들은 다른 나무의 잎에 비하여 벼룩 유충의 생존 가능성을 크게 떨어뜨리는 것으로 확인되었다.

　동물이 예방의 목적으로 약초를 섭식하는 가장 유명한 사례는 침팬지들에서 볼 수 있다. 침팬지들은 선충과 같은 장내 기생충에 시달리기 쉬운 우기가 시작되면 아스필리아Aspilia 나뭇잎을 통째로 삼켜 먹는다. 이 나뭇잎들은 소화되지 않은 채 그대로 대변에 섞여 배출되므로, 영양을 보충하기 위한 목적이 아니라 약으로서 섭취됨을 알 수 있다. 대다수 연구에서 나뭇잎을 먹은 침팬지들은 아주 건강했으며 선충이 장내에 기생할 때 나타나는 증상인 설사나 복통 등은 없었다. 하지만, 한 연구에서는 나뭇잎을 먹은 침팬지 8마리 가운데 7마리가 설사나 복통에 시달리던 침팬지였음을 보고했다. 아스필리아 나뭇잎이 선충을 예방해 줄 뿐만 아니라 선충 치료에도 효과가 있음을 암시한다.

다음으로 치료적 차원이 있다. 인간이 아닌 다른 동물들은 대개 질병을 예방하고자 약초를 복용하는 반면, 질병을 치료하고자 약초를 먹는 사례는 전통적인 인간 사회나 극소수 고등 영장류에 한정되어 나타난다. 예를 들어 장결절충nodular worm을 뱃속에 지닌 침팬지들은 식욕 부진, 체중 감소, 설사, 빈혈 등의 증상에 시달린다. 병든 침팬지들은 숲 속에서 베르노니아 아미그달리나Vernonia amygdalina라는 국화과 풀의 어린 싹을 찾아낸다. 껍질과 잎을 조심스럽게 벗겨 낸 다음, 엄청나게 쓰디쓴 속심을 질겅질겅 씹어서 그 즙을 빨아 먹는다. 베르노니아 속심을 씹은 침팬지들은 대개 하루가 채 못 되어 증세가 뚜렷하게 완화된다.

당연한 말이 되겠지만, 주변의 어른 침팬지들은 쓴 속심을 씹어 대는 침팬지를 그저 안쓰럽게 지켜볼 뿐 속심을 따라서 씹는 행동은 하지 않는다. 흥미롭게도, 새끼 침팬지가 병든 엄마가 먹다 버린 속심을 맛보는 광경은 이따금 목격된다. 이는 속심을 씹어서 병을 자기 치유하는 행동이 일단 확립된 침팬지 개체군에서는 그 문화적 전통이 부모에게서 어린 자식으로 전해짐을 시사한다.

왜 인간이 아닌 다른 동물들은 약재 식물을 예방이 아니라 치료의 목적으로 사용하는 빈도가 대단히 낮을까? 동물의 약초 사용을 연구해 온 학자인 벤저민 하트Benjamin Hart는 인류가 진화 과정에서 대뇌가 커지면서 점점 더 동물성 지방을 많이 섭취하게 된 것에서 그 해답을 찾는다. 동물성 음식을 많이 섭취하다 보니, 지방 대사 과정에서 나오는 자유 라디칼free radical의 양도 많아지면서 그만큼 염증이나 감염에 더 잘 걸리게 되었다. 이에 따라 우리 인류는 염증이나 세균성 감염을 막아 주는 약재 식물에 더 많이 의존하게 되었다는 것이다. 동의보감으로 대표되는 우리의 한의학도 그 뿌리를 거슬러 올라가면 수백만 년 전 우리의 조상 식단에 고기가 더 많이 등장하기 시작했다는 것이 발단인 셈이다.

| 동물의 자기 치유 행동과 인간의 전통 의학 |

약초를 활용해 질병을 스스로 치유하는 행동이 동물 개체군 내에 존재한다는 사실은 어떻게 그러한 자기 치유 행동이 처음 시작되어서 집단 내의 다른 개체들에게 널리 전파되었느냐는 의문을 낳는다. 극단적인 유전자 결정론자라면, 동물이 어떤 병에 걸렸을 때 그 병의 특효약인 식물 종을 귀신같이 찾아내어 복용하는 성향이 태어날 때부터 마련되어 있다고 주장할지 모른다. 그러나, 베르노니아 풀의 껍질과 잎을 벗겨 내어 그 속심만 씹는 침팬지 행동에서 알 수 있듯이, 동물이 병을 치료하려면 단순히 자신이 어떤 식물 종을 먹어야 할지 아는 것만으로는 턱없이 부족하다. 꽃, 잎사귀, 속심, 뿌리 등등 식물의 다양한 부위 가운데 어느 부위를 얼마나 섭취해야 하는지 정확히 알아야만 질병을 치료할 수 있다.

영장류학자 마이클 허프만Michael Huffman은 아마도 먹을 것이 하나도 없는 곤궁한 시기에 배고프고 병든 영장류 하나가 어쩔 수 없이 낯설고 맛없는 식물들을 닥치는 대로 뜯어 먹었으리라고 추측한다. 그러다 운 좋게 약재 식물을 뜯어 먹고 나서 병세가 완화된 개체가 어떤 병에는 어떤 식물이 특효약임을 비로소 깨닫게 되었을 것이다. 이 유용한 정보는 사회적 학습을 통해 다른 개체들에게 전달된다. 특히, 어미의 행동이라면 무엇이든지 모방하게끔 자연선택에 의해 설계된 어린 자식들이 쓰고 텁텁한 맛에도 불구하고 약재 식물을 기꺼이 섭취하는 행동이 개체군 내에 널리 전파되는 데 큰 역할을 했으리라 추측된다.

현존하는 영장류에서 관찰되는 자기 치유 행동과 마찬가지로, 초창기 인류의 조상들도 약재 식물을 활용해 질병을 다스렸을 것이다. 직접적인 화석상의 증거는 남아 있지 않지만, 여러 침팬지 개체군들이 어떤 질병을 치료하는 데는 어떤 식물 종이 효과적임을 서로 독립적으로 발견해 냈다는 점, 게다가 전통적인 인간 사회들도 동일한 발견을 했다는 점은 인간의 전통 의학이 동물의 자기 치유 행동에서 유래했음을 암시한다.

한의학 같은 전통 의학이 침팬지가 나뭇잎을 삼키거나 속심을 씹는 행동과 본질적으로 동일하다는 결론은 인간이 다른 동물보다 우월하다고 믿는 이들에게는 기분 나쁘게 들릴지 모른다. 그러나 동물의 일원으로서 우리 자신을 겸허히 인정한다면, 동물들이 약재 식물을 활용하는 모습을 면밀히 연구함으로써 전통 의학에 대한 과학적 이해를 한층 더 넓힐 수 있을 것이다.

손뼉도 마주쳐야 소리가 난다

"왼손이 오른손보다 박수 소리를 더 많이 낼 수 없듯이,

수컷이 암컷보다 더 많이 번식할 수는 없다."

한 지인은 최근 적지 않은 나이에 아기를 낳았다. 간절히 바라 왔던 아기여서일까, 맞벌이 생활을 하던 그녀는 1년간의 무급 육아 휴직을 직장에 신청했다고 한다. 우리나라의 기업 풍토상 이듬해 직장에 복귀할 자리가 아예 없어질 가능성도 있지만, 그녀는 별로 개의치 않는 듯했다. 가족이나 친지들도 다들 이해해 주었단다. 만약 그녀 대신 남편이 1년간의 무급 육아 휴직을 직장에 신청했다면 가족들의 반응은 사뭇 달랐을 것이다.

일반적으로, 여성은 남성보다 자식을 더 돌본다. 반면에 남성은 배우자를 얻기 위한 경쟁에 여성보다 더 열심히 뛰어든다. 여성은 양육하고 남성은 경쟁한다는 이 친숙한 성차는 비단 우리 인간 종에만 국한되지 않는다. 부모의 자식 돌보기가 행해지는 포유류, 조류, 파충류, 양서류, 어류, 일부 무척추동물들을 자세히 살펴보면, 암컷의 자녀 양육이 자연 상태에서 완연히 대세임을 알 수 있다유 일한 예외는 수컷 혼자서 자식을 키우는 종이 다수를 차지하는 어류이다.. 암컷은 자식을 정성껏 돌보고 수컷은 다양한 성관계를 얻고자 서로 경쟁하는 전형적인 성별 차이를 어떻게 설명할 수 있을까?

"뭐야, 이건 다들 아는 이야기잖아! 부모로서 자식에게 투자해야 하는 양이 암수가 서로 다르기 때문이라고 하려는 거지? 우리 인간의 경우, 이를테면 아이 하나를 낳는 데 여성은 9개월이나 걸리지만, 남성은 단 15분이면 충분하잖아. 그러니 크고 값비싼 난자를 조금 만드는 여성은 질을 추구하는 반면, 작고 값싼 정자를 많이 만드는 남성은 질보다 양으로 승부를 보게 되었다는 뻔한 이야기 아냐?" 이렇게 불평하면서 필자에게 욕을 한 사발 퍼부으려 하는 독자가 있다면, 잠시만 참아 주시길 바란다.

왜 자식을 돌보는 성이 주로 암컷인가를 설명하는 전통적인 이론은 1972년 진화생물학자 로버트 트리버스가 처음 제안한 이래 줄곧 정설로 받아들여져 왔다. 국내에 출간된 진화생물학 대중서들을 어느 정도 접한 독자라면 필자가 또 지겨운 레퍼토리를 반복하려는 것 아니냐며 의심의 눈초리를 보낼 법하다. 걱정하지 마시라. 트리버스의 저 유명한 이론이 실은 중대한 개념적 허점을 지니고 있다는 것이 최근 연구들을 통해서 밝혀졌다. 트리버스의 전통적인 이론이 어째서 그릇된 설명이며 암수 성역할의 분화는 어떻게 설명되는지 두 장章에 걸쳐 살펴보자.

왜 암컷이 수컷보다 자식을 더 돌보는가에 대해 트리버스는 두 가지 논거를 들었다. 첫째, "내가 지금까지 투자한 게 아깝잖아."라고 보는 암컷의 입장이다. 암컷은 크고 귀한 난자를 만들므로, 성관계를 하기 전부터 수컷보다 자식에게 이미 더 많은 투자를 했다. 그러므로 잃을 게 많은 암컷은 자식이 태어나고 나서도 자식을 어엿한 어른으로 키워 내는 일에 수컷보다 더 열성적으로 매달리게 된다는 것이다.

둘째, "나는 경쟁해야 해. 자식 따위 돌볼 겨를이 없어."라고 보는 수컷의 입장이다. 난자는 비싸고 귀한 반면 정자는 싸고 흔하다. 따라서 성관계가 일단 이루어진 다음, 수컷은 암컷보다 훨씬 더 빨리 정자를 충전해서 짝짓기 시장에 다시 뛰어들 수 있다9개월과 15분의 차이를 되새겨 보라.. 다시 말하면, 암수가 정확히 동수로 존재하는 개체군일지라도, 실제 짝짓기 시장에서 짝을 찾아 헤매는 개체들만 헤아리면 수컷이 암컷보다 더 많아진다. 인간 남성의 관점에서 보면, 지구상의 절반은 여성이지만 그중 상당수는 임신 중이거나 배란 주기상의 비가임기에 있기 때문에 나이트클럽에 나오지 않거나, 나와도 투명 인간과 마찬가지인 셈이다. 그러므로 배우자를 얻기 위한 경쟁은 수컷들 사이에 더 치열하게 벌어진다. 극심한 경쟁을 하는 수컷으로선, 이미 태어난 자식에게 신경 쓰기보다는 다른 새로운 암컷을 한 명이라도 더 유혹하려 노력해야 한다는 결론이 도출된다.

이상이 성역할의 분화를 설명하는 트리버스의 이론이다. 어디가 틀렸는지 집어낼 수 있겠는가? 아무리 들여다보아도 문제점을 찾을 수 없다면, 쟁쟁한 진화생물학자들도 무려 사반세기 동안이나 오류를 알아채지 못했다는 사실에서 한 가닥 위안을 삼길 바란다.

암컷이 수컷보다 자식을 더 돌보는 까닭은 이미 다 밝혀졌다고 모두 철석같이 믿고 있던 시절인 1997년에, 라이스 대학교의 진화생물학자 데이비드 퀠러David Queller는 엉뚱하게도 "왜 암컷은 수컷보다 자식을 더 돌보는가?"라는 제목의 짧막한 논문을 발표했다. 이 논문에서 퀠러는 마치 강의실에서 진화생물학 교수가 트리버스의 이론을 설명하자마자 득달같이 손을 들어 곤란한 질문을 퍼붓는 천재 학생을 연상시킨다. "수컷은 교미한 암컷을 버리고 새로운 암컷을 찾아 나섬으로써 더 이득을 본다고 하셨는데요. 교수님 말씀대로 모든 암컷이 수컷보다 더 오랫동안 자식을 돌본다고 한다면, '돌아온 싱글' 수컷이 새로운 배우자를 구하기가 그만큼 더 어렵지 않습니까? 어떻게 수컷이 조강지처를 버림으로써 더 이득을 얻는다는 거죠?"

맞는 말이다. 유성 생식을 하는 동물들이 무조건 따를 수밖에 없는 철칙이 있다. 모든 자식에게는 오직 한 명의 엄마와 오직 한 명의 아빠만이 있다는 것이다. 그러므로 개체군 내에서 암수 어른들이 동수로 존재한다면, 한 수컷이 일생 행하는 성관계의 평균 횟수는 한 암컷이 행하는 성관계의 평균 횟수와 무조건 똑같다. 손뼉도 마주쳐야 소리가 난다. 왼손이 오른손보다 박수 소리를 더 많이 낼 수 없듯이, 수컷이 암컷보다 평균적으로 더 많이 번식할 수는 없다. ─ 주위를 둘러보면 남성들이 여성들보다 더 많은 성관계 상대를 경험했다고 이야기하는데 이게 어찌 된 일이냐고 반문할 수 있겠다. 이는 성매매를 하는 직업여성들을 우리가 흔히 논의에서 제외하기 때문이다. 어떤 연구에 따르면 매춘부는 1년에 평균 684명과의 남성들과 성관계를 한다.

어떤 자식이든지 엄마와 아빠는 오직 한 명씩만 있다는 이 불변의 세한 요긴은 사실 너무나 당연해서 다소 허탈하게 느껴질 정도다. 그러나 1930년에 진화생물학자 로널드 피셔는 오늘날 '피셔 조건Fisher condition'이라고 불리는 이 뻔한 철칙을 활용해서 왜 출생 시의 성비가 1:1이 되는가에 대한 과학적 설명을 처음으로 제시했다. 만일 어떤 개체군의 출생 시의 성비에서 어느 한 성이 더 많다고 하자. 이럴 때 부모로서는 상대적으로 흔한 따라서 값어치가 낮은 성보다는 상대적으로 드문 따라서 값어치가 높은 성을 더 많이 낳는 것이 진화적으로 더 유리하다. 이러한 밀고 당김에 의해서 출생 시의 성비는 1:1로 유지된다.

유감스럽게도, '피셔 조건'은 출생 시의 성비를 설명하는 데만 활용되었을 뿐 부모의 자식 양육 행동을 설명하는 데는 활용되지 못했다. 어떤 개체군에서 어느 한 성이 다른 성보다 자녀를 덜 돌본다고 하자. 그 성은 짝짓기 시장에 상대적으로 더 많이 쏟아져 나와 서로 경쟁을 벌이므로, 새로운 배우자를 얻을 가능성도 다른 성에 비해서 더 낮다. 이 성에 속한 구성원들이 경쟁 외에 선택할 수 있는 대안은, 이미 짝짓기한 상태인 구성원들에 한하여, 짝짓기 시장으로의 복귀를 당분간 미루어 두고 자녀를 계속 돌보아 주는 것이다. 결과적으로 짝짓기 시장에 실제 나와 있는 개체들의 성비 ─ 이를 '실질 성비operational sex ratio'라 한다. ─ 는 1:1로 유지된다. 아들을 낳을지 딸을 낳을지를 놓고 부모가 내리는 결정으로 말미암아 출생 시의 성비가 1:1로 유지되듯이, 자식을 돌볼지 새로운 상대를 유혹할지를 놓고 암수 성체들이 내리는 결정으로 말미암아 실질 성비가 1:1로 유지되고 암수는 평등하게 자식을 돌보게 된다.

요약하자. 트리버스의 전통적인 이론에 의하면, 배우자를 찾아 헤매는 성이 암컷보다 수컷이 더 많을 때즉, 실질 성비가 수컷이 우세할 때, 수컷이 택할 수 있는 유일한 방안은 웅장한 뿔이나 섹시한 꼬리 등을 발달시켜 배우자를 얻기 위한 경쟁에 온몸을 내던지는 것이다. 그러나 전체 수컷의 짝짓기 총 횟수는 전체 암컷의 짝짓기 총 횟수와 항상 동일하다는 '피셔 조건'을 기억하자. 수컷으로 기운 실질 성비 때문에 새로운 배우자를 얻을 가능성이 적을 때, 수컷으로서는 짝짓기 시장에 섣불리 복귀하느니 현재의 자식 곁에 머물러서 자식을 계속 돌보는 편이 차라리 더 낫다. 암수의 성역할은 전혀 차이가 없을 것이며 암수가 똑같이 자녀를 돌보리라는 이러한 예측은 분명히 자연계의 실상과 거리가 멀다. 피셔 조건을 준수하면서 암수 성역할의 분화를 잘 설명하는 최신 이론은 바로 이어지는 장에서 만나 보자.

왜 암컷은 자식을 더 돌볼까?

"골프 황제 타이거 우즈처럼 '능력 있는' 남성들은

조강지처에게 얽매이기보다 새로운 짝을

찾아 나서는 편이 유리하다."

암컷은 자식을 열심히 돌보고 수컷은 짝짓기 횟수를 늘리고자 분투하는 전형적인 성차에 대한 지금까지의 설명이 틀렸음을 앞 장에서 살펴보았다. 트리버스에 따르면, 암컷은 평생 낳을 수 있는 자식 수가 어차피 한정되어 있으므로, 낳은 자식들을 공들여 키우는 데 몰두한다. 반면에 수컷은 얻을 수 있는 자식 수가 거의 무한하므로, 한 여성에게 정착하느니 여러 암컷의 꽁무니를 졸졸 따라다닌다역사상 가장 많은 자식을 둔 여인은 19세기 러시아 소작농 페오도르 바실리에프 (Feodor Vassilyev)의 아내인데, 총 69명의 자식을 낳았다. 가장 많은 자식을 둔 남성인 모로코의 황제 물레이 이스마일(Moulay Ismail)은 총 1,042명의 자식을 두었다..

빈틈이 없어 보이는 트리버스의 이러한 설명은 손뼉도 마주쳐야 소리가 난다는 '피셔 조건'에 어긋난다고 했다. 어느 유부남이 트리버스의 충고를 받아들여 아내와 아기를 매정하게 버리고 변두리 나이트클럽에 새로운 짝을 찾으려 입장했다고 하자. 맙소사! 다른 남성들도 마찬가지로 행동하는 바람에, 클럽 안에는 여성은 거의 없고 남성들만 득시글댄다. 이처럼 실질 성비가 남성에 치우친 상황에서는 새로운 여성과의 뜨거운 만남이 성사되기 어렵다. 차라리 가정으로 돌아가 열심히 아기를 돌보는 편이 더 낫다. 피셔 조건만 놓고 보면, 남성과 여성이 평등하게 자녀 양육에 참여하는 이상적인⑺ 사회가 우리 눈앞에 펼쳐져야 한다.

이제 우리는 새로운 패러독스에 부딪혔다. '피셔 조건'에 따르면 암수 모두 자식을 똑같이 돌보아야 하는데, 왜 자연계에는 암컷이 수컷보다 자식을 더 열심히 돌본다는 성차가 널리 관찰되는 걸까? 대다수 종에서 암수 성역할이 같기는커녕 아주 다르게 진화한 현실을 어떻게 설명할 수 있을까?

| 성역할의 진화를 설명하는 해법 |

진화생물학자들은 피셔 조건이 성립되면서 결국에는 암컷이 수컷보다 자녀를 더 돌보게 하는 요인으로서 세 가지를 든다. 하나씩 살펴보자.

첫째, 한 암컷이 여러 명의 수컷과 성관계를 가진다면, 아빠는 내 아기가 정말로 내 유전적 친자식인지 아니면 이웃집 뜨내기 녀석의 자식인지 확신하기 어렵다. 즉, 모성maternity은 확실하지만 부성paternity은 언제나 불확실하므로 아빠는 엄마보다 상대적으로 자식을 덜 돌보게끔 진화할 것이다. 어느 아프리카 사회에서는 이러한 부성 불확실성을 "엄마에게는 아기, 아빠에게는 아마도Mama's baby, papa's maybe"라는 재치 있는 문구로 표현했다.

종종 진화심리학자들은 부성 불확실성은 포유류나 조류처럼 암컷의 몸속에서 수정이 이루어지는 동물에서만 있는 것처럼 이야기한다. 그러나 수정이 이루어지는 장소가 암컷의 몸 안이건 몸 바깥이건 간에, 엄마와 자식 사이의 연결고리보다 아빠와 자식 사이의 연결고리는 더 희미하고 약할 수밖에 없다. 한 암컷이 평생 한 수컷에 대해서만 지조를 지키는 종은 자연계에 사실상 존재하지 않는다. 즉, 암컷은 평균적으로 한 명을 초과하는 수컷들과 교미하여 자식을 낳는다. 따라서 지금 막 탄생한 수정란에 대해 친권을 주장할 수 있는 예비 아빠의 수는 항상 1을 초과한다. 암컷이 알을 체외로 방출한 다음 그 위에 수컷이 정액을 뿌려서 수정이 되는 어류에서도 부성은 불확실하다는 말이다.

둘째, 실질 성비가 수컷으로 치우친 바람에 새로운 암컷을 구할 가능성이 그만큼 적은 상황에서도, 개체군 내의 평균적인 수컷들이 아니라 이미 짝짓기에 성공한 일부 '능력 있는' 수컷들로서는 가족을 계속 돌보는 것보다 버리는 편이 여전히 더 낫다. 피셔 조건은 어디까지나 개체군 내의 평균적인 암수 개체들에만 해당된다. 예컨대 어떤 개체군 내에 어른 수컷과 어른 암컷이 각각 30개체라고 하자. 평균적인 수컷 한 개체가 얻게 되는 자식 수는 1이다. 암컷은 수컷보다 자식에게 투자를 더 많이 하므로, 짝짓기 시장에 실제로 나와 있는 개체들만 따지는 실질 성비는 대개 수컷으로 크게 치우치

게 된다실질 성비는 수컷:암컷=30:15, 즉 2:1이라고 하자.. 따라서 평균적인 수컷
한 개체의 처지에서 보면, 이미 낳은 자식들을 계속 잘 키우는 편이
성공률 50퍼센트에 불과한 짝짓기 경쟁에 다시 뛰어드는 편보다
더 유리하다.

그러나 현재의 가정을 계속 지킬지 아니면 버릴지 고심하는 것
자체가 짝짓기에 이미 성공한 수컷들의 배부른 고민임에 유의하자.
극심한 짝짓기 경쟁을 이기고 벌써 자식을 하나 얻은 상태에서 가
정을 버릴까 말까 배부른 고민을 하는 수컷들에게는 뭔가 특별한
것이 있다. 즉, 일부 '능력 있는' 수컷들이 평생 얻는 자식 수는 '평
균적인' 수컷들의 자식 수보다 훨씬 더 많다. 이들 '능력 있는' 수컷
들의 몸을 통해 수컷으로 하여금 자식을 덜 돌보게 하는 유전자가
선택되어 개체군 전체에 퍼지게 된다.

인간 사회에 빗대어 설명해 보자. 남성이 자식을 돌보는 정도를
결정하는 유전자는 그냥 저절로 자연선택이 주관하는 법정에 불
려 나가 선택될지 아니면 제거될지 여부를 심판받는 것이 아니다.
이 유전자는 성공적으로 짝짓기해서 자식을 얻는 '능력 있는' 남성의
몸 안에 들어 있어야만 비로소 법정에 불려 나가 자연선택될지 여
부를 판가름 받는다. 평생 결혼도 못한 채 쓸쓸히 노년을 맞는 남성
의 몸에 들어 있다간 이 유전자는 자연선택의 심판조차 받지 못한
다. 그런데 골프 황제 타이거 우즈처럼 '능력 있는' 남성들은 조강
지처에게 얽매이기보다는 끊임없이 새로운 짝을 찾아 나서는 편이
유리하다. 결국, 소수의 '능력 있는' 남성들 때문에 일반적으로 아

빠들은 엄마들보다 자식을 덜 돌보게끔 진화하였다 물론 아빠들이 갓난 아기 목욕시키기에 서툰 까닭이 다 우즈 탓이라는 말은 아니다..

셋째, 한 개체군에 존재하는 번식 가능한 성체들의 성비adult sex ratio도 수컷이 가정을 지킬지 아니면 버릴지 결정하는 데에 독립적인 영향을 끼친다. 지금껏 우리는 성체 성비가 1:1이라고 가정해 왔지만, 사실은 몇 가지 이유로 해서 성체 성비는 1:1을 벗어날 수 있다 성체 성비는 짝짓기 시장에서 당장 만날 수 있는 개체들의 성비인 실질 성비(operational sex ratio)와 다르다. 자녀 양육을 암컷이 거의 전담하는 종이라면, 성체 성비로는 암컷이 우세하다 해도 실질 성비는 수컷으로 치우칠 것이다..

먼저, 자식을 돌보는 일이 주로 암컷들에게 큰 부담을 줘서 개체군 내에 어른 암컷들이 어른 수컷들보다 드문 경우를 생각해 보자. 암컷 자체가 드문 판국이니 실질 성비로는 더욱더 암컷이 드물다. 따라서 수컷들은 다른 암컷들에게 한눈팔지 않고 현재의 가정을 돌보는 쪽을 택할 것이므로, 수컷으로 치우친 성체 성비는 암수의 성역할을 평등하게 진화시킬 것이다.

반면에 공작의 휘황찬란한 꼬리, 사슴의 거대한 뿔 같은 성선택된 형질들을 발현하느라 수컷들이 고생하는 바람에 개체군 내에 어른 수컷들이 어른 암컷들보다 드문 경우를 고려해 보자. 위의 가상적 상황을 예로 들자면, 어른 수컷은 30개체인데 어른 암컷은 60개체라고 하자. 이때 평균적인 암컷 하나가 얻을 수 있는 자식 수는 1이지만, 평균적인 수컷 하나가 얻을 수 있는 자식 수는 2이다. 즉, 수컷 입장에서 보면 현재의 자식을 돌보기보다 새로운 짝짓기 기회를 추구하는 편이 성체 성비가 1:1일 때 비하여 더 많은 이점을 가져다준다. 암컷으로 치우친 성체 성비는 암수의 성역할 차이를 더 증폭하는 방향으로 진화시킬 것이다.

결론적으로, 손뼉도 마주쳐야 소리가 난다는 피셔 조건에 따르면 암컷과 수컷은 자식을 돌보는 정도나 짝짓기 경쟁에 참여하는 정도에서 한 치의 차이도 없어야 한다. 그러나 1) 한 암컷이 종종 여러 수컷과 성관계를 가지는 바람에 부성이 불확실해진다는 점, 그리고 2) 이미 짝짓기한 수컷들은, 평균적인 수컷들의 처지와 달리, 현재의 가정을 지키기보다는 버리는 편이 여전히 더 유리하다는 점에서 수컷은 암컷보다 자식을 덜 돌보게끔 진화한다. 이 과정에서 3) 성체 성비는 어느 한 성의 사망률을 상대적으로 높인 원인이 무엇인가에 따라서 성역할의 분화를 증폭시키기도 하고 감소시키기도 한다.

이 모든 설명이 어렵게 느껴지는지? 만약 그렇다면, 여성이 자식을 열심히 돌볼 때 남성은 여러 상대와의 짝짓기에 열심이라는, 너무나 당연한 현상 아래에 이토록 복잡한 진화생물학적 논리가 깃들어 있음을 이해하는 것에서 만족하기로 하자. 적어도 다른 과학 기사나 칼럼 등을 읽다가 난자는 비싸고 정자는 싸기 때문에 남녀의 성차가 진화했다는 식의 주장이 나오면 그 주장에 숨은 오류를 찾을 수 있게 되었으니 말이다.

서른 번째 연장

약한 자여, 그대 이름은
남성이니라

"어느 연령대에서나 남성은 여성보다

더 많이 죽어 나가는 '연약한' 성이다."

내 안사람의 할아버지께서는 100세까지 장수하셨다. 혼례를 치르고 난 다음, 처가 식구들과 함께 샌프란시스코의 한 실버타운에 계시던 처할아버님께 인사를 드리러 간 적이 있다. 고령에도 불구하고 아주 정정하셔서 매일 아침 성경을 또박또박 낭독하시는 처할아버님께서 실버타운 내의 할머니들 사이에 완전 인기 폭발이라는 귀띔을 받았다. 실내를 쓱 살펴보고 나서, 처할아버님께서 누리시는 인기가 상당 부분 어디에서 유래하는지 짐작할 수 있었다. 다른 어르신 중에 할아버지는 별로 없었고 거의 다가 할머니들이었다!

요양원이나 실버타운에 할아버지보다 할머니가 훨씬 더 많다는 것은 누구나 다 아는 사실이다. 일반적으로 여성은 남성보다 5년정도 더 오래 산다. 호호백발 노인이 다 된 마당에 그까짓 몇 년 더 오래 사는 것쯤이야 하나도 부럽지 않다고 호기롭게 대꾸할 남성들이 꽤 있을 듯하다. 글쎄, 그런 남성분들도 남성 사망률이 노년에

만 여성 사망률보다 더 높은 게 아니라 '모든' 연령대에 걸쳐 남성이 여성보다 더 많이 죽어 나간다는 말을 들으면 낯빛이 살짝 변하리라 본다. 여성이 남성보다 연약하다는 선입견은 틀렸다. 많은 연구 결과들이 어느 연령대에서나 남성은 여성보다 더 많이 죽어 나가는 '연약한' 성임을 입증하고 있다.

남성의 사망률이 더 높은 까닭은 흔히 남성들이 사회적으로 더 과중한 부담을 짊어져서 스트레스에 시달리기 때문이라고 설명된다. 하루 종일 직장에서 과로하며 가족을 부양하기, 항상 당당하고 두려울 것 없는 마초로 행세하기, 술과 담배를 즐기며 건강을 해치기 등이 남성을 사지로 몰아넣는다는 것이다. 이러한 설명들은 실은 "어떻게How" 남성이 여성보다 더 많이 죽는가에 대한 부분적인 해답들일 뿐, "왜Why" 남성이 여성보다 더 많이 죽게끔 설계되었는가에 대한 해답은 되지 못한다. 무엇보다도, 이러한 사회 경제적 설명은 남성에게만 과도한 노동을 요구하는 사회적 풍조가 없거나 금연이 폭넓게 확산된 나라에서는 남녀의 사망률이 얼추 비슷하리라고 암시한다. 과연 그럴까? 아프가니스탄에서 짐바브웨에 이르기까지 전 세계 227개국을 조사한 연구에 따르면, 거의 모든 국가에서 남성 사망률은 여성 사망률보다 일관되게 더 높았다. 게다가 쥐, 땅다람쥐, 뇌조, 벌새 등등 많은 종에서 수컷이 암컷보다 더 일찍 죽는다. 이들 가운데 그 어떤 종에서도 수컷이 직장에서 스트레스와 과로에 시달리지는 않는다.

| 남성이 더 일찍, 더 많이 죽는 진화적 이유 |

남성이 여성보다 더 일찍, 더 많이 죽는 진화적 이유는 동물계에서 대개 암컷보다 수컷이 배우자를 차지하기 위한 경쟁에 더 열심히 뛰어들기 때문이다. 그리고 수컷이 이처럼 번식에 말 그대로 목숨을 거는 까닭은 단순히 수컷이 싸고 흔한 정자를 신속히 생산하기 때문은 아님을 이미 살펴본 바 있다. 경쟁이 유독 남성들 사이에 치열하다 보니 축구 스타 호날두 같은 승리자는 수많은 미녀들과 염문을 뿌리는가 하면, 돈 없고 빽 없는 패배자는 평생을 솔로로 외롭게 보내기도 한다. 따라서 남성들은 행동적으로나 생리적으로 위험을 과감히 무릅쓰는 성향을 진화시켰다. 가만히 앉아서 무자식이라는 진화적 파산 선고를 받느니, 번식 가능성이 조금이라도 보이는 일이라면 물불 가리지 않고 뛰어든 남성이 우리의 조상 할아버지가 되었다.

첫째, 수컷은 행동적으로 더 위험을 감수하다 보니 그만큼 사망률이 높아진다. 수캐는 암캐보다 사상충絲狀蟲, heartworm이라는 기생충이 심장에 더 많이 기생하는 것으로 알려졌다. 이는 수캐가 배우자를 찾아 더 넓은 장소를 싸돌아다니는 와중에 사상충의 매개체인 모기에 더 자주 물리기 때문이다. 아프리카 일부 지역에서는 계집아이들보다 사내아이들이 물속을 유영하는 주혈흡충主血吸蟲, schistosoma이 사람 피부를 뚫고 침입하는 주혈흡충병schistosomiasis에 더 많이 걸린다. 주혈흡충이 여자보다 남자를 더 좋아해서가 아니라, 강이나 웅덩이에서 별 생각 없이 맨발로 노는 아이들이 주로 사내애들이기 때문이다. 자기 건강을 돌보지 않고 무모하게 위험을 무릅쓰는 성향이 남성들이 여성들보다 사고나 음주, 흡연, 향정신성 약물, 위험한 근로 환경 등으로 인해 목숨을 더 쉽게 잃게 한다. 실제로 사고사는 미국 남성의 사망 원인 가운데 당당히 4위를 차지했지만, 미국 여성의 사망 원인 중에선 7위에 불과했다.

둘째, 수컷은 생리적으로 더 위험을 감수하다 보니 높은 사망률이라는 대가를 치른다. 저 유명한 성호르몬인 테스토스테론testosterone은 수염을 나게 하고, 정자를 생산하고, 근육을 키워 주고, 공격성을 높이고, 여성들의 시선을 잡아끄는 등 그야말로 남성을 '진짜 사나이'로 만들어 준다. 그러나 테스토스테론은 위험하다. 면역계의 활동을 저해해서 인간을 포함한 많은 척추동물 수컷들이 시름시름 질병을 앓게 만들기 때문이다. 또한 테스토스테론은 이른바 스트레스 호르몬이라고 불리는 코르티솔cortisol 호르몬의 분비를 높여 주는데, 이 코르티솔도 면역계를 망가뜨리는 데 일가견이 있다. 중요한 시험이나 입사 면접 전날처럼 스트레스가 극에 달하는 시기에 꼭 감기나 몸살에 걸리게 만드는 원흉이 이 코르티솔 호르몬이다. 기생충이나 세균, 바이러스로 인한 전염병에 의한 사망률은 선진국에서는 남성이 여성보다 두 배 이상 높고, 후진국에서는 무려 네 배에 육박한다.

| 약한 자여, 그대 이름은 남성이니라 |

기존 연구들은 진화적 관점을 그다지 고려하지 않은 탓에 남녀
의 선체적인 평균 수명이 국가별로 어떻게 달라지는지 충실히 기술
하는 데에 초점을 맞추었다. 미시간 대학교의 진화심리학자 대니얼
크루거Daniel Kruger와 랜돌프 네스Randolph Nesse는 본격적인 진화적
접근을 시도했다. 이들은 20개 국가에 걸쳐 교통사고, 비교통사고,
자살, 살인, 심혈관 질환, 고혈압, 간 질환, 악성 종양, 뇌혈관 질환
등 11개 주요 사망 원인에 대한 남녀 사망률의 차이를 조사했다.

연구 결과는 '모든' 사망 원인에 대해 '모든' 연령대에서 남성이
더 많이 사망함을 뚜렷하게 보여 주었다. 특히 남성이 성적으로 성
숙해서 배우자를 얻기 위한 경쟁에 막 뛰어드는 시기인 청년기에
남녀 사망률의 차이가 가장 컸다. 미국에서 남녀 사망률의 편차가
가장 심한 경우는 75~79세의 노인 사이에 여성 1명당 남성 9명이
자살하는 것이었다. 그다음은 20~24세의 청년기에 여성 1명당 남
성 약 6명이 살해당하는 것이었다. 필자 역시 한 사람의 남성으로
서 가슴 한구석이 아리지만, 이 논문의 결론만큼은 인용할 수밖에
없다. "남성이라는 사실은 선진국에서 젊은 나이에 사망을 초래하
는 가장 강력한 인구 통계학적 위험 요인이다." 약한 자여, 그대 이
름은 남성이니라.

진화적 관점은 그것 없어도 이미 다 알고 있는 현상에 그럴듯한
사후 설명만 덧붙여 줄 뿐이라는 오해를 하는 사람들이 종종 있다.

크루거와 네스의 연구도 꼭 진화 이론이 없어도 가능한 것 아니냐고 생각할지 모른다. 꼭 이러한 오해를 바로잡기 위함은 아니었겠지만, 크루거는 최근 진화적 시각에서 도출된 새로운 예측들을 검증하는 연구를 수행했다. 앞에서 살펴보았듯이, 남성의 사망률이 더 높은 근본적인 원인은 배우자를 둘러싼 남성 간의 경쟁이 더 치열하기 때문에 주로 남성들이 위험한 행동적, 생리적 전략을 택하기 때문이다. 그렇다면, 1) 일부다처제가 행해지는 나라나 2) 부의 재분배가 잘 이루어지지 않아서 경제적 양극화가 심한 나라나 3) 성인 성비가 남성으로 치우쳐서 남성이 여성보다 더 많은 나라에서는 남성 간의 경쟁이 더 치열하게 전개되어 결과적으로 다른 국가보다 남녀 사망률의 편차가 더 심할 것이다. 전 세계 70개국의 남녀 사망률의 편차를 조사한 결과, 일부다처제나 경제적 양극화의 정도는 예측대로 남녀 사망률의 편차와 비례하는 것으로 나타났다. 그러나 성인 남성이 여성보다 더 많이 있는 나라라고 해서 남녀 사망률의 편차가 다른 나라보다 더 심하지는 않았다. 다른 과학과 마찬가지로 진화적 예측이 종종 실제로 반증되기도 함을 보여 주는 사례다.

남녀 사망률의 편차에 영향을 끼치는 유전적, 생리적, 행동적, 사회적, 문화적인 메커니즘들을 그림 맞추기 퍼즐 조각들에 비유한다면, 남성 간의 격렬한 배우자 획득 경쟁이라는 진화적 요인은 이들을 하나로 꿰맞추게 해 주는 거대한 밑그림이다. 남성은 자식을 더 많이 남기고자 삶의 건강이나 안정, 행복을 희생하게끔 진화하였다. 자연선택에 의한 진화는 우리의 행복에 그저 쿨 하게 무관심하다.

근친상간을 회피하는 이유

"가까운 혈연과의 성관계를 어떤 식으로든 회피한 사람들이 오늘날 우리 모두의 진화적 조상이 되었다."

15년 동안 사설 감방에 감금되어 군만두로 연명한다는 것은 끔찍하다. 하지만, 사설 감방에서 풀려나고서 성관계를 맺은 상대가 알고 보니 친딸이었다는 설정은 훨씬 더 끔찍하다. 박찬욱 감독의 2003년 영화 「올드보이」는 근친상간이라는 충격적인 소재로 말미암아 엄청난 논란을 불러일으켰다. 고대 이집트나 잉카 제국의 왕실에서는 권력의 분산을 막고자 왕족 간의 근친혼을 강요했다지만, 근친상간은 유사 이래 거의 모든 문화권에서 철저하게 금기시되는 불경스런 행위였다. 이집트의 클레오파트라 여왕이 남동생과 결혼했다는 말을 들으면 다들 왠지 마음 한구석이 께름칙하지 않은가.

근친상간이라는 단어가 주는 폭발력 때문인지 몰라도, 근친상간 회피라는 연구 주제는 100년이 넘는 시간 동안 사회과학적 설명과 자연과학적 설명이 이례적으로 정면충돌하는 격전장이 되어 왔다. 지크문트 프로이트Sigmund Freud나 클로드 레비-스트로스Claude

Lévi-Strauss 같은 사회과학자들은 가까운 혈연과의 성관계를 회피하는 심리가 인간 본성의 일부로 진화했다는 생물학적 설명에 고개를 젓는다. 전통적인 사회과학 관점에 따르면, 원래 우리의 성적 욕망은 가족 구성원에게 주로 끌리거나, 아니면 피붙이 여부에 상관없이 아무에게나 끌리게끔 되어 있다. 3~5세의 남자아이가 어머니에게 무의식적인 성적 애착을 품고 아버지를 증오하게 된다는 프로이트의 '오이디푸스 콤플렉스Oedipus complex'를 되새겨 보라. 유아기의 이러한 원초적인 성적 욕망은 성장 과정에서 문화적 관습과 도덕규범에 의해 억압되고 길든다. 즉, 전적으로 문화가 흘린 땀방울 덕분에 평범한 어른들이라면 가족에게 전혀 성욕을 느끼지 못하게 된다는 것이다.

반면에 진화학자들은 근친 간의 성관계를 통해 낳은 자손은 대개 생존 능력이 매우 떨어지기 때문에 수렵-채집 생활을 했던 우리의 진화적 조상 사이에서 가족을 성적 대상으로 여기지 않게 만드는 심리 기제가 진화했다고 본다. 예를 들어 치명적인 유전적 질병을 일으키는 대립 유전자가 전체 개체군에 1000분의 1이라는 빈도로 아주 드물게 존재한다고 하자. 덧붙여 이 대립 유전자는 열성으로 작동한다고 즉, 두 친부모 모두로부터 이 유전자의 복제본을 물려받아야 비로소 내 몸속에서 활동을 개시한다고 가정하자. 내가 재수 없이 부모 중 어느 한쪽으로부터 이 대립 유전자를 물려받았다 해도, 피 한 방울 섞이지 않은 남남과의 사이에서 태어난 내 자식이 유전병에 시달릴 확률은 1000분의 1이다. 그러나 내가 만약 친남매와 결혼했다면? 그 자식이 발병할 확률은 2분의 1, 즉 500배나 된다. 요컨대, 가까운 혈연과의 성관계를 어떤 식으로든 회피한 사람들이 번식의 측면에서 더 유리했기 때문에 오늘날 우리 모두의 진화적 조상이 되었다.

최근 들어 진화심리학자들은 근친, 특히 친남매와의 성관계를 피하게 하는 심리 기제가 구체적으로 어떻게 작동하는지에 대한 새로운 연구 성과들을 내놓고 있다. 그 이야기를 들어 보자.

| 동기를 탐지하는 두 가지 단서 |

자연선택이라는 '설계자'가 근친상간을 회피하는 심리 기제를 설계하고자 열심히 머리를 굴리고 있다. 그가 풀어야 할 과제 중의 하나는 한 개체를 둘러싼 여러 이웃 가운데 과연 누가 피를 나눈 혈연인지 탐지해 내는 장치를 만드는 것이다. 물론, 그 누구도 남의 몸속에 어떤 유전자가 들어 있는지 훤히 꿰뚫어 보는 DNA 판독기를 눈에 부착하고 태어나진 않는다. 자연선택이 기댈 수 있는 최선의 방책은 우리가 진화한 과거 환경에서 어떤 이웃이 내 친부모나 자식, 형제, 혹은 사촌 등등 특정한 종류의 혈연에 해당할 가능성을 신빙성 있게 시사했던 단서들에 주목하는 것이다.

내 앞에 서 있는 누군가가 실은 나와 한 배에서 태어난 동기임을 알려 주는 단서로 어떤 것들이 있을까? 진화심리학자들은 2개의 중요한 단서를 든다. 첫째 단서는 내 어머니가 어떤 아기를 돌보아

주는 광경을 보는 것이다. 인간은 부모가 자식을 돌보는 포유동물의 일원이다. 게다가 다른 영장류들에 비해 우리 종에서는 갓 태어난 신생아를 성인으로 길러 내기까지 부모의 노고가 훨씬 더 많이, 더 오래 투입된다. 그러니 과거에 내 친어머니가 어떤 갓난아기에게 젖을 물리거나 자장가를 들려주는 모습을 지속적으로 봤다면, 그 아기는 내 친동생일 가능성이 대단히 크다.

누군가가 아주 어렸을 때 내 어머니의 보살핌을 받는 현장을 지켜보았다는 사실은 형제 관계를 알려 주는 강력한 단서이지만, 이 단서에는 뚜렷한 한계가 있다. 시간은 거꾸로 흐르지 않으므로, 이 단서는 손위 형제가 누가 내 친동생인지 가려낼 때만 쓸모 있다. 손위 형제뿐만 아니라 손아래 형제도 사용할 수 있는 단서가 바로 둘째 단서, 즉 어린 시절 내내 한 집에서 함께 먹고 자면서 생활했다는 것이다. 인간의 진화 역사에서 부모는 나이 터울이 있는 여러 자식을 한집에서 다 함께 키웠다. 그러므로 생후 6살~10살에 이르기까지 줄곧 한집에서 자랐다는 사실은 피를 나눈 동기 관계를 시사하는 또 다른 단서가 된다.

이 주장은 19세기 말 핀란드의 사회학자 에드워드 웨스터마크 Edward Westermarck로 거슬러 올라간다. 놀라울 정도로 현대적인 진화 이론에 따라서 그는 어린 시절을 함께 보낸 이성에 대해서는 성적 욕망을 도통 느끼지 못함으로써 결과적으로 근친상간을 회피하게 만드는 심리가 진화했다고 주장했다. 여러 가정의 아이들을 친밀하게 공동 양육하는 이스라엘의 키부츠에서 웨스터마크 효과가 실제로 확인되었다. 인류학자들이 총 2,769쌍의 신혼부부 중에서 같은 키부츠 출신이 몇 쌍인지 조사한 것이다. 아무리 한 지붕 아래서 함께 자랐지만 피 한 방울 섞이지 않은 남남임을 고려하면, 같은 키부츠 출신의 신혼부부도 여럿 있음 직하다. 그러나 조사 결과 그런 신혼부부는 단 한 쌍도 없었다. 이 사례는 무엇을 의미하는가? 우리의 마음은 "어린 시절 한집에서 자라난 이성에게는 성적인 관심을 아예 끊어라."라는 지침을 따른다. 이 지침은 인간의 진화 역사에서 내 친남매가 누군지 신빙성 있게 판별해 주는 유용한 팁으로 기능을 했다. 그러나 키부츠처럼 완전히 남남인 아이들을 함께 키우는 낯선 환경에서는 공연히 잠재적인 배우자 선택의 폭만 좁히는 부정적인 결과를 가져온 셈이다.

| 친남매에 대한 성적 회피의 실제 연구 사례 |

마이애미 대학교의 진화심리학자 데브라 리버만Debra Lieberman과 그녀의 동료는 '엄마의 아기 양육 관찰'과 '생애 초기의 공동 주거'라는 두 단서가 정말로 누가 내 친남매인지 판별하여 근친상간의 가능성을 사전에 막아 주는 효과적인 단서로 기능을 하는지 조사했다. 이들이 세운 예측은 다음과 같았다.

첫째, 손위 형제처럼 두 단서 모두를 활용할 수 있는 사람에서는 '엄마의 아기 양육 관찰'이 '생애 초기의 공동 주거'보다 상대에 대한 성적 욕망을 더 크게 낮춰 줄 것이다. 엄마가 어떤 아기를 돌보는 광경을 지켜본 경험은 그 아기가 내 친동생임을 그야말로 강력하게 암시하므로, 이때 '생애 초기의 공동 주거'가 성적 욕망에 끼치는 영향은 미미하거나 전혀 없을 것이다.

둘째, 손아래 형제처럼 둘째 단서만 활용할 수 있는 사람에서는 생애 초기의 공동 주거 경험이 상대에 대한 성적 욕망을 낮춰 줄 것이다.

연구팀은 친남매가 있는 남녀 대학생 455명에게 남매와 열정적인 프렌치 키스를 나누거나 성관계를 맺는다는 상상을 얼마나 혐오스럽게 여기는지 조사했다 설문지를 채워 나가는 학생들의 얼굴이 심하게 찡그려졌으리라는 것은 쉽게 짐작할 수 있다.. 결과는 예측대로였다. '엄마의 아기 양육 관찰'이라는 단서가 없는 집단, 즉 모든 손아래 형제와 소수의 손위 형제에서는 '생애 초기의 공동 주거'가 남매와의 성관계에 대한 성적 혐오감과 유의미한 상관관계를 보였다. 그러나 '엄마의 아기 양육 관찰'이라는 단서가 있는 대부분의 손위 형제에서는 '생애 초기의 공동 주거'라는 단서가 남매와의 성관계에 대한 성적 혐오감과 아무런 상관관계를 보이지 않았다.

말하자면 이렇다. 지원이가 오빠/누나인데 지원이의 어린 동생을 어머니가 돌보는 광경을 지켜본 적이 있다고 하자. 그렇다면 지원이는 동생이 친동생임에 틀림없다고 거의 확신할 수 있다. 설사 그 동생과 아주 어렸을 때부터 따로 떨어져 살았더라도 지원이는 동생에게 별다른 성욕을 느끼지 못한다. 하지만, 지원이가 동생이라면 지원의 오빠/누나가 정말로 친남매인지 판별할 때 '엄마의 아기 양육 관찰'이라는 단서는 애초에 쓸 수 없다. 만약 지원이가 오빠/누나와 아주 어렸을 때부터 따로 떨어져 살았다면, 오빠/누나에게 성적으로 이끌릴 가능성이 오빠/누나와 줄곧 같이 살았을 경우보다 더 높다.

결론적으로, 근친상간 회피를 담당하는 심리 기제에 대한 진화심리학자들의 연구는 인간도 다른 종들과 마찬가지로 진화의 영향력에서 예외일 수 없음을 잘 보여 준다. 몇몇 독자들은 대다수 문화권에서 근친상간을 명시적으로 금지하고 터부시함을 들어 반론을 제기할지 모른다. 근친상간에 대한 회피가 자연적이라면, 굳이 문화적으로 금지할 필요가 어디 있겠는가? 이러한 비판은 모든 '생물학적인' 특질은 이유 여하를 막론하고 모든 개체들에게 획일적으로 나타나야 한다는 잘못된 믿음에서 나온다. 모든 부모는 자식을 사랑하게끔 자연선택에 의해 설계되었지만, 어떤 부모는 자식에게 폭력을 행사한다. 마찬가지로, 어떤 상황 혹은 어떤 개체들에서는 근친상간을 회피하는 심리 기제가 제대로 발현되지 않을 수도 있다. 우리의 진화 역사를 통해 그러한 드문 경우가 어쨌든 존재했다면, 그리고 이 때문에 번식상의 엄청난 손실이 초래되었다면, 근친상간을 회피하는 심리 기제가 자연선택에 의해 지속적으로 선호되었을 것이다.

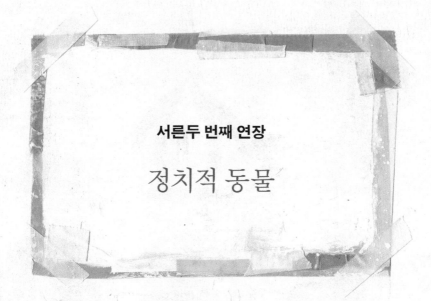

서른두 번째 연장

정치적 동물

"사람들은 사기꾼을 처벌하고자 그 과정에서 손실을 보는 것까지 기꺼이 감수한다."

석유 가격이 폭등하여 전 세계 경제가 대혼란에 빠진 1970년대였다. 저명한 심리학자 B. F. 스키너B. F. Skinner는 미국의 에너지 부족 사태를 단번에 해결할 비책을 제시했다. 각자 자기 집에서 식구들과 식사하는 대신, 동네마다 설치될 큰 식당에서 주민과 함께 집단적으로 식사하는 사람들에게 보상금을 주자는 제안이었다. 스키너의 논리는 명쾌했다. 큰 솥은 작은 솥보다 부피 대비 표면적의 비율이 더 높다. 따라서 미국의 모든 가정에서 일일이 작은 솥을 써서 요리하느니, 많은 사람이 공공장소에 모여 대형 솥에서 조리된 음식을 배식받으면 국가적으로 엄청난 에너지를 아낄 수 있다는 주장이다.

더없이 '합리적인' 이 제안은 그러나 바로 배척되었다. 공동 양육을 시도했다가 실패로 끝난 이스라엘의 키부츠 집단 농장의 사례에서 알 수 있듯이, 부모들은 자기 자식들이 먹을 음식을 손수 장만해 가정에서 오순도순 함께 식사하는 행복을 결코 포기하려

하지 않았다. 보상과 처벌을 적절히 가하는 학습 과정을 통해 모두 다 행복하게 사는 이상 사회를 건설할 수 있다고 믿었던 행동주의 심리학자 스키너로선 참으로 기가 막히는 노릇이었을 터이다. 왜 사람들은 이토록 어리석은가? 사소한 불편을 잠시 접어놓으면 보상금도 두둑이 챙길 수 있을 뿐만 아니라 국가 경제의 파탄도 막으리라는 것을 왜 이해 못하는가?

스키너의 좌절은 더 나은 사회를 건설하려는 이상이 실제 우리에게 주어진 인간 본성과 종종 충돌함을 잘 보여 준다. 사실, 모든 정치사상이나 이데올로기들은 ─ 전체주의, 군주주의, 민주주의, 자유주의, 보수주의 등등 ─ 명시적이든 암묵적이든 인간의 자연스러운 상태를 저마다 전제한다. 예컨대, 철학자 토머스 홉스Thomas Hobbes는 인간은 원래 이기적이고 탐욕스럽기 때문에 국가의 강력한 통제로써만 사회적 협동이 유지된다고 주장했다. 다른 철학자 장 자크 루소Jean-Jacques Rousseau는 인간은 본래 협동적이고 선한데 사회 제도가 인간을 타락시킨다고 보았다. 안타깝게도, 인간 본성이 어떤 모습인가에 대한 정치사상가들의 다양한 입론들은 객관적인 과학 증거들이 아니라 주관적인 직관에 토대를 두고 있다. 진화된 인간 본성이 어떻게 인간의 정치에 영향을 끼치느냐는 질문은 비단 정치인이나 정치학자들뿐만 아니라 오늘을 사는 모든 대중의 삶에 실질적으로 커다란 중요성을 지닐 것이다. 이 장에서 다음 장까지에 걸쳐 그 단면들을 살펴보자.

| 인간은 본래 이기적인가? 아니면 협동적인가? |

정치 심리를 제대로 이해하려면 먼저 인간이 본래 이기적인 존재인지 아닌지를 확인해야 한다. 많은 사람이 자연선택에 의한 진화 이론을 인간사에 응용하는 시도는 곧 인간이 자기 이익만 맹목적으로 추구하게끔 설계되었음을 일깨우는 작업이라고 오해하곤 한다. 즉, 진화 이론이 우승열패優勝劣敗나 약육강식, 혹은 만인의 만인에 대한 투쟁을 주장하는 이론이라 믿고 눈살을 찌푸리는 것이다. 필자는 "대학 졸업생들의 상당수가 스펙 쌓기 경쟁에서 뒤처져서 낙오하는 우리 사회의 현실을 진화심리학자로서 어떻게 생각하느냐?"는 질문을 받은 적이 있다. 물론 질문자는 내게서 "약육강식은 자연법칙이니 그것 참 쌤통이네요."라는 답을 기대했을 터이다!

이 책에서 자주 언급되었듯이, 현대의 진화 이론은 인간이 본래 이기적인 동물이라고 보지 않는다. 그러기는커녕, 유전자를 공유하는 피붙이와의 사회적 관계에서는 인간은 때론 놀랄 정도로 이타적이다. 자녀의 대학 등록금 마련을 기꺼이 떠안는 부모님을 생각해 보라. 한편, 인간은 피 한 방울 섞이지 않은 비친족과의 상호작용에서도 서로 도움을 주고받는 상호성reciprocity 을 통해 상호 협동을 이루어 낼 수 있다. 예를 들어, 수렵-채집 생활을 했던 우리의 먼 조상은 종종 운 나쁘게 사냥에 실패해서 빈손으로 집에 돌아오곤 했을 것이다. 사냥한 고기를 사냥에 실패한 이웃들과 나누어 먹는 관습은 "내 등을 긁어 주면, 나도 나중에 네 등을 긁어 주마."라는 상호성의 원리에 잘 부합한다.

최근 활발히 진행되고 있는 행동경제학자들의 실험 연구는 인간의 협동 성향에 대해 중요한 사실을 발견했다. 바로, 인간은 "생각보다 더" 협동적이었다는 것이다. 서로 일면식도 없는 두 사람이 단한 번만 상호 작용하는 '최후통첩 게임ultimatum game'을 예로 들어보자. 한 사람은 1만 원이라는 금액을 자신과 상대방 사이에 나누도록 요청받는다. 다른 한 사람은 그 분배안을 수용하거나 거부할수 있다. 만약 거부한다면 둘 다 한 푼도 받지 못하게 된다. 인간은자신의 이익을 최대화하려는 이기적인 속성을 지닌다는 관점이 맞는다면, 제안자는 9,999원은 자기가 갖고 1원만 상대에게 주겠다고제안해야 한다. 어차피 누군지도 모르는 사람이고 다시 만날 것도아니니까 말이다. 응답자로서는 한 푼도 못 버는 것보다는 1원이라도 버는 것이 나으므로, 제안자의 어떤 분배안도 수용해야 한다.

　　행동경제학자들이 전 세계 여러 국가에서 반복적으로 실행한연구 결과는 뜻밖이었다. 제안자들 가운데는 처음 금액의 50퍼센트, 즉 5,000원을 상대에게 떼어 주겠다고 제안한 사람들이 가장많았다. 1원만 주겠다고 제안한 사람들은 소수에 불과했다. 제안자가 처음 금액의 3분의 1에도 못 미치는 금액을 상대에게 주겠다고제안한 경우, 응답자의 절반 이상은 한 푼도 못 벌지언정 그 분배안을 단호히 거부해서 제안자도 돈을 일절 못 벌게 하겠다고 대답했다. 이러한 결과는 나눠야 하는 금액이 1000만 원처럼 아주 많을때도 마찬가지였다. 즉, 다른 동물들과 달리 인간은 생전 처음 본상대와의 일회성 상호 작용에서도 선뜻 협력할 뿐만 아니라, 남에게 손해를 끼치는 얌체 사기꾼은 자신의 손해를 감수하면서까지 이타적으로 처벌하는 성향을 진화시켰다. 건강한 남자 연예인들이 편법을 동원하여 병역을 면제받았다는 기사가 나면 귀중한 시간과 에너지를 들여 가며 인터넷의 공개 게시판을 비난글로 도배하는 사람들은 바로 이타적인 처벌을 하는 이들이다.

왜 사람들은 사기꾼을 처벌하고자 자신이 그 과정에서 손실을 보는 것까지 기꺼이 감수하는가? 다시 말하면, 여럿이 함께 사냥에 나서거나 전쟁에 참여하는 공동 활동에서 자기 의무를 다하지 않고 남의 노력만 빼먹으려 드는 무임승차자들을 쿨 하게 무시하기는커녕 굳이 개인적인 비용까지 들여 가며 징벌하려는 심성이 어떻게 자연선택에 의해 진화했을까? 이 문제에 대해서는 학자들 사이에 견해차가 존재한다. 한 가지 유력한 해답은 소규모의 친족 마을에서 서로 잘 아는 사람들과 반복적인 상호 작용을 하는 환경에서 진화한 인간의 마음이 인위적인 실험실 게임 상황에서도 여전히 작동하기 때문이라는 것이다. 반복적인 상호 작용이 대부분이었던 먼 과거의 환경에서는, 무임승차자를 이타적으로 처벌하는 사람들이 무임승차자를 그냥 내버려 두는 사람들보다 생존과 번식에 더 유리했을 것이다. 그리고 이 심리는 아무리 단 한 번만 상호 작용하는 상황이라고 연구자가 일러 줘도 실험에 참여한 사람들의 마음속에 계속 작동하는 듯하다.

| 정치 제도는 왜 존재하는가? |

인간은 자기가 속한 집단 내에서 상당히 협동적이지만, 다른 구성원들의 노력을 착취하려 드는 무임승차자를 단호히 처벌하려는 욕망도 아울러 진화시켰다. 정치학자 존 올포드John Alford와 존 히빙John Hibbing은 이러한 연구 결과로부터 왜 정치 체제가 존재하는가에 대한 해답을 얻을 수 있다고 본다. 인간은 대개 그냥 내버려두면 대다수 일반 시민은 매우 협동적이고 자기 본분을 묵묵히 다하리라 믿는다. 그러나 무임승차자가 그 가운데서 소수나마 생겨나 곧 부당한 이득을 누릴 가능성을 결코 참을 수 없으므로, 대중은 정치 제도를 만들어 사기꾼에 대한 규제와 처벌을 주문하게 된다.

정치 제도가 성숙한 시민 간의 사회적 계약에서 유래하는 것이 아니라 순전히 사기꾼을 처벌하려는 인간의 진화된 욕망에서 유래한다는 제안은 다소 지나친 것처럼 보일지 모른다. 그러나 이 관점은 의외로 많은 정치 현상들을 잘 설명해 준다. 예를 들어, 민심은 정부가 명백히 잘못된 정책을 추진할 때보다 지배층 인사들이 높은 지위를 활용해 비리와 부패를 저질렀을 때 훨씬 더 분노하는 듯하다. 남북 간의 긴장 고조나 4대 강 사업 등 논란이 많은 정책을 밀어붙일 때도 별로 떨어지지 않던 이명박 전임 정부의 지지율은 총리 및 장관 후보자들의 흠결 노출과 그에 따른 줄사퇴 이후 급락한 바 있다. 반면에 대선 공약을 무더기로 파기한 박근혜 현 정부의 지지율은 어쨌든 혈혈단신으로 사심 없이 국가만 생각한다는 박 대통령의 이미지 덕분인지 고공 행진을 거듭하고 있다.

올포드와 히빙은 대중은 정치권력이 실제로 작동되는 과정에 자발적으로 참여하는 데 별 관심이 없고, 다만 지배층이 그 권력을 사적으로 전용하는 것을 막는 데에 주로 관심이 있다고 결론 내린다. 이 주장이 충분한 경험적 증거를 통해 확증된다면, 이는 진정한 참여 민주주의를 꿈꾸는 많은 사람에게 우울한 소식으로 들릴지 모른다. 그러나 앞에서 설명했듯이 인간 본성의 참모습을 알아야 더 나은 사회를 건설하는 데 유용한 출발점을 만들 수 있다.

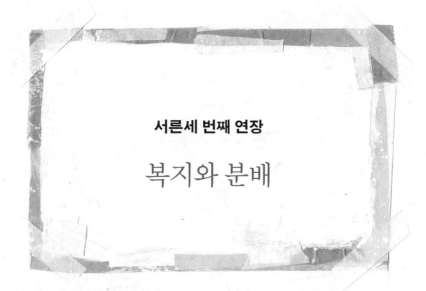

서른세 번째 연장

복지와 분배

"수백만 년에 걸친 수렵-채집 생활은

우리의 마음이 복지와 분배 문제에 대해

어떤 시각을 갖게끔 설계했을까?"

카를 마르크스Karl Marx는 수렵-채집 생활을 했던 우리의 진화적 조상들이 원시 공산 사회를 이루며 살았다고 주장했다. 그는 모든 사회 구성원들이 힘을 합쳐 일하고, 얻은 먹을거리를 모두 공평하게 나누며, 계급과 경제적 불평등이 존재하지 않는 소규모 공동체 사회가 인류 역사 발전의 첫 단계라고 보았다. 잘 알려져 있듯이, 마르크스는 역사 발전의 최종 단계로서 사람들이 '능력에 따라 생산하고 필요에 따라 분배하는' 이상적인 공산주의 사회가 다시 도래하리라 내다봤다.

무엇을 얻기 위한 노동인지, 과실을 함께 나눌 상대가 누구인지 등의 구체적인 맥락과 상관없이, 인간의 마음은 어쨌든 함께 일하고 성과물을 공평하게 나누게 되어 있다는 마르크스의 주장은 타당할까? 그렇지 않다면, 수백만 년에 걸친 수렵-채집 생활은 우리의 마음이 복지와 분배 문제에 대해 어떤 시각을 갖게끔 설계했을까?

| 자원을 공유하는 심리 — 노력이냐, 운이냐 |

　인류학자들은 오늘날에도 조금씩 남아 있는 수렵-채집민들이 과연 노동의 결과로 얻은 자원을 서로 공유하는지 자세히 연구하였다. 마르크스에게 다행스럽게도, 큰 동물을 사냥할 때는 거의 언제나 여러 사람들이 긴밀히 협력했다. 개인이 잡았건 집단이 잡았건 간에, 사냥한 고기는 부족 전체가 둘러앉아 사이좋게 나누어 먹었다. 이쯤 되면 마르크스가 옳았다고 안도의 한숨을 내쉬어도 되지 않을까?

　그렇지 않다. 마르크스는 부분적으로만 옳았다. 사냥한 고기를 제외하면, 부족의 모든 사람들이 함께 모여 나누어 먹는 음식물은 거의 없었다. 과일, 나물, 견과류, 나무뿌리 같은 식물성 음식은 제각각 따로 채집했으며, 이렇게 얻은 음식은 피로 맺어진 핵가족의 울타리 안에서만 공유되었다. 어쩌다 식물성 음식을 다른 가족에게 나누어 주는 경우, 어느 가족이 제대로 먹지 못해서 굶어 죽을 지경인가는 분배 결정에 그다지 큰 영향을 끼치지 않았다. 오늘 우리 가족이 베푼 선심에 감복해서 다음에 틀림없이 은혜를 되갚아 줄 만한 믿음직한 가족만이 수혜의 대상이 되었다. 즉, 식물성 음식은 대개 가족 내에서만 공유되었으며, 어쩌다 이웃에게까지 나누어진다면 예외 없이 '은혜를 입었으니 나중에 갚아야 한다.'는 조건이 붙었다.

　왜 고기는 부족의 사람들이 모두 모여서 나누어 먹는 반면 식물성 음식은 각 가정이 자기 집에 틀어박혀 자기들끼리만 먹을까? 이처럼 서로 다른 분배 규칙이 적용되는 까닭은 동물성 음식과 식물성 음식의 영양학적인 특성이 달라서는 아니다 이를테면, 고기 어딘가에 인류에 대한 보편적인 사랑이 마구 솟구치게 만드는 성분이 있는 건 아니다!. 분배 규칙을 다르게 하는 결정적인 요인은 1) 사냥 혹은 채집을 나갔을 때 성공할 확률이 얼마나 들쭉날쭉한가와 2) 성공할 확률이 주로 운에 달려 있는지 아니면 노력에 달려 있는가이다.

먼저 식물성 음식을 생각해 보자. 어느 날 나무뿌리나 산나물, 과일 등을 산더미처럼 채집해 오기도 어렵지만, 완전히 허탕 치고 빈손으로 귀가하기도 어렵다. 즉, 채집에 나선 우리의 조상이 집으로 복귀할 때 들고 오는 식물성 음식의 양은 그리 편차가 크지 않다. 뿐만 아니라, 산과 들에 잠재해 있는 식물성 음식을 얼마나 많이 채집하는가는 행운보다 그 사람이 하루 동안 쏟아부은 노력이나 숙련된 솜씨에 의해 좌우된다. 만약 어느 부족이 매일 부족민들이 채집해 온 식물성 음식을 한 곳에 모아 놓고 다 함께 공유한다면 어떤 결과가 빚어질까? 음식을 채집하고자 하루 종일 굵은 땀을 흘린 사람이 정당하게 얻은 노력의 성과물을 온종일 빈둥빈둥 놀면서 조금만 채집한 사람에게 재분배하는 꼴이 될 것이다. 그러므로, 자연선택은 순전히 본인의 노력이나 기술이 부족해서 획득한 자원의 양이 적은 사람에게는 자원을 흔쾌히 나누어 주지 않으려 하는 심리를 진화시켰을 것이다.

사냥한 고기는 다르다. 사냥에 성공할 확률은 매일 그 편차가 들쭉날쭉하다. 또한, 큰 동물을 성공적으로 포획하는 데는 노력보다 그날그날의 운이 훨씬 더 중요하다. 예를 들어, 파라과이의 아체 Aché족에서 근면 성실한 사냥꾼이라도 열 번 사냥을 나가면 네 번은 허탕을 친다는 사실이 보고되었다. 이처럼 아무리 부지런하더라도 운 나쁘면 사냥에 실패해 배고픔에 시달릴지도 모르는 상황에서는 두 사냥꾼이 자원을 항상 합치기로 약속하는 편이 낫다. 어느 날 둘 다 재수 없이 허탕 칠 확률은 둘 중 한 사람만 운이 나쁘게 허탕 칠 확률보다 항상 낮기 때문이다. 그러므로, 자연선택은 그저 운이 나쁘다 보니 획득한 자원의 양이 적어서 고생하는 사람에게는 자원을 기꺼이 나누어 주려는 심리를 진화시켰을 것이다.

요약하자면, 자원이 없어 고생하는 이가 순전히 운이 나빠서 그렇게·된 것인지 아니면 노력이 부족해서 그렇게 된 것인지에 따라서 우리의 자원을 그들과 공유하는 심리는 아주 다른 방식으로 작동하게끔 진화하였다. 우리의 마음은 다음의 두 문장이 직관적으로 너무나 당연하다고 여긴다.

　(가) 만약 어떤 사람이 운이 나빠서 곤란에 처했다면, 우리는 기꺼이
　그를 도와주어야 한다.

　(나) 만약 어떤 사람이 게으름을 피우다 곤란에 처했다면, 우리는 그
　를 돕지 않아도 된다.

반면에, 예컨대 "만약 어떤 사람이 운이 나빠서 곤란에 처했다면, 우리는 그를 돕지 않아도 된다."라는 말은 아주 이상하게 들린다. 논리적으로는 아무 문제가 없는 문장인데도 말이다!

| 선별적 복지와 보편적 복지 |

우리가 애써 획득한 자원을 다른 사람들과 공유하는 심리가 위와 같이 진화했다면, 이 심리는 부의 재분배나 복지 정책에 대한 사회적 담론의 형성에도 큰 영향을 끼칠 것이다. 예를 들어, 몇 년 전 김황식 당시 국무총리가 "65세 이상 노인들은 지하철을 공짜로 타는데 지하철 운영이 적자라면서 왜 그러느냐."고 발언해 불거진 과잉 복지 논쟁을 생각해 보자. 복지의 확대에 소극적인 사람들은 극빈층이나 장애인 같은 사회적 약자들이 그렇게 된 이유가 어느 정도 그들 자신에게 기인한다고 여긴다. 사지가 멀쩡한데도 열심히 일을 안 해서, 혹은 술 담배를 자신이 현명하게 절제하지 못해서 자초한 궁핍인데, 왜 그것까지 묵묵히 일해 온 다른 사람들이 덜어 주어야 하느냐고 이들은 반문한다.김 총리는 노령 연금을 언급하면서 "과잉 복지가 되다 보니 일 안 하고 술 마시고 알코올 중독이 된다."고 말했다.

한편, 복지의 확대에 적극적인 사람들은 나 자신이 한순간에 사회적 약자가 될 수도 있음을 강조한다. 즉, 사회적 약자들이 그렇게 된 이유는 실업, 차별, 질병 같은 피치 못할 불운이 우연히 그들에게 닥쳤을 뿐이라고 여긴다. 불운은 누구에게나 무작위적으로 찾아오므로, 경제적 능력을 따지지 않고 모든 사람들에게 무상 급식, 무상 의료 등을 제공하는 보편적 복지가 이들에겐 자연스럽게 받아들여진다.

우리 모두는 자원의 결핍 상태가 불운 때문인지 혹은 당사자의 노력 부족 때문인지에 따라 각각 (가)와 (나)를 실행하는 심리를 가지게 되었다고 말했다. 즉, 보수 꼴통이건 좌파 빨갱이건 간에 (가)와 (나)에 대해서는 흔쾌히 동의한다. (가)와 (나)에 해당하지 않는 주장, 예컨대 "만약 어떤 사람이 게으름을 피우다 곤란에 처했다면, 우리는 기꺼이 그를 도와주어야 한다."라는 주장에는 보수건 진보건 모두 고개를 가로젓는다는 뜻이다. 그렇다면, 보수와 진보는 어떤 점에서 의견을 달리할까? 양 진영은 어떤 특정한 사회적 약자 계층이 발생하는 까닭이 주로 불운 때문인지 혹은 당사자의 노력 부족 때문인지를 놓고 첨예하게 대립한다. 이를테면, 선천적인 지적장애자는 순전히 불운 때문에 그렇게 되었음이 명백하므로 보수건 진보건 모두 지적장애자를 사회가 보살펴 주어야 한다는 견해에 동의한다. 반면에, 노숙자가 발생한 이유에 대해서는 여러 가지 진단이 가능하므로 보수와 진보 사이에 논쟁이 불붙게 된다.

귀중한 자원을 다른 사람들과 공유하는 심리에 대한 진화적인 설명이 선별적 복지와 보편적 복지 가운데 어느 한편의 손을 들어주는 것은 아니다. 그러나, 복지를 둘러싼 논쟁이 대부분 어떤 특정한 사회적 약자의 발생 원인에 대한 객관적이고 경험적인 탐구로써 해결될 수 있다는 통찰은 보수와 진보 사이에 불필요한 감정적인 다툼을 다분히 줄일 수 있다는 희망을 열어 준다. 보수는 진보를 "게으름뱅이도 사회가 먹여 살려야 한다."는 배부른 주장을 펼치는 이상주의자로 오해하고, 진보는 보수를 어쩔 수 없이 곤란에 처한 사람들까지 내팽개치는 비정한 이기주의자로 오해하는 경우가 너무나 많지 않던가.

진화는 토대다

당신은 잘 나가는 광고 회사의 기획자로 2010년 봄여름 시즌을 강타할 특정 상품을 소개하는 CF를 새로이 제작해 텔레비전에 내보내려고 한다. 쏟아지는 광고의 홍수 속에서 소비자들이 텔레비전 광고에 그다지 눈길을 주지 않는다는 사실을 잘 아는 당신은 "대한민국 국민 5명 중에 1명이 이 제품을 쓰고 있습니다_{사회적 인증 강조}."나 "2010년 한정판! 수량이 부족하니 서두르세요_{희소성 강조}." 같은 다양한 설득 기법들 가운데 하나를 선택해 감각적인 CF를 만들 참이다. 어떤 설득 기법을 사용할지는 직원들 간의 난상 토론을 거쳐 결정할 생각이다. 별다른 방도가 있겠는가? 하여간 이렇게 만든 CF를 어떤 텔레비전 프로그램에 내보낼지도 결정해야 한다. 곧 방영 예정인 드라마로 「전설의 고향」, 「혼」 같은 오싹오싹한 공포물과 「겨울연가」, 「커피 프린스 1호점」 같은 가슴 설레는 멜로물이 있다. 자, 당신은 둘 중 하나를 선택해야 한다. 어떤 드라마를 선택해야 할까? "광고 단가가 좀 더 싸고 좀 더 유명한 탤런트가 출연하는 드라마를 택하면 그만이지."라고 생각하시는가?

이 책 전반에 걸쳐 이야기했듯, 인간의 마음이 설계된 목적, 즉 인간의 마음이 어떤 목적을 수행하게끔 자연선택에 의해 설계되었는지 질문한다면, 우리 마음뿐만 아니라 우리 자신의 행동까지 더 잘 이해할 수 있다. 예컨대 공포라는 정서는 외부의 위협으로부터 자신을 보호하게끔 설계되었다. 공포 덕분에 우리는 다른 사람들과 함께 똘똘 뭉쳐서 적과 맞서 싸우는 등의 적응적 행동을 하게 된다. 이러한 진화적 관점에 따르면, 「전설의 고향」 같은 공포드라마를 보고 나서 한창 두려움에 떠는 시청자에게 "오직 당신만을 위한 이 한정판을 구매해서 남들과 다른 사람이 되세요."처럼 희소성에 호소하는 CF를 들이대는 짓은 마치 "남들과 함께 여행을 갔다면, 밤에 혼자서 몰래 숙소를 빠져나와 고독을 즐기세요."라고 떠벌리는 격이다. 혼자서 출싹대다가 제이슨 같은 미치광이 살인마에게 붙잡혀 희생되란 말인가? 반면에 두려움에 떨면서 다른 사람들 사이에서 평안함을 찾고자 하는 시청자에게 "이미 1000만 명이 이 제품을 쓰고 있습니다."처럼 사회적 인증에 호소하는 CF는 대단히 효과적으로 다가올 것이다.

로맨틱한 정서는 어떤 행동을 유발할까? 바람직한 배우자의 간택을 받으려면 자신은 다른 동성 경쟁자들과 비교할 수 없는 특출

난 자질을 지녔음을 적극적으로 광고해야 한다. 그러므로 「겨울연가」 같은 멜로드라마를 보고 나서 한창 자신은 다른 동성 경쟁자들과 차별화된 존재라며 들떠 있는 시청자에게 "이미 1000만 명이 이 제품을 쓰고 있습니다."라는 CF는 "당신도 사실 다른 동성들과 다를 바 하나 없는 평범한 사람입니다."라고 떠벌리는 격이다. 소개팅 자리에 나간다면 조금이라도 특이하고 인상적인 복장이나 액세서리를 하고 나가야 하지 않겠는가. 그런 점에서 "오직 당신만을 위한 이 한정판을 구매해서 남들과 다른 사람이 되세요."라는 CF는 로맨틱한 정서에 빠진 시청자들에게 대단히 솔깃하게 들릴 것이다.

6장에서 만난 진화심리학자 그리스케비셔스와 그 동료는 사람들이 실제로 이러한 진화적 예측에 맞게 행동한다는 연구 결과를 《마케팅 연구 저널_Journal of Marketing Research_》이라는 학술지에 발표했다. 즉, 공포 영화를 보고 나서 사회적 인증에 호소하는 CF를 본 사람들은 상품에 대한 구매 욕구가 증가했지만 희소성에 호소하는 CF를 본 사람들은 오히려 구매 욕구가 떨어졌다. 반면에, 로맨틱 코미디를 보고 나서 희소성에 호소하는 CF를 본 사람들은 구매 욕구가 증가했지만 사회적 인증에 호소하는 CF를 본 사람들은 오히려 구매 욕구가 떨어졌다. "글쎄, 우리 몸과 마음이 진화의 산물이란 건 인정해. 하지만 그건 너무 뻔한 사실 아냐? 진화가 우리 삶을 이해하는 데 당장 뭔가 새로운 도움이 되는 건 아니잖아?"라고 투덜대는 이들에게 진화심리학이 단순한 지적 유희이기는커녕, 한 기업의 마케팅 전략을 보다 효율적인 방향으로 이끌어 기업의 흥망

성쇠를 좌지우지하는 열쇠가 될 수도 있음을 잘 보여 주는 예가 아닐까.

진화심리학은 이렇듯 마케팅뿐만 아니라 다른 모든 분야에 대해서도 인간 본성의 과학을 알려 주는 든든한 토대가 된다. 예를 들어 이 책의 13장은 인문학의 대표적인 한 갈래인 문학 창작과 비평에 대해서도 진화적 시각이 새로운 통찰을 제공한다고 주장한다. 아니, 지금 국문과나 영문과, 불문과 학생들에게 진화생물학 강의도 들으라고 권유하는가? 나는 이렇게 답하고 싶다. 안 될 것도 없지 않는가? 전 세계 모든 대학의 생물학과 학생들은 일반물리학과 일반화학을 1학년 때 의무적으로 수강하게끔 교과 과정이 짜여 있다. 이는 생물학이 물리학과 화학으로 모조리 환원된 바람에 지금은 흔적조차 사라진 죽은 과학이라서가 아니다. 오히려 물리학과 화학을 토대 삼아 생명의 다양성과 적응이라는 고유한 연구 주제를 진화 이론으로 잘 설명하는 건강한 과학으로 그 위상을 확립했기 때문이다. 생물학이 다른 자연과학을 토대로 한 단계 도약했듯이, 인문학이나 사회과학, 그리고 우리 삶을 둘러싼 다른 모든 지식 분과들은 진화생물학을 토대 삼아 한 단계 더 도약하게 될 것이다.

이 책을 읽고서 다윈주의 문학비평, 소비의 진화적 분석, 진화음악학, 종교의 진화적 분석, 다윈주의 문화 연구, 진화미학, 윤리의 진화적 분석, 법의 진화적 분석, 다윈의학, 다윈미식학 등 광활한 신천지들이 우리의 탐구를 기다리고 있음을 깨닫는 이들이 늘어나게 되기를 진심으로 바란다. 나아가 21세기의 새로운 지적 패러

다임인 다윈 혁명이 서구뿐만 아니라 한국 사회에서도 활짝 꽃피우기를 바란다. 아직도 진화 이론은 창조주의와 별반 다르지 않은 불완전한 과학이라고 믿거나, 인간의 마음에 대한 진화적 접근을 불편하게 받아들이며 무시하는 사람들이 훨씬 많은 것이 우리나라의 현실이지만, 다윈 혁명은 어쨌든 진행 중이다. 부정할 수는 있어도 벗어날 수는 없다.

『오래된 연장통』이 마주치게 될 앞날에 가장 회의적이었던 사람
은 나다. 한국인이 한국 사회의 현실에 맞추어 한국어로 쓴 진화
심리학 대중서가 꼭 필요하다며 출판사 관계자들이나 동료 학자
들이 내 등을 떠밀었지만, 반신반의했다. 진화심리학을 쉽게 풀어
쓴 외국 서적들은 웬만하면 우리말로 옮겨져 있었다. 미국 대학교
에서 심리학과 학생들이 보는 진화심리학 교과서조차 이미 번역된
상태였다. 나보다 훨씬 잘난 진화심리학자들이 쓴 입문서를 찾아
읽으시라고 대중에게 권유하면 그만이지, 굳이 나까지 책을 써서
혼란을 부추길 필요가 있을까?

다행히 내가 틀렸다. 중고생, 대학생, 주부, 직장인 등 많은 일반
독자들께서 진화심리학이라는 이름조차 들어 본 적이 없다가 『오

357

래된 연장통』을 읽고 새로운 깨달음을 얻었다며 격려를 보내 주셨다. 서구의 과학자들이 쓴 진화심리학 입문서가 여전히 어렵고 낯설게 느껴지는 분들에게, 이 책이 제법 쏠쏠한 가이드 맵 역할을 한 것 같다. 정작 아쉬움을 토로한 분들은 진화심리학에 진작부터 관심이 있었던 소수의 열정적인 독자들이었다. 『오래된 연장통』이 다양한 주제들을 다루긴 하지만 어느 한 주제를 깊이 있게 파고드는 통쾌함은 찾기 어려웠다는 지적이었다. 이런 열혈 독자들을 위해서, 증보판에 새로 수록된 스물여덟 번째, 스물아홉 번째 장에서는 "왜 여성은 남성보다 자식을 더 돌보는가?"라는 뻔한(?) 질문을 더 철저하게 파헤쳐 보았다. 물론, 진화심리학에 대한 배경 지식이 상당히 있는 독자들을 위한 진화심리학 대중서는 다음을 기약해야 할 듯하다.

증보판은 초판의 틀을 그대로 유지하면서 몇 가지 낡거나 잘못된 부분들을 바로잡고 12개의 이야기를 새로 추가하였다. 성역할의 진화를 상세히 다룬 두 장 이외에 반려동물, 스포츠, 전통 의학, 정치, 저출산, 기억, 체취, 남녀 사망률, 근친상간, 복지 등을 다윈의 렌즈를 통해 들여다보았다. 초판에서도 그랬듯이, 처음부터 순서대로 읽을 필요는 없다. 33개의 이야기들을 내키는 대로 펼쳐 읽으시길 바란다. 그러다 문득 인간 사회와 문화에 관련된 모든 일들은 진화심리학으로 잘 설명될 수 있으며 설명될 수밖에 없다는 저자의 주장에 조금이나마 귀가 솔깃해졌다면, 이 책의 목적은 이미 충족된 셈이다.

『오래된 연장통』이 출간되고 어느덧 5년이 흘렀다. 그동안 예술, 문화, 법, 경영, 도덕, 종교, 문학비평, 미학, 요리 등 각 분야에서 활발히 진행되고 있는 다윈 혁명을 생생하고 깊이 있게 들려주는 책들이 다수 출간되었다. 직접 확인하고 싶은 독자들을 위해 몇 권의 책을 추천한다.

| 문화에 대한 책 |

네 번째 장인 '문화와 생물학적 진화'에서 이야기했듯이, 문화에 대한 진화적 접근은 사실 일반인들에게 설명하기 매우 까다롭다. 인간 행동을 설명하는 데 문화와 생물학이 서로 경쟁 관계라는, 즉 어떤 행동이 문화로 잘 설명된다면 생물학이 끼어들 여지는 자동적으로 사라진다는 선입견이 많은 사람들의 두뇌에 깊숙이 자리 잡고 있기 때문이다. 유전자-문화 공진화 이론의 두 대가가 대중을 위해 일체의 수식 없이 저술한 아래 책조차 일반인에게는 상당히 어렵게 다가온다. 그러나 정독한다면 얻을 것도 그만큼 많을 것이다.

로버트 보이드와 피터 리처슨, 김준홍 옮김, 『유전자만이 아니다』(이음, 2009)

『오래된 연장통』 초판이 나온 이후, 진화심리학적 접근이 가장 눈부신 결실을 본 분야는 소비자 행동과 마케팅이라 해도 지나치지 않다. 이 주제를 다룬 책들을 소개한다.

제프리 밀러, 김명주 옮김, 『스펜트』(동녘사이언스, 2010)

개드 사드, 김태훈 옮김, 『소비 본능』(더난출판사, 2012)

이 분야를 선도하는 진화심리학자는 여섯 번째 장과 맺음말에서 만나 본 블라다스 그리스케비셔스다. 그가 박사 과정 지도 교수인 더글러스 켄릭과 함께 소비와 마케팅의 진화적 토대를 설명한 신작 『합리적 동물*The rational animal*』은 2013년에 나온 책이어서 아직 국내에 번역되지 않았다. 아쉬운 대로 켄릭이 쓴 다음 책의 7장, 9장, 11장을 참조하면 소비자 행동의 진화심리학에 대한 최신 연구 동향을 볼 수 있다.

더글러스 켄릭, 최인하 옮김, 『인간은 야하다』(21세기북스, 2012)

| 유머에 대한 책 |

일곱 번째 장에서 지적했듯이, 웃음이라는 행동은 너무나 복잡하기 때문에 연구하기 매우 어렵다웃자고 하는 말이 아니다!. 다행히 2011년에 개그맨 이윤석 씨가 웃음에 대한 과학적 설명들을 정리한 과학 대중서를 출간했다. 생경한 번역서가 아니라 순수한 국내 창작물이라는 사실만으로도 높이 평가되어야 한다고 생각한다.

이윤석, 『웃음의 과학』(사이언스북스, 2011)

| 음식에 대한 책 |

일곱 번째 장에서 만난 진화학자 다니엘 페슬러는 먹는다는 문제가 극히 중요함에도 불구하고 이 분야를 연구하는 진화심리학자들이 별로 없다고 늘 불평한다. 독소와 병원균을 피하면서 충분한 양의 영양분을 매일 섭취하는 것이 인간을 포함한 모든 동물들에게 주어진 으뜸 과제이므로, 페슬러의 주장은 일리가 있다. 음식, 요리, 비만을 진화적으로 분석한 다음 책들을 권한다.

리처드 랭엄, 조현욱 옮김, 『요리 본능』(사이언스북스, 2011)
존 앨런, 윤태경 옮김, 『미각의 지배』(미디어윌, 2013)

마이클 파워, 제이 슐킨, 김성훈 옮김, 『비만의 진화』(컬처룩, 2014)

| 서사에 대한 책 |

왜 우리는 소설, 영화, 연극, 오페라, 만화, 민담, 전설, 동화, 뮤지컬, 비디오 게임 등 허구의 이야기를 즐기게끔 진화했는가에 대해서는 현재 활발히 연구가 이루어지고 있다. 다음 책들 가운데 특히 열세 번째 장에서 언급된 다윈주의 문학비평가인 조너선 갓셜의 책을 권한다.

데이비드 바래시, 나넬 바래시, 박중서 옮김, 『보바리의 남자, 오셀로의
    여자』(사이언스북스, 2008)
브라이언 보이드, 남경태 옮김, 『이야기의 기원』(휴머니스트, 2008)
도널드 시먼스, 캐서린 서먼, 임동근 옮김, 『낭만전사』(이음, 2011)
조너선 갓셜, 노승영 옮김, 『스토리텔링 애니멀』(민음사, 2014)

| 도덕에 대한 책 |

열일곱 번째 장과 열여덟 번째 장에서 상세하게 소개된 도덕심리학자 조너선 하이트의 주저가 최근에 번역되어 나왔다. 하이트가

집단선택론의 관점에서 도덕의 진화를 설명하는 데 비하여 진화심리학자 로버트 커즈번은 유전자선택론의 관점에서 도덕을 파고든다.

조너선 하이트, 왕수민 옮김, 『바른 마음』(웅진지식하우스, 2014)

로버트 커즈번, 한은경 옮김, 『왜 모든 사람은 (나만 빼고) 위선자인가』

   (을유문화사, 2012)

| 예술에 대한 책 |

음악, 회화, 조소, 건축, 무용, 영화, 오페라 등의 예술을 창작하거나 감상하는 능력이 왜 진화했는가를 다룬 책들로 다음을 들 수 있다. 엘렌 디사나야케는 예술의 진화적 토대를 연구한 초창기 학자이며 요즘은 많이 언급되지 않는 편이다. 제프리 밀러의 책은 8장에서 예술을 진화적으로 분석한다. 예술에 대한 진화적 접근을 소개한 과학 대중서로 필자가 가장 추천하고 싶은 책은 미학자 데니스 듀턴Denis Dutton이 저술한 『예술 본능The art instinct』인데 아쉽게도 아직 국내에는 번역되지 않았다. 차후에 만약 번역된다면 꼭 읽어 보시길 권한다.

엘렌 디사나야케, 김한영 옮김, 『미학적 인간』(예담, 2009)

제프리 밀러, 김명주 옮김, 『연애』(동녘사이언스, 2009)

| 종교에 대한 책 |

종교가 다른 심리적 적응들에 우연히 딸린 부산물이라는 관점을 가장 잘 해설한 책으로 대니얼 데닛이 쓴 다음 책을 권한다.

대니얼 데닛, 김한영 옮김, 『주문을 깨다』(동녘사이언스, 2010)
존 티한, 박희태 옮김, 『신의 이름으로』(이음, 2010)

| 정치에 대한 책 |

저명한 윤리학자 피터 싱어는 『다윈주의 좌파』에서 어떻게 인간의 진화된 본성을 바탕으로 진보적인 사회를 건설할 수 있을지 논의한다. 현대 정치와 기업을 이해하는 데 필수적인 리더십에 대한 진화심리학적 접근으로 마크 판 퓌흐트와 안자나 아후자가 쓴 『빅맨』을 권한다.

피터 싱어, 최정규 옮김, 『다윈주의 좌파』(이음, 2011)
마크 판 퓌흐트, 안자나 아후자, 이수경 옮김, 『빅맨』(웅진지식하우스,
    2011)

| 첫 번째 연장 |

Buss, D. M. (2007). *Evolutionary psychology: the new science of the mind* (3rd ed.). Boston: Allyn & Bacon.

Hamilton, W. D. (1996). *Narrow roads of gene land* (Vol. 1). Oxford: Oxford University Press.

Tooby, J., & Cosmides, L. (1992). The psychological foundations of culture. In J. H. Barkow, L. Cosmides & J. Tooby (Eds.), *The adapted mind: evolutionary psychology and the generation of culture* (pp. 19-136). New York: SUNY press.

Williams, G. C. (1966). *Adaptation and natural selection.* Princeton, NJ: Princeton University Press.

| 두 번째 연장 |

Buss, D. M., & Schmidt, D. P. (1993). Sexual strategies theory: an evolutionary perspective on human mating. *Psychological review*, 100(22), 204-232.

Clark, R. D., & Hatfield, E. (1989). Gender differences in receptivity to sexual offers. *Journal of psychology and human sexuality*, 2, 39-55.

Connellan, J., Baron-Cohen, S., Wheelwright, S., Batki, A., & Ahluwalia, J. (2000). Sex differences in human neonatal social perception *Infant behavior and development*, 23(1), 113-118.

Pawlowksi, B., Atwal, R., & Dunbar, R. I. M. (2008). Sex Differences in Everyday Risk-Taking Behavior in Humans. *Evolutionary psychology*, 6(1), 29-42.

| 세 번째 연장 |

Case, T. I., Repacholi, B. M., & Stevenson, R. J. (2006). My baby doesn't smell as bad as yours: The plasticity of disgust. *Evolution and Human Behavior*, 27(5), 357-365.

Hamilton, W. D. (1964). The genetical evolution of social behaviour I, II. *Journal of Theoretical biology*, 7(1), 1-52.

Hamilton, W. D. (1996). Narrow roads of gene land (Vol. 1). Oxford: Oxford University Press.

| 네 번째 연장 |

Hartung, J. (1985). Matrilineal inheritance: New theory and analysis. *Behavioral and Brain Sciences*, 8(4), 661-688.

Henrich, J., & McElreath, R. (2007). Dual-inheritance theory: the evolution of human cultural capacities and cultural evolution. In R. I. M. Dunbar & L. Barrett (Eds.), *The Oxford handbook of evolutionary psychology* (pp. 555-570). Oxford, UK: Oxford University Press.

Tooby, J., & Cosmides, L. (1992). The psychological foundations of culture. In J. H. Barkow, L. Cosmides & J. Tooby (Eds.), *The adapted mind: evolutionary psychology and the generation of culture* (pp. 19-136). New York: SUNY press.

| 다섯 번째 연장 |

Faulkner, J., Schaller, M., Park, J. H., & Duncan, L. A. (2004). Evolved disease-avoidance mechanisms and contemporary xenophobic attitudes. *Group Processes and Interpersonal Behavior*, 7, 333-353.

Fincer, C. L., Thornhill, R., Murray, D. R., & Schaller, M. (2008). Pathogen prevalence predicts human cross-cultural variability in individualism/collectivism. *Proceedings of the Royal Society of London, Series B*, 275, 1279-1285.

Schaller, M., & Duncan, L. A. (2007). The behavioral immune system. In J. P. Forgas, M. G. Haselton & W. von Hippel (Eds.), *Evolution and the social mind* (pp. 293-307). New York: Psychology Press.

Schaller, M., & Murray, D. R. (2008). Pathogens, personality, and culture: Disease prevalence predicts worldwide variability in sociosexuality, extraversion, and openness to experience. *Journal of Personality and Social Psychology, 95,* 212-221.

| 여섯 번째 연장 |

Kruger, D.J., Fisher, M.L., Cox, A., & Byker, D. (2008, June). *The evolutionary psychology of consumer shopping experiences.* Oral presentation given at the Annual Meeting of the Human Behavior and Evolution Society. Kyoto, Japan

Griskevicius, V., Tybur, J. M., Sundie, J. M., Cialdini, R. B., Miller, G. F., & Kenrick, D. T. (2007). Blatant benevolence and conspicuous consumption: when romantic motives elicit strategic costly signals. *Journal of personality and social psychology, 93,* 85-102.

New, J., Krasnow, M. M., Truxaw, D., & Gaulin, S. J. C. (2007). Spatial adaptations for plant foraging: women excel and calories count. *Proceedings of the Royal Society of London, Series B, 274,* 2679-2684.

| 일곱 번째 연장 |

Bressler, E. R., Martin, R. A., & Balshine, S. (2006). Production and appreciation of humor as sexually selected traits. *Evoluiton and Human Behavior, 27,* 121-130.

Gervais, M., & Wilson, D. S. (2005). The evolution and functions of laughter and humor: A synthetic approach. . *Quarterly Review of*

Biology, 80, 395-420.

Polimeni, J., & Reiss, J. P. (2006). The first joke: exploring the evolutionary origins of humor. *Evolutionary psychology*, 4, 347-366.

Provine, R. R. (1996). Laughter. *American Scientist*, 84, 38-45.

Wilson, D. S. (2007). *Evolution for everyone*. New York: Delacorte Press.

| 여덟 번째 연장 |

Fessler, D. M. T., & Navarrete, C. D. (2003). Meat is good to taboo: Dietary proscriptions as a product of the interaction of psychological mechanisms and social processes. *Journal of Cognition and Culture*, 3(1), 1-40.

Flaxman, S. M., & Sherman, P. W. (2000). Morning sickness: a mechanism for protecting mother and embryo. *Quarterly Review of Biology*, 75(2), 113-148.

Profet, M. (1992). Pregnancy sickness as adaptation: a deterrent to maternal ingestion of teratogens. In J. H. Barkow, L. Cosmides & J. Tooby (Eds.), *The adapted mind* (pp. 327-365). New York: Oxford Univ. Press.

| 아홉 번째 연장 |

Billing, J., & Sherman, P. W. (1998). Antimicrobial functions of spice. *Quarterly Review of Biology*, 73(2), 3-39.

Sherman, P. W., & Hashi, G. A. (2001). Why vegetable recipes are not very spicy. *Evolution and Human Behavior, 22,* 147-163.

| 열 번째 연장 |

Appleton, J. (1975). *The experience of landscape.* New York: Wiley.
Balling, J. D., & Fallk, J. H. (1982). Development of visual preference for natural environments. *Environments and Behavior, 14,* 5-28.
Orians, G. H. (1980). Habitat selection: general theory and application to human behavior. In J. S. Lockard (Ed.), *The evolution of human social behavior* (pp. 49-66). New York: Elsevier.

| 열한 번째 연장 |

Haviland-Jones, J., Rosario, H. H., Wilson, P., & McGuire, T. R. (2005). An evolutionary approach to positive emotion: flowers. *Evolutionary psychology, 3,* 104-132.
Kaplan, S. (1992). Environmental preference in a knowledge-seeking, knowledge-using organism. . In J. H. Barkow, L. Cosmides & J. Tooby (Eds.), *The adapted mind* (pp. 561-600). New York: Oxford University Press.
Ruso, B., Renninger, L., & Atzwanger, K. (2003). Human habitat preferences: A general territory for evolutionary aesthetics

research. . In E. Voland & K. Grammer (Eds.), *Evolutionary aesthetics* (pp. 279-294). Berlin: Springer.

| 열두 번째 연장 |

Dawkins, R. (1989). *The selfish gene* (2nd ed.). Oxford: Oxford University Press.

Dugatkin, L. A. (2006). *The altruism equation.* Princeton: Princeton University Press. .

Jarvis, J. U. M. (1981). Eusociality in a mammal: cooperative breeding in naked mole-rat colonies. *Science,* 212, 571-573.

O'Riain, M. J., Jarvis, J. U. M., Alexander, R., Buffenstein, R., & Peeters, C. (2000). Morphological castes in a vertebrate. *Proceedings of the National Academy of Sciences,* 97, 13194-13197.

O'Riain, M. J., Jarvis, J. U. M., & Faulkes, C. G. (1996). A dispersive morph in the naked mole rat. *Nature* 380, 619-621.

| 열세 번째 연장 |

Gottschall, J., Martin, J., Quish, H., & Rea, J. (2004). Sex differences in mate choice criteria are reflected in folktales from around the world and in historical European literature. *Evolution and Human Behavior,* 25, 102-112.

McEwan, I. (2005). Literature, science, and human nature. . In J.

Gottschall & D. S. Wilson (Eds.), *The Literary Animal* (pp. 5-19). Evanston, IL: Northwestern University Press.

Pinker, S. (2007). Toward a consilient study of literature. *Philosophy and Literature, 31,* 161-177.

| 열네 번째 연장 |

Diamond, J. (1998). *Why is sex fun?* New York: Basic Books.

Rantala, M. J., Eriksson, C. J. P., Vainikka, A., & Kortet, R. (2006). Male steroid hormones and female preference for male body odor. *Evolution and Human Behavior, 27,* 259-269.

Thornhill, R., & Gangestad, S. W. (2008). *The evolutionary biology of human female sexuality.* New York: Oxford University Press.

| 열다섯 번째 연장 |

Morgan, E. (1997). *The aquatic ape hypothesis.* London: Souvenir Press.

Pagel, M., & Bodmer, W. (2003). A naked ape would have fewer parasites. *Proceedings of the Royal Society of London, Series B* (Biology Letters), 270, S117-S119.

열여섯 번째 연장

Archetti, M., & Brown, S. P. (2004). The coevolution theory of autumn colors. *Proceedings of the Royal Society of London, Series B*, 271, 1219-1223.

Brown, S. P. (2005). A view from Mars. In M. Ridley (Ed.), *Narrow roads of gene land III: last words* Oxford: Oxford University Press.

Hamilton, W. D., & Brown, S. P. (2001). Autumn tree colors as a handicap signal. *Proceedings of the Royal Society of London, Series B*, 268, 1489-1493.

Lee, D. W. (2007). *Nature's palette: the science of plant color.* Chicago: Chicago University Press. .

열일곱 번째 연장

Haidt, J. (2007). The new synthesis in moral psychology. *Science*, 316, 998-1002.

Haidt, J., Koller, S. H., & Dias, M. G. (1993). Affect, culture, and morality, or is it wrong to eat your dog? *Journal of personality and social psychology*, 65, 613-628.

Hauser, M. D. (2006). *Moral minds: how nature designed our universal sense of right and wrong.* New York: Harper Collins.

Pinker, S. (2008). The moral instinct. *New York times magazine*, Jan 18.

| 열여덟 번째 연장 |

Brown, D. E. (1991). *Human universals*. New York: McGraw-Hill.

Haidt, J. (2007). The new synthesis in moral psychology. *Science*, 316, 998-1002.

Haidt, J., & Graham, J. (2007). When morality opposes justice: Conservatives have moral intuitions that liberals may not recognize. *Social Justice Research*, 20, 98-116.

Pinker, S. (2008). The moral instinct. *New York times magazine*, Jan 18.

Trivers, R. L. (1971). The evolution of reciprocal altruism. *Quarterly Review of Biology*, 46, 35-57.

| 열아홉 번째 연장 |

Darwin, C. (1871). *The descent of man and selection in relation to sex*. London: John Murray.

Miller, G. F. (2001). *The mating mind*. New York: Anchor Books.

Pinker, S. (1997). *How the mind works*. New York: W. W. Norton.

Trehub, S. E. (2003). Musical predispositions in infancy: An update. In I. Peretz & P. J. Zatorre (Eds.), *The cognitive science of music* (pp. 3-20). Oxford: Oxford University Press.

Wilson, D. S. (2007). *Evolution for everyone*. New York: Delacorte Press.

| 스무 번째 연장 |

Atran, S. (2002). *In gods we trust.* New York: Oxford University Press.

Atran, S., & Noranzayan, A. (2004). Religion's evolutionary landscape: counterinutiion, commitment, compassion, communion. *Behavioral and Brain Sciences,* 27, 713-770.

Barrett, J., & Keil, F. C. (1996). Conceptualizing a nonnatural entity. *Cognitive Psychology,* 31, 219-247.

Barrett, J., & Keil, F. C. (1998). Cognitive constraints on Hindu concepts of the divine. *Journal for Scientific Study of Religion,* 37, 608-619.

Boyer, P. (2001). *Religion explained.* New York: Basic Books.

Boyer, P. (2008). Religion: bound to believe? *Nature,* 455, 1038-1039.

Dennett, D. C. (2003). *Freedom evolves.* New York: Viking.

Keilor, G. (1999, June 14). Faith at the speed of light. *Time.*

| 스물한 번째 연장 |

김조광수, 2009, 동성애자 가족, 인터넷 딴지일보(htp://www.ddanzi.com/articles/article_view.asp?installment_id=269&article_id=4689)

Blanchard, R. (1997). Birth order and sibling sex ratio in homosexual versus heterosexual males and females. *Annual Review of Sex Research,* 8, 27-67.

Bobrow, D., & Bailey, J. M. (2001). Is male homosexuality maintained by kin selection? *Evolution and Human Behavior,* 22, 361-368.

Camperio-Ciani, A., Corna, F., & Capiluppi, C. (2004). Evidence for maternally inherited factors favoring male homosexuality and promoting female fecundity. *Proceedings of the Royal Society of London, Series B,* 271, 2217-2221.

Hamer, D. H., Hu, S., Magnuson, V. L., Hu, N., & Pattatuchi, A. M. L. (1993). A linkage between DNA markers on the X-chromosome and male sexual orientation. *Science,* 261, 321-327.

Lemmola, F., & Camperio-Ciani, A. (2009). New evidence of genetic factors influencing sex orientation in men: female fecundity increase in the maternal line. *Archives of Sexual Behavior,* 38, 393-399.

Miller, E. M. (2000). Homosexuality, birth order, and evolution: Toward an equilibrium reproductive economics of homosexuality. *Archives of Sexual Behavior,* 29, 1-34.

Santtla, P., Hoegbacka, A.-L., Jern, P., Johansson, A., Varjone, M., & Witting, K. (2009). Testing Miller's theory of alleles preventing androgenization as an evolutionary explanation for the genetic predisposition for male homosexuality. *Evolution and Human Behavior,* 30, 58-65.

Zietsch, B. P., Morley, K. I., Shekar, S. N., Verweij, K. J. H., Keller, K. C., & Macgregor, S. (2008). Genetic factors predisposing to homosexuality may increase mating success in heterosexuals. Evolution and *Human Behavior,* 29, 424-433.

| 스물두 번째 연장 |

Peterson, C., Grant, V. V., & Boland, L. D. (2005). Childhood amnesia in children and adolescents: Their earliest memories. *Memory*, 13(6), 622-637.

Klein, S. B., Cosmides, L., Tooby, J., & Chance, S. (2002). Decisions and the evolution of memory: Multiple systems, multiple functions. *Psychological Review*, 109, 306-329.

Sch?tzwohl, A., & Koch, S. (2004). Sex differences in jealousy: The recall of cues to sexual and emotional infidelity in personally more and less threatening context conditions. *Evolution and Human Behavior*, 25, 249-257.

Nairne, J. S., Thompson, S. R., & Pandeirada, N. S. (2007). Adaptive memory: survival processing enhances retention. *Journal of Experimental Psychology: Learning, Memory, and Cognition*, 33(2), 263-273.

| 스물세 번째 연장 |

Barkow, J. H., & Burley, N. (1980). Human fertility, evolutionary biology, and the demographic transition. *Ethology and Sociobiology*, 1, 163-180.

Pérusse, D. (1993). Cultural and reproductive success in industrial societies: Testing the relationship at the proximate and ultimate levels. *Behavioral and Brain Sciences*, 16, 267-323.

Kaplan, H., Lancaster, J. B., Tucker, W. T., & Anderson, K. G. (2002).

An evolutionary approach to below replacement fertility. *American Journal of Human Biology*, 14, 233-256.

Lawson, D. W., & Mace, R. (2010). Optimizing modern family size: Trade-offs between fertility and the economic costs of reproduction. *Human Nature*, 21, 39-61.

| 스물네 번째 연장|

Serpell, J. A. (1991). Beneficial effects of pet ownership on some aspects of human health and behavior. *Journal of the Royal Society of Medicine*, 84, 717-720.

Archer, J. (1997). Why do people love their pets? Evolution and Human Behavior, 18, 237-259.

Wheeler, W. M. (1923). *Social life among the insects*. London: Constable.(p. 221).

| 스물다섯 번째 연장|

Huizinga, J. (1955). *Homo ludens: A study of the play-element in culture*. Boston: Beacon Press.

Miller, G. F. (2001). *The mating mind*. New York: Anchor Books.

Faurie, C., Pontier, D., & Raymond, M. (2004). Student athletes claim to have more sexual partners than other students. *Evolution and Human Behavior*, 25, 1-8.

Park, J. H., Buunk, A. P., & Wieling, M. B. (2007). Does the face reveal athletic flair? Positions in team sports and facial attractiveness. *Personality and Individual Differences,* 43, 1960-1965.

de Block, A., & Dewitte, S. (2009). Darwinism and the cultural evolution of sports. *Perspectives in biology and medicine,* 52(1), 1-16.

| 스물여섯 번째 연장 |

Wedekind, C. (2007). Body odors and body odor preferences in humans. In R. I. M. Dunbar & L. Barrett (Eds.), *The Oxford Handbook of Evolutionary Psychology* (pp. 315-320). Oxford, UK: Oxford University Press.

Wedekind, C., Seebeck, T., Bettens, F., & Paepke, A. J. (1995). MHC-dependent mate preferences in humans. *Proceedings of the Royal Society of London, Series B,* 260, 245-249.

Millinski, M., & Wedekind, C. (2001). Evidence for MHC-correlated perfume preferences in humans. *Behavioral Ecology,* 12, 140-149.

| 스물일곱 번째 연장 |

Hart, B. L. (2005). The evolution of herbal medicine: behavioural perspectives. *Animal Behaviour,* 70, 975-989.

Huffman, M. A. (2001). Self-medicative behavior in the African great apes: an evolutionary perspective into the origins of human traditional medicine. *BioScience*, 51(8), 651-660.

| 스물여덟 번째 연장 |

Trivers, R. L. (1972). Parental investment and sexual selection. In B. Campbell (Ed.), *Sexual Selection and the Descent of Man*(pp.139-179): AldinePress.

Queller, D. C. (1997). Why do females care more than males? *Proceedings of the Royal Society of London, Series B*, 264, 1555-1557.

Kokko, H., & Jennions, M. (2003). It takes two to tango. *Trends in Ecology and Evolution*, 18, 103-104.

Kokko, H., & Jennions, M. D. (2008). Parental investment, sexual selection and sex ratios. *Journal of evolutionary biology*, 21, 919-948.

| 스물아홉 번째 연장 |

Trivers, R. L. (1972). Parental investment and sexual selection. In B. Campbell (Ed.), *Sexual Selection and the Descent of Man* (pp. 139-179): Aldine Press.

Queller, D. C. (1997). Why do females care more than males? *Proceedings of the Royal Society of London, Series B*, 264, 1555-1557.

Kokko, H., & Jennions, M. D. (2008). Parental investment, sexual selection and sex ratios. *Journal of evolutionary biology*, 21, 919-948.

Jennions, M. D., & Kokko, H. (2010). Sexual selection. In D. F. Westneat & C. W. Fox (Eds.), *Evolutionary behavioral ecology* (pp. 343-364). Oxford: Oxford University Press.

| 서른 번째 연장 |

Teriokhin, A. T., Budilova, E. V., Thomas, F., & Guegan, J.-F. (2004). Worldwide variation in life-span exual dimorphism and sex-specific environmental mortality rates. *Human Biology*, 19, 219-220.

Zuk, M. (2007). *Riddled with life*. Orlando: Harcort, Inc.

Kruger, D. J., & Nesse, R. M. (2004). Sexual selection and the male:female mortality ratio. *Evolutionary psychology*, 2, 66-85.

Kruger, D. J. (2010). Socio-demographic factors intensifying male mating competition exacerbate male mortality rates. *Evolutionary psychology*, 8(2), 194-204.

| 서른한 번째 연장 |

Lieberman, D., Tooby, J., & Cosmides, L. (2003). Does morality have a biological basis? An empirical test of the factors governing moral sentiments relating to incest. *Proceedings of the Royal*

Society of London, Series B, 270, 819-826.

Wilson, E. O. (1998). *Consilience: the unity of knowledge*. New York: Knopf.

Lieberman, D., Tooby, J., & Cosmides, L. (2007). The architecture of human kin detection. *Nature*, 445, 727-731.

| 서른두 번째 연장 |

Pinker, S. (2002). *The blank slate: the modern denial of human nature*. New York: Viking.

Fehr, E., & Fischbacher, U. (2003). The nature of human altruism. *Nature*, 425, 785-791.

Alford, J. R., & Hibbing, J. R. (2004). The origin of politics: an evolutionary theory of political behavior. *Perspectives on Politics*, 2 (4), 707-723.

| 서른세 번째 연장 |

Kaplan, H., Hill, K., & Hurtado, A. M. (1990). Risk, foraging, and food sharing among the Ache. In E. Cashdan (Ed.), *Risk and uncertainty in tribal and peasant economies* (pp. 107-143). Boulder, CO: Westview Press.

Cosmides, L., & Tooby, J. (2006). Evolutionary psychology, moral heuristics, and the law. In G. Gigerenzer & C. Engel (Eds.), *Heuristics and the Law* (Dahlem Workshop Report 94). (pp.

175-205). Cambridge, MA: MIT Press.

| 맺음말 |

Griskevicius, V., Goldstein, N. J., Mortensen, C. R., Sundie, J. M., Cialdini, R. B., & Kenrick, D. T. (2009). Fear and Loving in Las Vegas: Evolution,. Emotion, and Persuasion. *Journal of Marketing Research*, XLVI, 384-395.

오래된 연장통

1판 1쇄 펴냄 2010년 1월 15일
1판 12쇄 펴냄 2014년 1월 16일
증보판 1쇄 펴냄 2014년 5월 30일
증보판 17쇄 펴냄 2023년 6월 30일

지은이 전중환
펴낸이 박상준
펴낸곳 (주)사이언스북스

출판등록 1997. 3. 24.(제16-1444호)
(06027) 서울시 강남구 도산대로 1길 62
대표전화 515-2000, 팩시밀리 515-2007
편집부 517-4263, 팩시밀리 514-2329
www.sciencebooks.co.kr

ISBN 978-89-8371-116-8 03180